实用版法规专辑

法律职业伦理

中国法制出版社
CHINA LEGAL PUBLISHING HOUSE

我国的立法体系

立法主体	立法权限
全国人民代表大会	修改宪法，制定、修改刑事、民事、国家机构的和其他的基本法律。
全国人民代表大会常务委员会	制定和修改除应当由全国人民代表大会制定的法律以外的其他法律；在全国人民代表大会闭会期间，对全国人民代表大会制定的法律进行部分补充和修改；解释法律。
国务院	根据宪法和法律，制定行政法规。
省、自治区、直辖市人民代表大会及其常务委员会	根据本行政区域的具体情况和实际需要，在不同宪法、法律、行政法规相抵触的前提下，制定地方性法规。
设区的市、自治州的人民代表大会及其常务委员会	在不同上位法相抵触的前提下，可对城乡建设与管理、环境保护、历史文化保护等事项制定地方性法规。
经济特区所在地的省、市的人民代表大会及其常务委员会	根据全国人民代表大会的授权决定，制定法规，在经济特区范围内实施。
民族自治地方的人民代表大会	依照当地民族的政治、经济和文化的特点，制定自治条例和单行条例，报批准后生效。 对法律和行政法规的规定作出变通的规定，但不得违背法律或者行政法规的基本原则，不得对宪法和民族区域自治法的规定以及其他有关法律、行政法规专门就民族自治地方所作的规定作出变通规定。
国务院各部、委员会、中国人民银行、审计署和具有行政管理职能的直属机构	根据法律和国务院的行政法规、决定、命令，在本部门的权限范围内，制定部门规章。
省、自治区、直辖市和设区的市、自治州的人民政府	根据法律、行政法规和本省、自治区、直辖市的地方性法规，制定地方政府规章。设区的市、自治州人民政府制定的地方政府规章限于城乡建设与管理、环境保护、历史文化保护等方面的事项。
中央军事委员会	根据宪法和法律制定军事法规，在武装力量内部实施。
中央军事委员会各总部、军兵种、军区、中国人民武装警察部队	根据法律和中央军事委员会的军事法规、决定、命令，在其权限范围内制定军事规章。
国家监察委员会	根据宪法和法律，制定监察法规。
最高人民法院、最高人民检察院	司法解释。

注：1. 法的效力等级：宪法＞法律＞行政法规＞地方性法规、部门规章、地方政府规章；地方性法规＞本级和下级地方政府的规章。（＞表示效力高于）

2. 司法解释：司法解释是最高人民法院对审判工作中具体应用法律问题和最高人民检察院对检察工作中具体应用法律问题所作的具有法律效力的解释，司法解释与被解释的有关法律规定一并作为人民法院或人民检察院处理案件的依据。

编辑说明

运用法律维护权利和利益，是读者选购法律图书的主要目的。法律文本单行本提供最基本的法律依据，但单纯的法律文本中的有些概念、术语，读者不易理解；法律释义类图书有助于读者理解法律的本义，但又过于繁杂、冗长。

基于上述理念，我社自2006年7月率先出版了“实用版”系列法律图书；2008年2月，我们将与社会经济生活密切相关的领域所依托的法律制度以专辑形式汇编出版了“实用版法规专辑”，并在2012年、2014年、2016年、2018年、2020年全面更新升级再版。这些品种均深受广大读者的认同和喜爱。

2022年，本着“以读者为本”的宗旨，适应实践变化需要，我们第七次对“实用版法规专辑”增订再版，旨在为广大公民提供最新最高效的法律学习及法律纠纷解决方案。

鲜明特点，无可替代：

1. **出版权威**。中国法制出版社是中华人民共和国司法部所属的中央级法律类图书专业出版社，是国家法律、行政法规文本的权威出版机构。

2. **法律文本规范**。法律条文利用了我社法律单行本的资源，与国家法律、行政法规正式版本完全一致，确保条文准确、权威。

3. **条文注释专业、权威**。本书中的注释都是从全国人大常委会法制工作委员会、最高人民法院、司法部等对条文的权威解读中精选、提炼而来，简单明了、通俗易懂，涵盖百姓日常生活中经常遇到的纠纷与难题。

4. **案例典型指引**。本书收录数件典型案例，均来自最高人民法院指导案例、公报案例、各地方高级人民法院判决书等，点出适用要点，展示解决法律问题的实例。

5. **附录实用**。书末收录经提炼的法律流程图、诉讼文书、办案常用数据（如损害赔偿金额标准）等内容，帮助您大大提高处理法律纠纷的效率。

6. **“实用版法规专辑”**从某一社会经济生活领域出发，收录、解读该领域所涉重要法律制度，为解决该领域法律纠纷提供支持。

法律职业伦理相关法律制度
理解与适用

2018年9月17日，教育部、中央政法委发布《教育部、中央政法委关于坚持德法兼修实施卓越法治人才教育培养计划2.0的意见》，明确提出加大学生法律职业伦理培养力度，面向全体法学专业学生开设“法律职业伦理”必修课，实现法律职业伦理教育贯穿法治人才培养全过程。法律职业伦理涉及法官法、检察官法、律师法、仲裁法、公证法等法律及相关文件。

2019年4月23日，第十三届全国人民代表大会常务委员会第十次会议修订通过了《中华人民共和国法官法》，对法官的权利义务、任职条件、选任机制、职业保障等内容进一步作出修改完善。这是贯彻落实党中央重大决策部署，深化司法体制改革的重要任务；也是适应司法审判工作新的发展变化，适应全面推进高素质法官队伍建设的客观需要。

2019年4月23日，第十三届全国人民代表大会常务委员会第十次会议对《中华人民共和国检察官法》进行了修订，对检察官的职责、义务和权利，检察官的任职条件和遴选，检察官员额制，检察官的职业保障，检察官考核与奖惩等作了较为全面的修改完善。对于全面推进高素质检察官队伍建设，加强和规范检察官管理，维护检察官合法权益，提升检察队伍素质能力具有十分重要的意义。

2017年9月1日，第十二届全国人民代表大会常务委员会第二十九次会议通过《关于修改〈中华人民共和国法官法〉等八部法律的决定》，对律师法、仲裁法和公证法作出了相应修改。为了完善法律职业资格制度，将应当取得法律职业资格的人员由法官、检察官、律师、公证员扩大到从事行政处罚决定审核、行政复议、行政裁决的工作人员以及法律顾问、法律类仲裁员。《中华人民共和国律师法》中增加了“被吊销律师执业证书的，不得担任辩护人、诉讼代理人，但系刑事诉讼、民事诉讼、行政诉讼当事人的监护人、近亲属的除外”的规定。将《中华人民共和国仲裁法》第十三条第二款第一项修改为：“（一）通过国家统一法律职业资格考试取得法律职业资格，从事仲裁工作满八年的”；将第三项修改为：“（三）曾任法官满八年的”。《中华人民共和国公证法》中增加了“被吊销公证员执业证书的，不得担任辩护人、诉讼代理人，但系刑事诉讼、民事诉讼、行政诉讼当事人的监护人、近亲属的除外”的规定。

2018 年 12 月 29 日，第十三届全国人民代表大会常务委员会第七次会议修订通过了《中华人民共和国公务员法》。修订后的公务员法调整完善了公务员职务、职级等有关规定；进一步推进公务员分类改革，将非领导职务改为职级，实行职务与职级并行制度，对领导职务与职级的任免、升降以及与此相关的条文进行了修改；增加了加强公务员监督和公务员应当遵守的纪律等规定，修改完善了回避情形、责令辞职、离职后从业限制等规定，增加了在录用、聘任等工作中违纪违法有关法律责任的规定；对分类考录、分类考核、分类培训等进一步提出明确要求，对公务员考核方式、宪法宣誓、公开遴选等方面作了修改。把习近平新时代中国特色社会主义思想作为公务员制度必须长期坚持的指导思想，把坚持和加强党的领导、坚持中国特色社会主义制度等一系列政治要求，体现到立法目的、管理原则、条件义务等规定中，把落实好干部标准贯穿公务员管理全过程和主要环节，进一步彰显了中国特色。

法律职业伦理要点提示

法律要点	法条	页码
检察官的职业伦理	《检察官法》4	第 92 页
检察官履行职责的原则和立场	《检察官法》5	第 94 页
检察官的职责	《检察官法》7	第 95 页
不得担任检察官的情形	《检察官法》13	第100页
应当免除检察官职务的情形	《检察官法》20	第103页
不得兼任职务的情形	《检察官法》23	第106页
离任检察官担任诉讼代理人、辩护人的限制	《检察官法》37	第111页
给予检察官处分的情形	《检察官法》47	第114页
仲裁员的条件	《仲裁法》13	第235页
仲裁员回避的方式与理由	《仲裁法》34	第238页
申请撤销仲裁裁决的法定情形	《仲裁法》58	第241页
公务员的义务	《公务员法》14	第262页
违纪行为	《公务员法》59	第269页
任职回避	《公务员法》74	第273页
地域回避	《公务员法》75	第273页
公务回避	《公务员法》76	第273页
回避的程序	《公务员法》77	第273页

目　录

中华人民共和国法官法

（1995 年 2 月 28 日第八届全国人民代表大会常务委员会第十二次会议通过　根据 2001 年 6 月 30 日第九届全国人民代表大会常务委员会第二十二次会议《关于修改〈中华人民共和国法官法〉的决定》第一次修正　根据 2017 年 9 月 1 日第十二届全国人民代表大会常务委员会第二十九次会议《关于修改〈中华人民共和国法官法〉等八部法律的决定》第二次修正　2019 年 4 月 23 日第十三届全国人民代表大会常务委员会第十次会议修订　2019 年 4 月 23 日中华人民共和国主席令第 27 号公布　自 2019 年 10 月 1 日起施行）

第一章　总　　则

第一条　【立法目的与根据】[①] 为了全面推进高素质法官队伍建设，加强对法官的管理和监督，维护法官合法权益，保障人民法院依法独立行使审判权，保障法官依法履行职责，保障司法公正，根据宪法，制定本法。

第二条　【法官的定义与范围】 法官是依法行使国家审判权的审判人员，包括最高人民法院、地方各级人民法院和军事法院等专门人民法院的院长、副院长、审判委员会委员、庭长、副庭长和审判员。

注释　本条采用列举的方式规定法官的范围。除法官法明确列举的人员外，其他人员均不属于法官。

---

① 条文主旨为编者所加，下同。

参见 《中华人民共和国宪法》第67条；《保护司法人员依法履行法定职责规定》；《最高人民法院关于落实司法责任制完善审判监督管理机制的意见（试行）》

第三条 【法官的基本要求】法官必须忠实执行宪法和法律，维护社会公平正义，全心全意为人民服务。

注释 本条是对法官的基本要求，也即法官因其职位、职责所负有的基本义务。相较于本法第十条规定的法官应当履行的义务，本条的义务更具根本性、一般性，本法第十条规定的法官义务相对更具具体性、特殊性。

"忠实执行宪法和法律"要求法官必须保持对宪法和法律的忠诚，严格执行宪法和法律，以自己的全部智慧和才干维护宪法和法律的权威，以自己的一言一行来促进宪法和法律的正确有效实施。凡是有利于宪法和法律实施的事情都尽最大的力量去做，凡是有害于和不利于宪法和法律实施的事情都予以坚决反对，自觉弘扬宪法精神，切实维护宪法和法律的权威。

"维护社会公平正义"要求：第一，要坚定理想信念，树立法治信仰，恪守司法良知，把对党的忠诚、对法治的坚守、对公正的维护，切实落实到热爱党的事业、践行党的宗旨上，体现在严格司法、公正司法的实际行动中，为党和人民掌好用好司法权。第二，要坚持以事实为根据，以法律为准绳，坚持程序公正与实体公正相统一，确保认定事实清楚、适用法律正确、审判程序合法、裁判结果公正，让每一起案件都经得起法律、历史和人民的检验。第三，要坚持原则、敢于担当、清正廉洁，不为人情所扰、不为利益所惑、不为权势所屈，永葆忠于党、忠于国家、忠于人民、忠于法律的政治本色，始终坚守公正廉洁司法的底线。第四，要恪守法官职业道德，严守法官行为规范，深化司法公开，树立法官良好形象，不断提升司法公信力，努力让人民群众在每一个司法案件中感受到公平正义。

"全心全意为人民服务"要求：第一，法官在行使审判权时要始终坚持以人民为中心的发展思想，从内心深处打牢司法为民的服务理念和思想基础，不断增强对司法的人民性的理论认同、感情认同和实践认同，严格依法办事，公正司法，切实履行好维护国家政治安全、确保社会大局稳定、促进社会公平正义、保障人民安居乐业的职责使命，努力维护最广大人民的根本利益，保障人民群众对美好生活的向往和追求。第二，法官行使权力时，必须以人民公仆的身份，以事实为根据，以法律为准绳，兢兢业业，耐心细致，认真地审理每一起案件，依法公正对待人民群众的诉求，依法保障公民的合法权益，保证公民的各项合法权利得到落实，努力让人民群众在每一个司法案件中都感受到公平正义，决不能让不公正的审判伤害人民群众感情、损害人民群众权益。第三，法官在行使审判职权、办理案件的过程中，要认真履行以案释法的主体责任，弘扬社会主义法治精神，努力培育社会主义法治文化，积极维护宪法和法律的权威，让广大人民群众充分相信法律、自觉运用法律，使广大人民群众认识到宪法和法律不仅是全体公民必须遵循的行为规范，而且是保障公民权利的法律武器。第四，法官在为人民服务的过程中必须是全心全意的，而不能三心二意、敷衍了事，着力维护广大人民群众特别是弱势群体的合法权益，重点解决损害群众权益的突出问题，决不允许利用手中的权力谋取私利，不允许滥用权力侵犯群众合法权益。

参见 《中华人民共和国宪法》第2条、第5条、第27条；《中华人民共和国人民法院组织法》第3条、第6条；《中华人民共和国公务员法》第14条

第四条 【公正对待原则 平等适用法律原则】 法官应当公正对待当事人和其他诉讼参与人，对一切个人和组织在适用法律上一律平等。

注释 本条包括两个方面的内容：

(1) 公正对待当事人和其他诉讼参与人。

法官公正对待当事人和其他诉讼参与人可以从两个方面理解。一是，公正对待的根本要求就是“依法”。一方面，要按照法律规定的权利义务规范去裁判，要全面客观审查认定事实和证据，准确

理解和适用法律；另一方面，要按照诉讼法的规定，严格按照法定程序执法办案，充分保障当事人和其他诉讼参与人的诉讼权利，避免执法办案中的随意行为。二是，法官秉持客观公正的立场，对当事人的争议和诉求全面审查，依法调取各方面证据，防止在民事、行政案件中偏袒一方，在刑事案件中既要惩罚犯罪，也要保障无罪的人不受刑事追究。

(2) 对一切个人和组织在适用法律上一律平等。

对一切个人和组织在适用法律上一律平等，既包括适用实体法的平等，也包括适用程序法的平等。法官办理案件，不允许因当事人的性别、种族、宗教信仰、身份、地位、经济状况等的不同而在适用法律上不平等，不允许有特权，也不允许有歧视。法官审判案件适用的法律不只是实体法，还包括程序法。

需要注意的是，法官应当公正对待当事人和其他诉讼参与人，主要是指法官居于中立，不得偏袒，公正对待并不意味着同等对待、完全一样的对待，均应当以法律规定的诉讼权利为准。

参见 《中华人民共和国宪法》第 33 条；《中华人民共和国人民法院组织法》第 2 条；《中华人民共和国刑法》第 4 条；《中华人民共和国刑事诉讼法》第 6 条、第 52 条；《中华人民共和国民事诉讼法》第 8 条、第 67 条；《中华人民共和国行政诉讼法》第 8 条；《中华人民共和国法官职业道德基本准则》第 13 条

第五条　【法官的职业伦理】法官应当勤勉尽责，清正廉明，恪守职业道德。

注释 法官作为行使国家审判权的公务员，除应具备一般公务员的条件、要求和素养外，还应具备相应的职业伦理。

“勤勉尽责”是指法官的工作态度。一是，法官应主动履行职责，担当负责。二是，法官职业要求法官应勤勉履职。

“清正廉明”有以下三层意思：第一，清正廉明是审判职业的基本要求。法官通过审判刑事案件、民事案件、行政案件以及法律规定的其他案件，惩罚犯罪，保障无罪的人不受刑事追究，解决民事、行政纠纷，保护个人和组织的合法权益，监督行政机关依法行

使职权。从事法官职业需要清正廉明，要做到品行正派、廉洁奉公、不以权谋私、不徇私枉法、严格自律，认真践行社会主义核心价值观，保障法官工作顺利进行。第二，清正廉明是高素质法官队伍的内在要求。法官职业的特殊性和职责的重要性，决定了法官必须是清正廉明的典范，必须比其他公务人员有更高的清廉标准和要求。第三，清正廉明是高水平审判工作的重要保障。法官在审判案件时，不仅需要有理有据依法办案，还需要注意增强审理裁判行为的公正度、透明度，判决结果要符合法律，符合常理常情，并通过不断规范审判活动，提升司法公信力和司法权威，以切实维护诉讼当事人合法权益，促进社会和谐稳定。

法官应当“恪守职业道德”。《中华人民共和国法官职业道德基本准则》对法官职业道德的内容作了详细规定，其中法官职业道德的核心是公正、廉洁、为民；基本要求有五大项，包括忠诚司法事业、保证司法公正、确保司法廉洁、坚持司法为民、维护司法形象。

需要注意的是，法官遵守职业伦理的情况将影响法官的考核。本法第四十一条规定，对法官考核的内容包括职业道德、工作作风等内容。法官遵守职业伦理的情况将作为法官晋升、选拔任用、培养教育的重要依据。

参见 《中华人民共和国公务员法》第 3 条、第 14 条；《中华人民共和国法官法》第 41 条

第六条 【法官审判案件的原则和立场】法官审判案件，应当以事实为根据，以法律为准绳，秉持客观公正的立场。

注释 “以事实为根据”是法官审判案件的出发点。事实，是指人民法院、人民检察院、公安机关进行刑事诉讼所查证的事实，或者在民事、行政诉讼中当事人依法举证证明或人民法院依法查证所认定的事实，是客观存在，经过查证属实，有证据证明的事实，或者依据相关法律由法院司法认知的事实，而不是靠主观想象、推测和怀疑。“以法律为准绳”是指法官必须以法律为标准，审判案件必须严格按照法律规定，并以法律规定作为审判案件的依据。这里的法律既包括实体法，也包括程序法。

“客观公正的立场”要求法官秉持客观立场、维护公平、实现正义，既要追求实体公正，也要符合程序公正；既要客观公正履行职责，又要通过履职促进公平正义。法官客观公正的立场充分体现在法官审判案件的全过程。

参见 《中华人民共和国人民法院组织法》第6条；《中华人民共和国刑事诉讼法》第6条；《中华人民共和国民事诉讼法》第7条；《中华人民共和国行政诉讼法》第5条

第七条 【法官依法履职不受干涉】法官依法履行职责，受法律保护，不受行政机关、社会团体和个人的干涉。

第二章 法官的职责、义务和权利

第八条 【法官的职责 办案责任制】法官的职责：

（一）依法参加合议庭审判或者独任审判刑事、民事、行政诉讼以及国家赔偿等案件；

（二）依法办理引渡、司法协助等案件；

（三）法律规定的其他职责。

法官在职权范围内对所办理的案件负责。

注释 本条第二款规定，法官在职权范围内对所办理的案件负责。包括两层意思：一是，对所办理的案件负责。包括对案件事实认定和适用法律负责，也包括对程序公正负责。实体错误或者适用程序错误的案件都应承担相应责任。对所办理的案件负责，包括对案件质量、案件程序等的负责，负责是终身的，但应当实事求是地按照法官审理案件当时的情况判断是否属于错案、是否应当承担责任。二是，在“职权范围”内负责。负责应当基于权责一致的原则。

此外，在认定是否属于错案、法官是否应当承担责任时，要注意遵循审判工作规律，不得因为案件被改判就追究法官的责任。

参见 《中华人民共和国国家赔偿法》第14条、第25条；《中华人民共和国人民法院组织法》第22条、第35条；《中华人民共和国仲裁法》第20条、第46条、第58条；《最高人民法院关于完善人民法院司法责任制的若干意见》第28条、第30条、第31条

第九条　【担任特定职务的法官的相应职责】人民法院院长、副院长、审判委员会委员、庭长、副庭长除履行审判职责外，还应当履行与其职务相适应的职责。

注释　本条所说的“审判职责”，根据本法第八条规定，主要是审判刑事、民事、行政等案件，依法办理国家赔偿、引渡、司法协助等案件，以及办理法律规定的其他案件等审判职责。人民法院院长、副院长、审判委员会委员、庭长、副庭长作为法官，除应当履行审判职责外，又担任相关职务，因此还需要依法承担法院的其他职责。法官履行其他职责，应当与其职务相适应，不能要求其履行与职务不相关的职责。关于上述人员的职责，人民法院组织法对院长、副院长的职责有明确规定；《最高人民法院关于完善人民法院司法责任制的若干意见》对院长、副院长、审判委员会委员、庭长、副庭长需要履行的与其职务相适应的职责也作了明确规定。

参见　《中华人民共和国人民法院组织法》第38条；《中华人民共和国人民检察院组织法》第33条、第36—43条；《中华人民共和国法官法》第2条、第8条；《最高人民法院关于完善人民法院司法责任制的若干意见》

第十条　【法官的义务】法官应当履行下列义务：

（一）严格遵守宪法和法律；

（二）秉公办案，不得徇私枉法；

（三）依法保障当事人和其他诉讼参与人的诉讼权利；

（四）维护国家利益、社会公共利益，维护个人和组织的合法权益；

（五）保守国家秘密和审判工作秘密，对履行职责中知悉的商业秘密和个人隐私予以保密；

（六）依法接受法律监督和人民群众监督；

（七）通过依法办理案件以案释法，增强全民法治观念，推进法治社会建设；

（八）法律规定的其他义务。

注释 严格遵守宪法和法律是法官履行职责的首要义务。法官在行使审判权时，必须依据宪法和法律的规定，在宪法和法律规定的职权范围内，按照法律规定的程序，依照法律的规定进行审判活动，依法办案，不能违背宪法和法律，随意作出判决。同时，法官作为公务员和公民个人，在履行审判职责外，在日常社会生活中，也应当模范地遵守法律，做好全民守法的表率。

秉公办案，不得徇私枉法。这是要求法官办理案件、行使职权，必须是出于公心，而不是为了谋取私利、照顾私情，或者出于某个地区、部门的局部利益，以地方保护主义或者部门保护主义去办理案件，更不得在办理案件过程中搞权力寻租、利益输送。这是对法官职业素质和品行操守最基本的要求。

依法保障当事人和其他诉讼参与人的诉讼权利。这里规定的当事人，包括刑事诉讼中的被害人、自诉人、犯罪嫌疑人、被告人、附带民事诉讼的原告人和被告人，民事诉讼、行政诉讼中的原告、被告等。其他诉讼参与人是指当事人以外的诉讼参与人，包括刑事诉讼法中规定的“诉讼参与人”，即法定代理人、诉讼代理人、辩护人、证人、鉴定人和翻译人员，也包括民事诉讼法、行政诉讼法中规定的“诉讼参加人”。

维护国家利益、公共利益，维护个人和组织的合法权益。这里的个人包括我国公民，也包括外国人、无国籍人；组织包括法人，即营利法人、非营利法人和特别法人，以及未取得法人资格的个人独资企业、合伙企业等非法人组织。

保守国家秘密和审判工作秘密，对履行职责中知悉的商业秘密和个人隐私予以保密。根据诉讼法律规定，涉及国家秘密的案件一律不公开审理。法官还应当保守审判工作秘密，对于审理案件中形成的按照有关规定不应当透露的与审判工作有关的材料、信息等，不得泄露。对于法官在审理案件时知悉的当事人的商业秘密和个人隐私，也应当严格按照诉讼法律的规定、审判纪律以及其他相关法律规定予以保密，不得随意散播。对于违法泄露国家秘密、审判工作秘密、商业秘密和个人隐私的，应当按照保守国家秘密法、本法及其他相关法律等规定处理，构成犯罪的，应当依法追究刑事责任。

接受法律监督和人民群众监督，包含以下内容：第一，人民法院对同级人民代表大会及其常委会负责，受其监督并向其报告工作。第二，各级监察委员会依法对所有行使公权力的公职人员进行监察，对其依法履职、秉公用权、廉洁从政从业以及道德操守情况进行监督，包括对法官进行监督。法官利用职权实施的贪污贿赂等犯罪，由监察机关进行调查。第三，人民检察院对人民法院的审判活动进行法律监督，包括对法官依法履职的活动进行监督。对于法官在审判活动中有违背法律的地方，人民检察院有权提出纠正意见。对于法官利用职权实施的徇私枉法、枉法裁判等犯罪，人民检察院可以依法立案侦查。第四，对于人民法院审判活动违背法律规定的，其他国家机关、社会团体和组织有权提出意见。第五，法官的审判活动还受广大人民群众的监督。

通过依法办理案件以案释法，增强全民法治观念，推进法治社会建设。“以案释法”，是指法官通过依法办理案件、具体适用法律的活动，起到阐明规则、释明法理，从而解疑释惑的作用。判决书、裁定书、决定书等法律文书应当围绕争议焦点充分说理，深入解读法律。法官可以通过公开开庭、巡回法庭、庭审现场直播、生效法律文书统一上网和公开查询等生动直观的形式，开展以案释法。

法律规定的其他义务。即本条前七项之外的其他法律规定的法官义务。包括公务员法规定的公务员的义务，诉讼法律规定的法官在诉讼程序中的义务等。

案例　宁波某洁具有限公司虚假诉讼案（2017 年 1 月 9 日，最高人民检察院发布 9 起检察机关加强产权司法保护典型案例之八）

案件适用要点：虚假诉讼行为披着合法的外衣侵害国家、集体或第三人合法权益，扰乱了正常的诉讼秩序，严重损害了法律的公信力。通过四川省检察机关反渎职侵权部门与民事行政检察部门通力配合，查实了案件当事人为通过诉讼方式达到非法获取“驰名商标”司法认定目的制造民事虚假诉讼的非法行为。除该案代理律师和涉案法官被追究刑事责任外，该系列案件民事部分全面获法院再审改判。检察机关依法实施民事检察监督，严厉打击驰名商标认定领域的虚假诉讼行为，有力地维护了司法公正，保障了驰名商标认定的正常秩序。

参见 《中华人民共和国宪法》第128—133条；《中华人民共和国公务员法》第14条；《中华人民共和国刑事诉讼法》第8条、第14条、第54条；《中华人民共和国民事诉讼法》第8条、第14条；《中共中央关于全面推进依法治国若干重大问题的决定》；《关于实行国家机关“谁执法谁普法”普法责任制的意见》

第十一条　【法官的权利】法官享有下列权利：

（一）履行法官职责应当具有的职权和工作条件；

（二）非因法定事由、非经法定程序，不被调离、免职、降职、辞退或者处分；

（三）履行法官职责应当享有的职业保障和福利待遇；

（四）人身、财产和住所安全受法律保护；

（五）提出申诉或者控告；

（六）法律规定的其他权利。

第三章　法官的条件和遴选

第十二条　【担任法官的条件】担任法官必须具备下列条件：

（一）具有中华人民共和国国籍；

（二）拥护中华人民共和国宪法，拥护中国共产党领导和社会主义制度；

（三）具有良好的政治、业务素质和道德品行；

（四）具有正常履行职责的身体条件；

（五）具备普通高等学校法学类本科学历并获得学士及以上学位；或者普通高等学校非法学类本科及以上学历并获得法律硕士、

法学硕士及以上学位；或者普通高等学校非法学类本科及以上学历，获得其他相应学位，并具有法律专业知识；

（六）从事法律工作满五年。其中获得法律硕士、法学硕士学位，或者获得法学博士学位的，从事法律工作的年限可以分别放宽至四年、三年；

（七）初任法官应当通过国家统一法律职业资格考试取得法律职业资格。

适用前款第五项规定的学历条件确有困难的地方，经最高人民法院审核确定，在一定期限内，可以将担任法官的学历条件放宽为高等学校本科毕业。

注释 具有良好的政治、业务素质和道德品行。法官是行使国家审判权的国家机关工作人员，必须拥护宪法所规定的国家的政治制度和基本原则，必须有较高的政治觉悟和敏锐的洞察力，较强的政治责任感，只有这样才能完成宪法和法律赋予法官的职责和使命，可以说良好的政治素质是法官做好工作的政治基础。良好的业务素质，是指法官必须精通业务，熟悉审判工作，能够正确运用法律手段解决案件中的问题。良好的道德品行，是对法官的道德修养的要求。道德以观念的形态存在于个人的意识或习惯性的行为之中，在人的潜意识深处发挥着重要的作用。一个人只有具备良好的道德才会行为端正，遵纪守法。

参见 《中华人民共和国宪法》第 1 条、第 33 条；《中华人民共和国人民法院组织法》第 47 条；《中华人民共和国公务员法》第 14 条、第 25 条；《中华人民共和国国籍法》第 3 条、第 5－7 条；《中华人民共和国高等教育法》第 15 条、第 16 条、第 21 条、第 22 条；《普通高等学校设置暂行条例》；《中共中央关于全面推进依法治国若干重大问题的决定》；《中共中央办公厅、国务院办公厅关于完善国家统一法律职业资格制度的意见》；《国家统一法律职业资格考试实施办法》

第十三条 【不得担任法官的情形】下列人员不得担任法官：

（一）因犯罪受过刑事处罚的；

（二）被开除公职的；

（三）被吊销律师、公证员执业证书或者被仲裁委员会除名的；

（四）有法律规定的其他情形的。

第十四条　【法官的选任方式和范围】初任法官采用考试、考核的办法，按照德才兼备的标准，从具备法官条件的人员中择优提出人选。

人民法院的院长应当具有法学专业知识和法律职业经历。副院长、审判委员会委员应当从法官、检察官或者其他具备法官条件的人员中产生。

第十五条　【公开选拔法官的范围和条件】人民法院可以根据审判工作需要，从律师或者法学教学、研究人员等从事法律职业的人员中公开选拔法官。

除应当具备法官任职条件外，参加公开选拔的律师应当实际执业不少于五年，执业经验丰富，从业声誉良好，参加公开选拔的法学教学、研究人员应当具有中级以上职称，从事教学、研究工作五年以上，有突出研究能力和相应研究成果。

第十六条　【法官遴选委员会】省、自治区、直辖市设立法官遴选委员会，负责初任法官人选专业能力的审核。

省级法官遴选委员会的组成人员应当包括地方各级人民法院法官代表、其他从事法律职业的人员和有关方面代表，其中法官代表不少于三分之一。

省级法官遴选委员会的日常工作由高级人民法院的内设职能部门承担。

遴选最高人民法院法官应当设立最高人民法院法官遴选委员会，负责法官人选专业能力的审核。

第十七条　【法官的初任与逐级遴选】初任法官一般到基层人民法院任职。上级人民法院法官一般逐级遴选；最高人民法院和高级人民法院法官可以从下两级人民法院遴选。参加上级人民法院遴选的法官应当在下级人民法院担任法官一定年限，并具有遴选职位相关工作经历。

第四章　法官的任免

第十八条　【法官的任免权限和程序】法官的任免，依照宪法和法律规定的任免权限和程序办理。

最高人民法院院长由全国人民代表大会选举和罢免，副院长、审判委员会委员、庭长、副庭长和审判员，由院长提请全国人民代表大会常务委员会任免。

最高人民法院巡回法庭庭长、副庭长，由院长提请全国人民代表大会常务委员会任免。

地方各级人民法院院长由本级人民代表大会选举和罢免，副院长、审判委员会委员、庭长、副庭长和审判员，由院长提请本级人民代表大会常务委员会任免。

在省、自治区内按地区设立的和在直辖市内设立的中级人民法院的院长，由省、自治区、直辖市人民代表大会常务委员会根据主任会议的提名决定任免，副院长、审判委员会委员、庭长、副庭长和审判员，由高级人民法院院长提请省、自治区、直辖市人民代表大会常务委员会任免。

新疆生产建设兵团各级人民法院、专门人民法院的院长、副院长、审判委员会委员、庭长、副庭长和审判员，依照全国人民代表大会常务委员会的有关规定任免。

第十九条　【法官就职宪法宣誓】法官在依照法定程序产生后，在就职时应当公开进行宪法宣誓。

第二十条　【应当免除法官职务的情形】法官有下列情形之一的，应当依法提请免除其法官职务：

（一）丧失中华人民共和国国籍的；

（二）调出所任职人民法院的；

（三）职务变动不需要保留法官职务的，或者本人申请免除法官职务经批准的；

（四）经考核不能胜任法官职务的；

（五）因健康原因长期不能履行职务的；

（六）退休的；

（七）辞职或者依法应当予以辞退的；

（八）因违纪违法不宜继续任职的。

注释 本条第四项规定的考核是针对法官作为行使审判权的审判人员的考核，是更高、更专门、更有针对性的要求。考核内容主要应当是其审判业绩，目的是考核其是否能够胜任法官工作。如果法官经考核不能达到法院规定的标准，不能胜任法官职务的，就要依法免除其法官职务。而本法第六章规定的年度考核，是针对法官作为公务员的年度考核，考核内容更为全面，除了审判工作实绩外，还包括职业道德、审判作风等，考核结果分为优秀、称职、基本称职和不称职。因此，有的法官可能因为身体等原因，办案业绩未能达标，不适宜继续在审判岗位工作，但作为公务员本身，是称职的，可以免除其法官职务，调整到其他非审判岗位工作。但是，法官如果是在年度考核中连续两年不称职，按照公务员法的规定，就应当辞退。当然，这是从两种考核的性质、目的、内容、法律效果方面进行比较。实践中，为了便于操作，减轻负担，各地往往将两项考核一并进行，即实行一次考核，两边使用，这也是可以的。

本条第八项规定的违纪违法是广义上的，既包括违反党纪、政纪及违反其他相关法律的行为，也包括违反法官法所规定的对法官的禁止性规定。如果法官有违纪违法行为，且根据其违纪违法的具体情况不宜继续任职的，就应当依法免除其法官职务。

参见 《中华人民共和国公务员法》第 88 条、第 92 条、第 93 条；《中华人民共和国法官法》第 40—42 条；《保护司法人员依法履行法定职责规定》

第二十一条 【撤销法官的任命】发现违反本法规定的条件任命法官的，任命机关应当撤销该项任命；上级人民法院发现下级人民法院法官的任命违反本法规定的条件的，应当建议下级人民法院依法提请任命机关撤销该项任命。

注释 违反本法规定的条件任命法官的，主要是指违反本法

第十二条、第十三条和第十四条规定的条件。

参见 《中华人民共和国人民法院组织法》第10条、第42条、第43条；《中华人民共和国各级人民代表大会常务委员会监督法》第44条

第二十二条 【不得兼任职务的情形】 法官不得兼任人民代表大会常务委员会的组成人员，不得兼任行政机关、监察机关、检察机关的职务，不得兼任企业或者其他营利性组织、事业单位的职务，不得兼任律师、仲裁员和公证员。

注释 人民代表大会常务委员会的组成人员，是指全国人民代表大会常务委员会的委员长、副委员长、秘书长和委员，省、自治区、直辖市、自治州、设区的市的人民代表大会常务委员会的主任、副主任、秘书长和委员，以及县、自治县、不设区的市、市辖区的人民代表大会常务委员会的主任、副主任和委员。行政机关，包括国务院、地方各级人民政府及其有关部门。监察机关包括国家监察委员会和地方各级监察委员会。检察机关，包括最高人民检察院、地方各级人民检察院和军事检察院等专门人民检察院。企业，包括各种所有制形式的企业，也包括各种类型的企业。营利性组织是指各类以获取利润为目标的社会组织。事业单位，包括社会团体、文化卫生机构等。律师，是指依法取得律师执业证书，接受委托或者指定，为当事人提供法律服务的执业人员。仲裁员，是指符合一定条件，接受仲裁委员会的聘任，从事仲裁工作的人员。公证员，根据公证法的规定，公证员是符合公证法规定的条件，在公证机构从事公证业务的执业人员。

需要注意：除本条规定的法官不得兼任特定职务外，法官兼职还应当遵守公务员法及国家关于公务员兼职的有关规定。

参见 《中华人民共和国宪法》第65条；《中华人民共和国全国人民代表大会组织法》第23条；《中华人民共和国地方各级人民代表大会和地方各级人民政府组织法》第41条；《中华人民共和国律师法》第11条；《中共中央关于全面推进依法治国若干重大问题的决定》六、（三）

第二十三条　【亲属间不得同时担任职务的情形】法官之间有夫妻关系、直系血亲关系、三代以内旁系血亲以及近姻亲关系的，不得同时担任下列职务：

（一）同一人民法院的院长、副院长、审判委员会委员、庭长、副庭长；

（二）同一人民法院的院长、副院长和审判员；

（三）同一审判庭的庭长、副庭长、审判员；

（四）上下相邻两级人民法院的院长、副院长。

注释　法官职务回避，由本人提出回避申请或者所在人民法院的人事管理部门提出回避要求，按照有关管理权限进行审核，需要回避的，对其职务予以调整，并按照法律及有关规定办理任免手续。法官在录用、晋升、调配过程中应当如实地向人民法院申报应回避的亲属情况。各级人民法院在法官录用、晋升、调配过程中应当按照任职回避的规定严格审查。

参见　《中华人民共和国公务员法》第74条；《中华人民共和国人民法院组织法》第2条、第40条；《中共中央关于全面推进依法治国若干重大问题的决定》四；《党政领导干部任职回避暂行规定》第3条

第二十四条　【任职回避的情形】法官的配偶、父母、子女有下列情形之一的，法官应当实行任职回避：

（一）担任该法官所任职人民法院辖区内律师事务所的合伙人或者设立人的；

（二）在该法官所任职人民法院辖区内以律师身份担任诉讼代理人、辩护人，或者为诉讼案件当事人提供其他有偿法律服务的。

注释　除本条规定的法官任职回避以外，我国刑事、民事和行政诉讼法还规定了诉讼回避制度，对于法官的其他亲属在其所任法院辖区内从事相关业务，可能影响对具体案件的公正审理的，法官应当依照有关规定进行个案回避。

参见　《中华人民共和国刑事诉讼法》第29条、第33条；

《中华人民共和国民事诉讼法》第47条、第61条；《中华人民共和国行政诉讼法》第31条、第55条；《从律师和法学专家中公开选拔立法工作者、法官、检察官办法》；《关于对配偶父母子女从事律师职业的法院领导干部和审判执行人员实行任职回避的规定》

第五章　法官的管理

第二十五条　【法官员额制】法官实行员额制管理。法官员额根据案件数量、经济社会发展情况、人口数量和人民法院审级等因素确定，在省、自治区、直辖市内实行总量控制、动态管理，优先考虑基层人民法院和案件数量多的人民法院办案需要。

法官员额出现空缺的，应当按照程序及时补充。

最高人民法院法官员额由最高人民法院商有关部门确定。

第二十六条　【法官单独职务序列管理】法官实行单独职务序列管理。

法官等级分为十二级，依次为首席大法官、一级大法官、二级大法官、一级高级法官、二级高级法官、三级高级法官、四级高级法官、一级法官、二级法官、三级法官、四级法官、五级法官。

第二十七条　【首席大法官】最高人民法院院长为首席大法官。

第二十八条　【法官等级确定和晋升】法官等级的确定，以法官德才表现、业务水平、审判工作实绩和工作年限等为依据。

法官等级晋升采取按期晋升和择优选升相结合的方式，特别优秀或者工作特殊需要的一线办案岗位法官可以特别选升。

第二十九条　【法官等级管理的具体办法另行规定】法官的等级设置、确定和晋升的具体办法，由国家另行规定。

第三十条　【初任法官统一职前培训】初任法官实行统一职前培训制度。

第三十一条　【法官培训的内容和原则】对法官应当有计划地进行政治、理论和业务培训。

法官的培训应当理论联系实际、按需施教、讲求实效。

第三十二条　【培训作为任职晋升依据】法官培训情况，作为法官任职、等级晋升的依据之一。

第三十三条　【法官培训机构】法官培训机构按照有关规定承担培训法官的任务。

第三十四条　【法官辞职】法官申请辞职，应当由本人书面提出，经批准后，依照法律规定的程序免除其职务。

第三十五条　【辞退法官的程序】辞退法官应当依照法律规定的程序免除其职务。

辞退法官应当按照管理权限决定。辞退决定应当以书面形式通知被辞退的法官，并列明作出决定的理由和依据。

第三十六条　【离任法官担任诉讼代理人、辩护人的限制】法官从人民法院离任后两年内，不得以律师身份担任诉讼代理人或者辩护人。

法官从人民法院离任后，不得担任原任职法院办理案件的诉讼代理人或者辩护人，但是作为当事人的监护人或者近亲属代理诉讼或者进行辩护的除外。

法官被开除后，不得担任诉讼代理人或者辩护人，但是作为当事人的监护人或者近亲属代理诉讼或者进行辩护的除外。

注释　本条第一款对法官离任后不得担任诉讼代理人和辩护人的规定只限于“以律师身份”。

本条第二款中的办理案件，包括人民法院办理的刑事案件、民事案件、行政案件等各类案件，可以是一审案件、二审案件、申诉案件等处于不同诉讼阶段的各种案件。需要指出的是，本款规定法官从人民法院离任后，不得担任原任职法院办理案件的诉讼代理人或者辩护人，并不是仅限定不得以律师身份担任诉讼代理人或者辩护人，而是无论以什么身份担任诉讼代理人或者辩护人都是被禁止的。

参见　《中华人民共和国刑事诉讼法》第33条；《中华人民共和国律师法》第41条；《中共中央关于全面推进依法治国若干重大问题的决定》四、(六)

第三十七条 【协助开展实践性教学、研究工作】法官因工作需要，经单位选派或者批准，可以在高等学校、科研院所协助开展实践性教学、研究工作，并遵守国家有关规定。

注释 法官协助开展实践性教学、研究工作应遵守国家有关规定。一方面，要遵守国家有关公务员管理的规定。如：不得影响本职工作，不得领取兼职报酬、不得超过一定兼职数量等。另一方面，更要遵守有关法官职业道德、行为规范的规定，维护人民群众对司法公正和权威的信赖。在高校、科研院所不得从事教学、研究之外的工作，更不能有影响司法公正的言行和利益输送。

需要注意的是，本法并没有从兼职的角度作出规定，而是从管理的角度，对法官到高校从事教学研究工作作出规范管理，主要工作是协助开展实践性教学、研究工作，并对此提出了上述较为严格的要求。有关方面也将加强管理监督，对于违反规定的，应当依照法官法和公务员法等法律法规的规定，以及组织人事、纪律处分方面的规定追究相应责任。

参见 《中华人民共和国公务员法》第44条；《中共中央关于全面推进依法治国若干重大问题的决定》六、（三）；《教育部、中央政法委、最高人民法院、最高人民检察院、公安部、司法部关于实施高等学校与法律实务部门人员互聘“双千计划”的通知》；《教育部、中央政法委关于坚持德法兼修实施卓越法治人才教育培养计划2.0的意见》

第六章 法官的考核、奖励和惩戒

第三十八条 【设立法官考评委员会】人民法院设立法官考评委员会，负责对本院法官的考核工作。

第三十九条 【法官考评委员会的组成】法官考评委员会的组成人员为五至九人。

法官考评委员会主任由本院院长担任。

第四十条 【法官考核原则】对法官的考核，应当全面、客观、公正，实行平时考核和年度考核相结合。

第四十一条　【法官考核内容】对法官的考核内容包括：审判工作实绩、职业道德、专业水平、工作能力、审判作风。重点考核审判工作实绩。

注释　审判工作实绩，是指法官从事审判工作所取得的成绩，包括审判工作的质量、数量、效率以及所产生的社会效益、受奖励的情况等。

职业道德，核心是公正、廉洁、为民，基本要求是忠诚司法事业、保证司法公正、确保司法廉洁、坚持司法为民、维护司法形象。忠诚司法事业，是指维护国家利益，遵守政治纪律，坚持和维护中国特色社会主义司法制度，以维护社会公平正义为己任，自觉维护法律的权威和尊严；保证司法公正，是指依法独立行使审判权，不受任何行政机关、社会团体和个人的干涉，坚持以事实为根据，以法律为准绳，牢固树立程序意识，自觉遵守司法回避，贯彻司法公开原则，平等对待当事人和其他诉讼参与人；确保司法廉洁，是指坚守廉洁底线，依法正确行使审判权、执行权，杜绝以权谋私、贪赃枉法行为，不接受案件当事人及相关人员的请客送礼，不利用职务便利或者法官身份谋取不正当利益，不违反规定与当事人或者其他诉讼参与人进行不正当交往，不在执法办案中徇私舞弊；坚持司法为民，是指自觉维护人民群众的合法权益，努力为当事人和其他诉讼参与人提供必要的诉讼便利，努力实现法律效果与社会效果的统一，尊重当事人和其他诉讼参与人的人格尊严，依法保障律师参与诉讼活动的权利；维护司法形象，是指坚持文明司法，加强自身修养，忠于职守，秉公办案，始终保持昂扬的精神状态和良好的职业操守，遵守社会公德和家庭美德，维护良好的个人声誉。

专业水平，是指对法学理论学习、掌握和运用的程度。

工作能力，是指法官从事审判工作所需的能力，尤其是查明案件事实和正确适用法律的能力。

审判作风，是指法官在审理案件的过程中，能否做到勤勉尽责、清正廉明。

本条的考核对象是经法官遴选委员会遴选后进入员额的法官，包括入额的院长、副院长、审判委员会委员、庭长、副庭长和审判员。通过对法官的考核，可以为法官的奖惩、任免、等级、工资等管理工作提供依据。

参见 《中华人民共和国公务员法》第3条、第35条；《中共中央关于全面推进依法治国若干重大问题的决定》；《关于加强和完善法官考核工作的指导意见》

第四十二条　【法官考核结果】 年度考核结果分为优秀、称职、基本称职和不称职四个等次。

考核结果作为调整法官等级、工资以及法官奖惩、免职、降职、辞退的依据。

第四十三条　【考核结果的复核】 考核结果以书面形式通知法官本人。法官对考核结果如果有异议，可以申请复核。

第四十四条　【法官的奖励】 法官在审判工作中有显著成绩和贡献的，或者有其他突出事迹的，应当给予奖励。

第四十五条　【给予法官奖励的情形】 法官有下列表现之一的，应当给予奖励：

（一）公正司法，成绩显著的；

（二）总结审判实践经验成果突出，对审判工作有指导作用的；

（三）在办理重大案件、处理突发事件和承担专项重要工作中，做出显著成绩和贡献的；

（四）对审判工作提出改革建议被采纳，效果显著的；

（五）提出司法建议被采纳或者开展法治宣传、指导调解组织调解各类纠纷，效果显著的；

（六）有其他功绩的。

法官的奖励按照有关规定办理。

第四十六条　【给予法官处分的情形】 法官有下列行为之一的，应当给予处分；构成犯罪的，依法追究刑事责任：

（一）贪污受贿、徇私舞弊、枉法裁判的；

（二）隐瞒、伪造、变造、故意损毁证据、案件材料的；

（三）泄露国家秘密、审判工作秘密、商业秘密或者个人隐私的；

（四）故意违反法律法规办理案件的；

（五）因重大过失导致裁判结果错误并造成严重后果的；

（六）拖延办案，贻误工作的；

（七）利用职权为自己或者他人谋取私利的；

（八）接受当事人及其代理人利益输送，或者违反有关规定会见当事人及其代理人的；

（九）违反有关规定从事或者参与营利性活动，在企业或者其他营利性组织中兼任职务的；

（十）有其他违纪违法行为的。

法官的处分按照有关规定办理。

注释 本条第一款第一项规定的“徇私舞弊、枉法裁判”是指法官在其审判活动中为了谋取个人利益或私情而违背法律、枉法裁判的行为，如司法工作人员徇私枉法、徇情枉法，对明知是无罪的人而使他受追诉、对明知是有罪的人而故意包庇不使他受追诉，或者在审判活动中故意违背事实和法律作枉法裁判的行为。根据刑法的规定，徇私枉法行为构成犯罪的，应当追究刑事责任。

本条第一款第二项规定“隐瞒、伪造、变造、故意损毁证据、案件材料的”。本项规定了两种客体，四种违法行为。根据本项的规定，违法行为的客体包括证据和案件材料两类。“证据”，根据刑事诉讼法第五十条的规定，可以用于证明案件事实的材料，都是证据，包括物证、书证、证人证言、被害人陈述、犯罪嫌疑人、被告人供述和辩解、鉴定意见、勘验、检查、辨认、侦查实验等笔录、视听资料、电子数据等。“案件材料”是指在办理案件的过程中形成的，用于记录案件的侦查、审查起诉、庭审等情况的书面或电子的记录、影像资料等，如起诉书、庭审笔录、送达回执等。针对上述两种客体的违法行为包括“隐瞒、伪造、变造、故意损毁”。“隐瞒”是指将已经获知的证据、案件材料隐瞒不报；“伪造”是指无中生有编造虚假证据、案件材料；“变造”是指对原有的证据、案件材料进行篡改、变造等；“故意损毁”是指将证据、案件材料丢弃、销毁、删除等。

本条第一款第三项规定“泄露国家秘密、审判工作秘密、商业秘密或者个人隐私的”。国家秘密是指关系国家的安全和利益，依照法定程序确定，在一定时间内只限一定范围的人员知悉的事项。审判工作秘密主要是指与审判工作有关、在特定时间内不应对外公开的事项。通常情况下，在审判工作中涉及追查刑事犯罪的有关事项，按照法律规定属于国家秘密，其他有关事项经法定程序确定，也可以成为国家秘密。但除此之外，在审判工作中还有许多没有被列为国家秘密的事项，为了保证审判工作的正常进行，保护有关当事人的合法权利，在一定时间内也只限于特定的人员知悉，对此法官有义务不得泄露。商业秘密是指不为公众所知悉，能为权利人带来经济利益，具有实用性并经权利人采取保密措施的技术信息和经营信息。个人隐私是指个人生活中不愿公开或不愿为他人知悉的秘密。国家秘密关系国家安全和利益，商业秘密关系权利人的经济利益，隐私权是个人的重要人身权利。保守国家秘密法、刑法、民法典等法律对国家秘密、商业秘密、个人隐私的保护作了规定。

本条第一款第四项规定的“故意违反法律法规办理案件的”，既包括违反程序法律法规，也包括违反实体法律法规。需要说明的是，认定法官故意违反法律法规办理案件，需要法官惩戒委员会提出审查意见。本法第四十八条中规定，最高人民法院和省、自治区、直辖市设立法官惩戒委员会，负责从专业角度审查认定法官是否存在本法第四十六条第四项、第五项规定的违反审判职责的行为，提出构成故意违反职责、存在重大过失、存在一般过失或者没有违反职责等审查意见。非经法官惩戒委员会审查认定，不能以“故意违反法律法规办理案件”规定追究法官责任。

本条第一款第五项规定的“因重大过失导致裁判结果错误并造成严重后果的”，是指由于重大疏忽或者对工作缺乏责任心而导致裁判结果错误，并造成公共财产、国家和人民利益遭受重大损失，或者导致当事人利益遭受重大损失等严重后果的。需要说明的是，认定法官“因重大过失导致裁判结果错误并造成严重后果的”，也需要法官惩戒委员会提出审查意见。

本条第一款第六项规定的“拖延办案，贻误工作”，主要是指法官在办理案件过程中在没有正当理由的情况下，有意或无意长期拖延，使案件得不到解决。

本条第一款第七项规定的“利用职权为自己或者他人谋取私利”，主要是指法官利用自己工作上的职权，尤其是行使审判权的条件，通过要求、暗示和接受他人提供某种利益和好处等方式为自己谋取利益。这种利益和好处，有可能是当事人提供的，也有可能是其他有关的人提供的；有可能法官本人接受了这些利益和好处，也有可能是法官的亲属、朋友或其他关系人接受了这些利益和好处。这里应说明的是：一是“谋取私利”必须是法官利用了自己工作上的职权，如果获得利益与自己的工作职权没有关系，不属于这里规定的情况；二是这里规定的“谋取私利”是指贪污受贿以外的情况，如接受一些免费或廉价的娱乐活动、房屋装修，或为自己的亲朋好友安排工作等，法官如果有贪污受贿行为，则应当按照贪污受贿依法处理；三是法官在谋取私利的同时有第一款第一项规定的枉法裁判行为的，还构成徇私枉法，应按照法律的有关规定处理。

本条第一款第八项规定“接受当事人及其代理人利益输送，或者违反有关规定会见当事人及其代理人的”。在刑事案件中，“当事人”是指被害人、自诉人、犯罪嫌疑人、被告人、附带民事诉讼的原告人和被告人；“代理人”包括有关当事人的法定代理人和受有关当事人委托参加诉讼的诉讼代理人。在民事诉讼中，“当事人”是指参加诉讼的原被告双方，包括作为原告或被告的公民、法人和其他组织；“代理人”包括有关当事人的法定代理人、指定代理人、委托代理人三种。在行政案件中，“当事人”包括作为原告的公民、法人或其他组织，以及作为被告的行政机关；“代理人”包括有关当事人的法定代理人和受有关当事人委托参加诉讼的诉讼代理人。“利益输送”既包括直接的请客送礼，也包括以各种形式掩盖的利益交往，如借款、代为理财等。法官因工作需要会见当事人或代理人的，应当按照规定的程序进行，如果其违反规定私下会见当事人或代理人，因缺少监督，容易出现各种舞弊的情况。

本条第一款第九项规定的“违反有关规定从事或者参与营利性活动，在企业或者其他营利性组织中兼任职务的”，包括法官个人通过经商、办企业等从事第二职业，在公司、企业等经济实体中兼职领取报酬，或者从事有偿的中介活动等。

本条第一款第十项规定的“其他违纪违法行为”，主要是指除以上九项行为以外的其他违纪违法行为。本条规定的禁止性行为，主要局限于法官履行职务当中，具有较强的针对性，但并不能穷尽所有情形。本条除了在前九项中针对法官在行使审判权过程中可能发生、危害性较大或者人民群众反映强烈的一些行为作出具体规定外，还在本项作了兜底性的规定。

本条第二款规定，法官的处分按照有关规定办理。这里的有关规定，主要包括公务员法第九章关于惩戒的规定、《中华人民共和国公职人员政务处分法》等。

案例 谈某民事、行政枉法裁判、受贿案（江苏省常州市中级人民法院刑事裁定书〔2017〕苏04刑终97号）

案件适用要点：上诉人谈某，身为国家司法工作人员，单独或伙同他人，在民事、行政审判活动中故意违背事实和法律作枉法裁判，其行为已构成民事、行政枉法裁判罪，且造成损失金额达150万元以上，属情节特别严重，部分系共同犯罪；其还利用职务上的便利，非法收受他人财物，为他人谋取利益，还利用本人职权或地位形成的便利条件，通过其他司法工作人员职务上的行为，为请托人谋取不正当利益，收受请托人财物，其行为又已构成受贿罪，且数额巨大，应数罪并罚。上诉人谈某归案后能主动供述本案大部分受贿事实，依法可从轻处罚。原审人民法院判决认定的事实清楚，证据确实、充分，适用法律正确，量刑适当，审判程序合法。

参见 《中华人民共和国公务员法》第59条；《中华人民共和国刑法》第382条、第385条、第398条；《中华人民共和国保守国家秘密法》第3条；《保护司法人员依法履行法定职责规定》第11条；《中华人民共和国公职人员政务处分法》

第四十七条　【暂停法官履行职务】法官涉嫌违纪违法，已经被立案调查、侦查，不宜继续履行职责的，按照管理权限和规定的程序暂时停止其履行职务。

注释　法官被暂停履行职务需要符合以下条件：

一是，涉嫌违法违纪，即根据证据，有关部门发现法官存在违法、违纪行为，并已经掌握了部分违法违纪的事实。二是，涉嫌违法违纪的法官已经被立案调查、侦查。

参见　《中华人民共和国监察法》第39条；《中华人民共和国刑事诉讼法》第19条；《中华人民共和国公职人员政务处分法》；《最高人民法院关于完善人民法院司法责任制的若干意见》

第四十八条　【法官惩戒委员会】最高人民法院和省、自治区、直辖市设立法官惩戒委员会，负责从专业角度审查认定法官是否存在本法第四十六条第四项、第五项规定的违反审判职责的行为，提出构成故意违反职责、存在重大过失、存在一般过失或者没有违反职责等审查意见。法官惩戒委员会提出审查意见后，人民法院依照有关规定作出是否予以惩戒的决定，并给予相应处理。

法官惩戒委员会由法官代表、其他从事法律职业的人员和有关方面代表组成，其中法官代表不少于半数。

最高人民法院法官惩戒委员会、省级法官惩戒委员会的日常工作，由相关人民法院的内设职能部门承担。

第四十九条　【法官在惩戒审议中的权利】法官惩戒委员会审议惩戒事项时，当事法官有权申请有关人员回避，有权进行陈述、举证、辩解。

第五十条　【对惩戒审查意见的异议及处理】法官惩戒委员会作出的审查意见应当送达当事法官。当事法官对审查意见有异议的，可以向惩戒委员会提出，惩戒委员会应当对异议及其理由进行审查，作出决定。

第五十一条　【惩戒审议具体程序的制定】法官惩戒委员会审议惩戒事项的具体程序，由最高人民法院商有关部门确定。

第七章　法官的职业保障

第五十二条　【法官权益保障委员会】人民法院设立法官权益保障委员会，维护法官合法权益，保障法官依法履行职责。

第五十三条　【非因法定事由不得调离审判岗位】除下列情形外，不得将法官调离审判岗位：

（一）按规定需要任职回避的；

（二）按规定实行任职交流的；

（三）因机构调整、撤销、合并或者缩减编制员额需要调整工作的；

（四）因违纪违法不适合在审判岗位工作的；

（五）法律规定的其他情形。

第五十四条　【禁止干涉法官履职】任何单位或者个人不得要求法官从事超出法定职责范围的事务。

对任何干涉法官办理案件的行为，法官有权拒绝并予以全面如实记录和报告；有违纪违法情形的，由有关机关根据情节轻重追究有关责任人员、行为人的责任。

第五十五条　【法官的职业尊严和人身安全保护】法官的职业尊严和人身安全受法律保护。

任何单位和个人不得对法官及其近亲属打击报复。

对法官及其近亲属实施报复陷害、侮辱诽谤、暴力侵害、威胁恐吓、滋事骚扰等违法犯罪行为的，应当依法从严惩治。

第五十六条　【法官名誉保障】法官因依法履行职责遭受不实举报、诬告陷害、侮辱诽谤，致使名誉受到损害的，人民法院应当会同有关部门及时澄清事实，消除不良影响，并依法追究相关单位或者个人的责任。

第五十七条　【法官及其近亲属人身安全保障】法官因依法履行职责，本人及其近亲属人身安全面临危险的，人民法院、公安机关应当对法官及其近亲属采取人身保护、禁止特定人员接触等必要保护措施。

第五十八条　【法官的工资制度】法官实行与其职责相适应的工资制度，按照法官等级享有国家规定的工资待遇，并建立与公务员工资同步调整机制。

法官的工资制度，根据审判工作特点，由国家另行规定。

第五十九条　【法官的定期增资制度】法官实行定期增资制度。

经年度考核确定为优秀、称职的，可以按照规定晋升工资档次。

第六十条　【津贴、补贴、奖金、保险和福利待遇】法官享受国家规定的津贴、补贴、奖金、保险和福利待遇。

第六十一条　【伤残待遇、抚恤和优待】法官因公致残的，享受国家规定的伤残待遇。法官因公牺牲、因公死亡或者病故的，其亲属享受国家规定的抚恤和优待。

第六十二条　【法官退休制度另行规定】法官的退休制度，根据审判工作特点，由国家另行规定。

第六十三条　【法官退休后的待遇】法官退休后，享受国家规定的养老金和其他待遇。

第六十四条　【法官的控告权】对于国家机关及其工作人员侵犯本法第十一条规定的法官权利的行为，法官有权提出控告。

第六十五条　【对法官处分或人事处理错误的纠正措施】对法官处分或者人事处理错误的，应当及时予以纠正；造成名誉损害的，应当恢复名誉、消除影响、赔礼道歉；造成经济损失的，应当赔偿。对打击报复的直接责任人员，应当依法追究其责任。

第八章　附　　则

第六十六条　【统一法律职业资格考试制度】国家对初任法官实行统一法律职业资格考试制度，由国务院司法行政部门商最高人民法院等有关部门组织实施。

第六十七条　【加强法官助理队伍建设】人民法院的法官助理在法官指导下负责审查案件材料、草拟法律文书等审判辅助事务。

人民法院应当加强法官助理队伍建设，为法官遴选储备人才。

注释 负责审查案件材料，是指在办理案件过程中，对诉讼参与人或其他主体提供的证据材料等予以收集、整理，以便于法官根据相关证据材料裁判案件；草拟法律文书，是指草拟案件的裁定书、判决书、调解书等法律文书。这些法律文书，经法官或者审判委员会审核签发后，才具有法律效力。

参见 《中华人民共和国人民法院组织法》第48条

第六十八条 【法官法和公务员法的衔接适用】 有关法官的权利、义务和管理制度，本法已有规定的，适用本法的规定；本法未作规定的，适用公务员管理的相关法律法规。

参见 《中华人民共和国公务员法》第3条、第53条、第55条、第59条、第62条、第64条、第86条、第88条、第89条、第95条

第六十九条 【施行日期】 本法自2019年10月1日起施行。

中华人民共和国人民法院组织法

（1979 年 7 月 1 日第五届全国人民代表大会第二次会议通过　根据 1983 年 9 月 2 日第六届全国人民代表大会常务委员会第二次会议《关于修改〈中华人民共和国人民法院组织法〉的决定》第一次修正　根据 1986 年 12 月 2 日第六届全国人民代表大会常务委员会第十八次会议《关于修改〈中华人民共和国地方各级人民代表大会和地方各级人民政府组织法〉的决定》第二次修正　根据 2006 年 10 月 31 日第十届全国人民代表大会常务委员会第二十四次会议《关于修改〈中华人民共和国人民法院组织法〉的决定》第三次修正　2018 年 10 月 26 日第十三届全国人民代表大会常务委员会第六次会议修订）

第一章　总　　则

第一条　为了规范人民法院的设置、组织和职权，保障人民法院依法履行职责，根据宪法，制定本法。

第二条　人民法院是国家的审判机关。

人民法院通过审判刑事案件、民事案件、行政案件以及法律规定的其他案件，惩罚犯罪，保障无罪的人不受刑事追究，解决民事、行政纠纷，保护个人和组织的合法权益，监督行政机关依法行使职权，维护国家安全和社会秩序，维护社会公平正义，维护国家法制统一、尊严和权威，保障中国特色社会主义建设的顺利进行。

第三条　人民法院依照宪法、法律和全国人民代表大会常务委员会的决定设置。

第四条　人民法院依照法律规定独立行使审判权，不受行政机关、社会团体和个人的干涉。

第五条 人民法院审判案件在适用法律上一律平等，不允许任何组织和个人有超越法律的特权，禁止任何形式的歧视。

第六条 人民法院坚持司法公正，以事实为根据，以法律为准绳，遵守法定程序，依法保护个人和组织的诉讼权利和其他合法权益，尊重和保障人权。

第七条 人民法院实行司法公开，法律另有规定的除外。

第八条 人民法院实行司法责任制，建立健全权责统一的司法权力运行机制。

第九条 最高人民法院对全国人民代表大会及其常务委员会负责并报告工作。地方各级人民法院对本级人民代表大会及其常务委员会负责并报告工作。

各级人民代表大会及其常务委员会对本级人民法院的工作实施监督。

第十条 最高人民法院是最高审判机关。

最高人民法院监督地方各级人民法院和专门人民法院的审判工作，上级人民法院监督下级人民法院的审判工作。

第十一条 人民法院应当接受人民群众监督，保障人民群众对人民法院工作依法享有知情权、参与权和监督权。

第二章 人民法院的设置和职权

第十二条 人民法院分为：

（一）最高人民法院；

（二）地方各级人民法院；

（三）专门人民法院。

第十三条 地方各级人民法院分为高级人民法院、中级人民法院和基层人民法院。

第十四条 在新疆生产建设兵团设立的人民法院的组织、案件管辖范围和法官任免，依照全国人民代表大会常务委员会的有关规定。

第十五条 专门人民法院包括军事法院和海事法院、知识产权法院、金融法院等。

专门人民法院的设置、组织、职权和法官任免，由全国人民代表大会常务委员会规定。

第十六条 最高人民法院审理下列案件：

（一）法律规定由其管辖的和其认为应当由自己管辖的第一审案件；

（二）对高级人民法院判决和裁定的上诉、抗诉案件；

（三）按照全国人民代表大会常务委员会的规定提起的上诉、抗诉案件；

（四）按照审判监督程序提起的再审案件；

（五）高级人民法院报请核准的死刑案件。

第十七条 死刑除依法由最高人民法院判决的以外，应当报请最高人民法院核准。

第十八条 最高人民法院可以对属于审判工作中具体应用法律的问题进行解释。

最高人民法院可以发布指导性案例。

第十九条 最高人民法院可以设巡回法庭，审理最高人民法院依法确定的案件。

巡回法庭是最高人民法院的组成部分。巡回法庭的判决和裁定即最高人民法院的判决和裁定。

第二十条 高级人民法院包括：

（一）省高级人民法院；

（二）自治区高级人民法院；

（三）直辖市高级人民法院。

第二十一条 高级人民法院审理下列案件：

（一）法律规定由其管辖的第一审案件；

（二）下级人民法院报请审理的第一审案件；

（三）最高人民法院指定管辖的第一审案件；

（四）对中级人民法院判决和裁定的上诉、抗诉案件；

（五）按照审判监督程序提起的再审案件；

（六）中级人民法院报请复核的死刑案件。

第二十二条　中级人民法院包括：

（一）省、自治区辖市的中级人民法院；

（二）在直辖市内设立的中级人民法院；

（三）自治州中级人民法院；

（四）在省、自治区内按地区设立的中级人民法院。

第二十三条　中级人民法院审理下列案件：

（一）法律规定由其管辖的第一审案件；

（二）基层人民法院报请审理的第一审案件；

（三）上级人民法院指定管辖的第一审案件；

（四）对基层人民法院判决和裁定的上诉、抗诉案件；

（五）按照审判监督程序提起的再审案件。

第二十四条　基层人民法院包括：

（一）县、自治县人民法院；

（二）不设区的市人民法院；

（三）市辖区人民法院。

第二十五条　基层人民法院审理第一审案件，法律另有规定的除外。

基层人民法院对人民调解委员会的调解工作进行业务指导。

第二十六条　基层人民法院根据地区、人口和案件情况，可以设立若干人民法庭。

人民法庭是基层人民法院的组成部分。人民法庭的判决和裁定即基层人民法院的判决和裁定。

第二十七条　人民法院根据审判工作需要，可以设必要的专业审判庭。法官员额较少的中级人民法院和基层人民法院，可以设综合审判庭或者不设审判庭。

人民法院根据审判工作需要，可以设综合业务机构。法官员额较少的中级人民法院和基层人民法院，可以不设综合业务机构。

第二十八条 人民法院根据工作需要，可以设必要的审判辅助机构和行政管理机构。

第三章 人民法院的审判组织

第二十九条 人民法院审理案件，由合议庭或者法官一人独任审理。

合议庭和法官独任审理的案件范围由法律规定。

第三十条 合议庭由法官组成，或者由法官和人民陪审员组成，成员为三人以上单数。

合议庭由一名法官担任审判长。院长或者庭长参加审理案件时，由自己担任审判长。

审判长主持庭审、组织评议案件，评议案件时与合议庭其他成员权利平等。

第三十一条 合议庭评议案件应当按照多数人的意见作出决定，少数人的意见应当记入笔录。评议案件笔录由合议庭全体组成人员签名。

第三十二条 合议庭或者法官独任审理案件形成的裁判文书，经合议庭组成人员或者独任法官签署，由人民法院发布。

第三十三条 合议庭审理案件，法官对案件的事实认定和法律适用负责；法官独任审理案件，独任法官对案件的事实认定和法律适用负责。

人民法院应当加强内部监督，审判活动有违法情形的，应当及时调查核实，并根据违法情形依法处理。

第三十四条 人民陪审员依照法律规定参加合议庭审理案件。

第三十五条 中级以上人民法院设赔偿委员会，依法审理国家赔偿案件。

赔偿委员会由三名以上法官组成，成员应当为单数，按照多数人的意见作出决定。

第三十六条 各级人民法院设审判委员会。审判委员会由院长、副院长和若干资深法官组成，成员应当为单数。

审判委员会会议分为全体会议和专业委员会会议。

中级以上人民法院根据审判工作需要，可以按照审判委员会委员专业和工作分工，召开刑事审判、民事行政审判等专业委员会会议。

第三十七条 审判委员会履行下列职能：

（一）总结审判工作经验；

（二）讨论决定重大、疑难、复杂案件的法律适用；

（三）讨论决定本院已经发生法律效力的判决、裁定、调解书是否应当再审；

（四）讨论决定其他有关审判工作的重大问题。

最高人民法院对属于审判工作中具体应用法律的问题进行解释，应当由审判委员会全体会议讨论通过；发布指导性案例，可以由审判委员会专业委员会会议讨论通过。

第三十八条 审判委员会召开全体会议和专业委员会会议，应当有其组成人员的过半数出席。

审判委员会会议由院长或者院长委托的副院长主持。审判委员会实行民主集中制。

审判委员会举行会议时，同级人民检察院检察长或者检察长委托的副检察长可以列席。

第三十九条 合议庭认为案件需要提交审判委员会讨论决定的，由审判长提出申请，院长批准。

审判委员会讨论案件，合议庭对其汇报的事实负责，审判委员会委员对本人发表的意见和表决负责。审判委员会的决定，合议庭应当执行。

审判委员会讨论案件的决定及其理由应当在裁判文书中公开，法律规定不公开的除外。

第四章 人民法院的人员组成

第四十条 人民法院的审判人员由院长、副院长、审判委员会委员和审判员等人员组成。

第四十一条 人民法院院长负责本院全面工作，监督本院审判工作，管理本院行政事务。人民法院副院长协助院长工作。

第四十二条 最高人民法院院长由全国人民代表大会选举，副院长、审判委员会委员、庭长、副庭长和审判员由院长提请全国人民代表大会常务委员会任免。

最高人民法院巡回法庭庭长、副庭长，由最高人民法院院长提请全国人民代表大会常务委员会任免。

第四十三条 地方各级人民法院院长由本级人民代表大会选举，副院长、审判委员会委员、庭长、副庭长和审判员由院长提请本级人民代表大会常务委员会任免。

在省、自治区内按地区设立的和在直辖市内设立的中级人民法院院长，由省、自治区、直辖市人民代表大会常务委员会根据主任会议的提名决定任免，副院长、审判委员会委员、庭长、副庭长和审判员由高级人民法院院长提请省、自治区、直辖市人民代表大会常务委员会任免。

第四十四条 人民法院院长任期与产生它的人民代表大会每届任期相同。

各级人民代表大会有权罢免由其选出的人民法院院长。在地方人民代表大会闭会期间，本级人民代表大会常务委员会认为人民法院院长需要撤换的，应当报请上级人民代表大会常务委员会批准。

第四十五条 人民法院的法官、审判辅助人员和司法行政人员实行分类管理。

第四十六条 法官实行员额制。法官员额根据案件数量、经济社会发展情况、人口数量和人民法院审级等因素确定。

最高人民法院法官员额由最高人民法院商有关部门确定。地方各级人民法院法官员额，在省、自治区、直辖市内实行总量控制、动态管理。

第四十七条 法官从取得法律职业资格并且具备法律规定的其他条件的人员中选任。初任法官应当由法官遴选委员会进行专业能力审核。上级人民法院的法官一般从下级人民法院的法官中择优遴选。

院长应当具有法学专业知识和法律职业经历。副院长、审判委员会委员应当从法官、检察官或者其他具备法官、检察官条件的人员中产生。

法官的职责、管理和保障，依照《中华人民共和国法官法》的规定。

第四十八条 人民法院的法官助理在法官指导下负责审查案件材料、草拟法律文书等审判辅助事务。

符合法官任职条件的法官助理，经遴选后可以按照法官任免程序任命为法官。

第四十九条 人民法院的书记员负责法庭审理记录等审判辅助事务。

第五十条 人民法院的司法警察负责法庭警戒、人员押解和看管等警务事项。

司法警察依照《中华人民共和国人民警察法》管理。

第五十一条 人民法院根据审判工作需要，可以设司法技术人员，负责与审判工作有关的事项。

第五章 人民法院行使职权的保障

第五十二条 任何单位或者个人不得要求法官从事超出法定职责范围的事务。

对于领导干部等干预司法活动、插手具体案件处理，或者人民法院内部人员过问案件情况的，办案人员应当全面如实记录并报告；有违法违纪情形的，由有关机关根据情节轻重追究行为人的责任。

第五十三条 人民法院作出的判决、裁定等生效法律文书，义务人应当依法履行；拒不履行的，依法追究法律责任。

第五十四条 人民法院采取必要措施，维护法庭秩序和审判权威。对妨碍人民法院依法行使职权的违法犯罪行为，依法追究法律责任。

第五十五条 人民法院实行培训制度，法官、审判辅助人员和司法行政人员应当接受理论和业务培训。

第五十六条 人民法院人员编制实行专项管理。

第五十七条 人民法院的经费按照事权划分的原则列入财政预算，保障审判工作需要。

第五十八条 人民法院应当加强信息化建设，运用现代信息技术，促进司法公开，提高工作效率。

第六章 附 则

第五十九条 本法自2019年1月1日起施行。

中华人民共和国
法官职业道德基本准则

（2010年12月6日 法发〔2010〕53号）

第一章 总 则

第一条 为加强法官职业道德建设，保证法官正确履行法律赋予的职责，根据《中华人民共和国法官法》和其他相关规定，制定本准则。

第二条 法官职业道德的核心是公正、廉洁、为民。基本要求是忠诚司法事业、保证司法公正、确保司法廉洁、坚持司法为民、维护司法形象。

第三条 法官应当自觉遵守法官职业道德，在本职工作和业外活动中严格要求自己，维护人民法院形象和司法公信力。

第二章 忠诚司法事业

第四条 牢固树立社会主义法治理念，忠于党、忠于国家、忠于人民、忠于法律，做中国特色社会主义事业建设者和捍卫者。

第五条 坚持和维护中国特色社会主义司法制度，认真贯彻落实依法治国基本方略，尊崇和信仰法律，模范遵守法律，严格执行法律，自觉维护法律的权威和尊严。

第六条 热爱司法事业，珍惜法官荣誉，坚持职业操守，恪守法官良知，牢固树立司法核心价值观，以维护社会公平正义为己任，认真履行法官职责。

第七条 维护国家利益，遵守政治纪律，保守国家秘密和审判工作秘密，不从事或参与有损国家利益和司法权威的活动，不发表有损国家利益和司法权威的言论。

第三章 保证司法公正

第八条 坚持和维护人民法院依法独立行使审判权的原则，客观公正审理案件，在审判活动中独立思考、自主判断，敢于坚持原则，不受任何行政机关、社会团体和个人的干涉，不受权势、人情等因素的影响。

第九条 坚持以事实为根据，以法律为准绳，努力查明案件事实，准确把握法律精神，正确适用法律，合理行使裁量权，避免主观臆断、超越职权、滥用职权，确保案件裁判结果公平公正。

第十条 牢固树立程序意识，坚持实体公正与程序公正并重，严格按照法定程序执法办案，充分保障当事人和其他诉讼参与人的诉讼权利，避免执法办案中的随意行为。

第十一条 严格遵守法定办案时限，提高审判执行效率，及时化解纠纷，注重节约司法资源，杜绝玩忽职守、拖延办案等行为。

第十二条 认真贯彻司法公开原则，尊重人民群众的知情权，自觉接受法律监督和社会监督，同时避免司法审判受到外界的不当影响。

第十三条 自觉遵守司法回避制度，审理案件保持中立公正的立场，平等对待当事人和其他诉讼参与人，不偏袒或歧视任何一方当事人，不私自单独会见当事人及其代理人、辩护人。

第十四条 尊重其他法官对审判职权的依法行使，除履行工作职责或者通过正当程序外，不过问、不干预、不评论其他法官正在审理的案件。

第四章　确保司法廉洁

第十五条 树立正确的权力观、地位观、利益观，坚持自重、自省、自警、自励，坚守廉洁底线，依法正确行使审判权、执行权，杜绝以权谋私、贪赃枉法行为。

第十六条 严格遵守廉洁司法规定，不接受案件当事人及相关人员的请客送礼，不利用职务便利或者法官身份谋取不正当利益，不违反规定与当事人或者其他诉讼参与人进行不正当交往，不在执法办案中徇私舞弊。

第十七条 不从事或者参与营利性的经营活动，不在企业及其他营利性组织中兼任法律顾问等职务，不就未决案件或者再审案件给当事人及其他诉讼参与人提供咨询意见。

第十八条 妥善处理个人和家庭事务，不利用法官身份寻求特殊利益。按规定如实报告个人有关事项，教育督促家庭成员不利用法官的职权、地位谋取不正当利益。

第五章　坚持司法为民

第十九条 牢固树立以人为本、司法为民的理念，强化群众观念，重视群众诉求，关注群众感受，自觉维护人民群众的合法权益。

第二十条 注重发挥司法的能动作用，积极寻求有利于案结事了的纠纷解决办法，努力实现法律效果与社会效果的统一。

第二十一条 认真执行司法便民规定，努力为当事人和其他诉讼参与人提供必要的诉讼便利，尽可能降低其诉讼成本。

第二十二条 尊重当事人和其他诉讼参与人的人格尊严，避免盛气凌人、“冷硬横推”等不良作风；尊重律师，依法保障律师参与诉讼活动的权利。

第六章 维护司法形象

第二十三条 坚持学习，精研业务，忠于职守，秉公办案，惩恶扬善，弘扬正义，保持昂扬的精神状态和良好的职业操守。

第二十四条 坚持文明司法，遵守司法礼仪，在履行职责过程中行为规范、着装得体、语言文明、态度平和，保持良好的职业修养和司法作风。

第二十五条 加强自身修养，培育高尚道德操守和健康生活情趣，杜绝与法官职业形象不相称、与法官职业道德相违背的不良嗜好和行为，遵守社会公德和家庭美德，维护良好的个人声誉。

第二十六条 法官退休后应当遵守国家相关规定，不利用自己的原有身份和便利条件过问、干预执法办案，避免因个人不当言行对法官职业形象造成不良影响。

第七章 附 则

第二十七条 人民陪审员依法履行审判职责期间，应当遵守本准则。人民法院其他工作人员参照执行本准则。

第二十八条 各级人民法院负责督促实施本准则，对于违反本准则的行为，视情节后果予以诫勉谈话、批评通报；情节严重构成违纪违法的，依照相关纪律和法律规定予以严肃处理。

第二十九条 本准则由最高人民法院负责解释。

第三十条 本准则自发布之日起施行。最高人民法院2001年10月18日发布的《中华人民共和国法官职业道德基本准则》同时废止。

最高人民法院关于对配偶父母子女从事律师职业的法院领导干部和审判执行人员实行任职回避的规定

（2020 年 4 月 17 日　法发〔2020〕13 号）

为了维护司法公正和司法廉洁，防止法院领导干部和审判执行人员私人利益与公共利益发生冲突，依照《中华人民共和国公务员法》《中华人民共和国法官法》等法律法规，结合人民法院实际，制定本规定。

第一条　人民法院工作人员的配偶、父母、子女、兄弟姐妹、配偶的父母、配偶的兄弟姐妹、子女的配偶、子女配偶的父母具有律师身份的，该工作人员应当主动向所在人民法院组织（人事）部门报告。

第二条　人民法院领导干部和审判执行人员的配偶、父母、子女有下列情形之一的，法院领导干部和审判执行人员应当实行任职回避：

（一）担任该领导干部和审判执行人员所任职人民法院辖区内律师事务所的合伙人或者设立人的；

（二）在该领导干部和审判执行人员所任职人民法院辖区内以律师身份担任诉讼代理人、辩护人，或者为诉讼案件当事人提供其他有偿法律服务的。

第三条　人民法院在选拔任用干部时，不得将符合任职回避条件的人员作为法院领导干部和审判执行人员的拟任人选。

第四条　人民法院在招录补充工作人员时，应当向拟招录补充的人员释明本规定的相关内容。

第五条　符合任职回避条件的法院领导干部和审判执行人员，

应当自本规定生效之日或者任职回避条件符合之日起三十日内主动向法院组织（人事）部门提出任职回避申请，相关人民法院应当按照有关规定为其另行安排工作岗位，确定职务职级待遇。

第六条 符合任职回避条件的法院领导干部和审判执行人员没有按规定主动提出任职回避申请的，相关人民法院应当按照有关程序免去其所任领导职务或者将其调离审判执行岗位。

第七条 应当实行任职回避的法院领导干部和审判执行人员的任免权限不在人民法院的，相关人民法院应当向具有干部任免权的机关提出为其办理职务调动或者免职等手续的建议。

第八条 符合任职回避条件的法院领导干部和审判执行人员具有下列情形之一的，应当根据情节给予批评教育、诫勉、组织处理或者处分：

（一）隐瞒配偶、父母、子女从事律师职业情况的；

（二）不按规定主动提出任职回避申请的；

（三）采取弄虚作假手段规避任职回避的；

（四）拒不服从组织调整或者拒不办理公务交接的；

（五）具有其他违反任职回避规定行为的。

第九条 法院领导干部和审判执行人员的配偶、父母、子女采取隐名代理等方式在该领导干部和审判执行人员所任职人民法院辖区内从事律师职业的，应当责令该法院领导干部和审判执行人员辞去领导职务或者将其调离审判执行岗位，其本人知情的，应当根据相关规定从重处理。

第十条 因任职回避调离审判执行岗位的法院工作人员，任职回避情形消失后，可以向法院组织（人事）部门申请调回审判执行岗位。

第十一条 本规定所称父母，是指生父母、养父母和有扶养关系的继父母。

本规定所称子女，是指婚生子女、非婚生子女、养子女和有扶养关系的继子女。

本规定所称从事律师职业，是指担任律师事务所的合伙人、设立人，或者以律师身份担任诉讼代理人、辩护人，或者以律师身份为诉讼案件当事人提供其他有偿法律服务。

本规定所称法院领导干部，是指各级人民法院的领导班子成员及审判委员会委员。

本规定所称审判执行人员，是指各级人民法院立案、审判、执行、审判监督、国家赔偿等部门的领导班子成员、法官、法官助理、执行员。

本规定所称任职人民法院辖区，包括法院领导干部和审判执行人员所任职人民法院及其所辖下级人民法院的辖区。专门人民法院及其他管辖区域与行政辖区不一致的人民法院工作人员的任职人民法院辖区，由解放军军事法院和相关高级人民法院根据有关规定或者实际情况确定。

第十二条 本规定由最高人民法院负责解释。

第十三条 本规定自2020年5月6日起施行，《最高人民法院关于对配偶子女从事律师职业的法院领导干部和审判执行岗位法官实行任职回避的规定（试行）》（法发〔2011〕5号）同时废止。

关于建立健全禁止法官、检察官与律师不正当接触交往制度机制的意见

（2021年9月30日）

第一条 为深入贯彻习近平法治思想，认真贯彻落实防止干预司法“三个规定”，建立健全禁止法官、检察官与律师不正当接触交往制度机制，防止利益输送和利益勾连，切实维护司法廉洁和司法公正，依据《中华人民共和国法官法》《中华人民共和国检察官法》《中华人民共和国律师法》等有关规定，结合实际情况，制定本意见。

第二条 本意见适用于各级人民法院、人民检察院依法履行审判、执行、检察职责的人员和司法行政人员。

本意见所称律师，是指在律师事务所执业的专兼职律师（包括从事非诉讼法律事务的律师）和公职律师、公司律师。本意见所称律师事务所“法律顾问”，是指不以律师名义执业，但就相关业务领域或者个案提供法律咨询、法律论证，或者代表律师事务所开展协调、业务拓展等活动的人员。本意见所称律师事务所行政人员，是指律师事务所聘用的从事秘书、财务、行政、人力资源、信息技术、风险管控等工作的人员。

第三条 严禁法官、检察官与律师有下列接触交往行为：

（一）在案件办理过程中，非因办案需要且未经批准在非工作场所、非工作时间与辩护、代理律师接触。

（二）接受律师或者律师事务所请托，过问、干预或者插手其他法官、检察官正在办理的案件，为律师或者律师事务所请托说情、打探案情、通风报信；为案件承办法官、检察官私下会见案件辩护、代理律师牵线搭桥；非因工作需要，为律师或者律师事务所转递涉案材料；向律师泄露案情、办案工作秘密或者其他依法依规不得泄露的情况；违规为律师或律师事务所出具与案件有关的各类专家意见。

（三）为律师介绍案件；为当事人推荐、介绍律师作为诉讼代理人、辩护人；要求、建议或者暗示当事人更换符合代理条件的律师；索取或者收受案件代理费用或者其他利益。

（四）向律师或者其当事人索贿，接受律师或者其当事人行贿；索取或者收受律师借礼尚往来、婚丧嫁娶等赠送的礼金、礼品、消费卡和有价证券、股权、其他金融产品等财物；向律师借款、租借房屋、借用交通工具、通讯工具或者其他物品；接受律师吃请、娱乐等可能影响公正履行职务的安排。

（五）非因工作需要且未经批准，擅自参加律师事务所或者律师举办的讲座、座谈、研讨、培训、论坛、学术交流、开业庆典等活动；以提供法律咨询、法律服务等名义接受律师事务所或者律师输送的相关利益。

（六）与律师以合作、合资、代持等方式，经商办企业或者从事其他营利性活动；本人配偶、子女及其配偶在律师事务所担任“隐名合伙人”；本人配偶、子女及其配偶显名或者隐名与律师“合作”开办企业或者“合作”投资；默许、纵容、包庇配偶、子女及其配偶或者其他特定关系人在律师事务所违规取酬；向律师或律师事务所放贷收取高额利息。

（七）其他可能影响司法公正和司法权威的不正当接触交往行为。

严禁律师事务所及其律师从事与前款所列行为相关的不正当接触交往行为。

第四条 各级人民法院、人民检察院和司法行政机关探索建立法官、检察官与律师办理案件动态监测机制，依托人民法院、人民检察院案件管理系统和律师管理系统，对法官、检察官承办的案件在一定期限内由同一律师事务所或者律师代理达到规定次数的，启动预警机制，要求法官、检察官及律师说明情况，除非有正当理由排除不正当交往可能的，依法启动调查程序。各省、自治区、直辖市高级人民法院、人民检察院根据本地实际，就上述规定的需要启动预警机制的次数予以明确。

第五条 各级人民法院、人民检察院在办理案件过程中发现律师与法官、检察官不正当接触交往线索的，应当按照有关规定将相关律师的线索移送相关司法行政机关或者纪检监察机关处理。各级司法行政机关、律师协会收到投诉举报涉及律师与法官、检察官不正当接触交往线索的，应当按照有关规定将涉及法官、检察官的线索移送相关人民法院、人民检察院或者纪检监察机关。

第六条 各级人民法院、人民检察院可以根据需要与司法行政机关组成联合调查组，对法官、检察官与律师不正当接触交往问题共同开展调查。

对查实的不正当接触交往问题，要坚持从严的原则，综合考虑行为性质、情节、后果、社会影响以及是否存在主动交代等因素，依规依纪依法对法官、检察官作出处分，对律师作出行政处罚、行业处分和党纪处分。律师事务所默认、纵容或者放任本所律师及“法律顾问”、行政人员与法官、检察官不正当接触交往的，要同时对律师事务所作出处罚处分，并视情况对律师事务所党组织跟进作出处理。法官、检察官和律师涉嫌违法犯罪的，依法按照规定移送相关纪检监察机关或者司法机关等。

第七条 各级人民法院、人民检察院和司法行政机关、律师协会要常态化开展警示教育，在人民法院、人民检察院、司法行政系统定期通报不正当接触交往典型案件，印发不正当接触交往典型案例汇编，引导法官、检察官与律师深刻汲取教训，心存敬畏戒惧，不碰底线红线。

第八条 各级人民法院、人民检察院和司法行政机关、律师协会要加强法官、检察官和律师职业道德培训，把法官、检察官与律师接触交往相关制度规范作为职前培训和继续教育的必修课和培训重点，引导法官、检察官和律师把握政策界限，澄清模糊认识，强化行动自觉。

第九条 各级人民法院、人民检察院要完善司法权力内部运行机制，充分发挥审判监督和检察监督职能，健全类案参考、裁判指引、指导性案例等机制，促进裁判尺度统一，防止法官、检察官滥用自由裁量权。强化内外部监督制约，将法官、检察官与律师接触交往，法官、检察官近亲属从事律师职业等问题，纳入司法巡查、巡视巡察和审务督察、检务督察范围。

各级人民法院、人民检察院要加强对法官、检察官的日常监管，强化法官、检察官工作时间之外监督管理，对发现的苗头性倾向性问题，早发现早提醒早纠正。严格落实防止干预司法“三个规定”月报告制度，定期分析处理记录报告平台中的相关数据，及时发现违纪违法线索。

第十条 各级司法行政机关要切实加强律师执业监管，通过加强律师和律师事务所年度考核、完善律师投诉查处机制等，强化日常监督管理。

完善律师诚信信息公示制度，加快律师诚信信息公示平台建设，及时向社会公开律师与法官、检察官不正当接触交往受处罚处分信息，强化社会公众监督，引导督促律师依法依规诚信执业。

完善律师收费管理制度，强化对统一收案、统一收费的日常监管，规范律师风险代理行为，限制风险代理适用范围，避免风险代理诱发司法腐败。

第十一条 律师事务所应当切实履行对本所律师及“法律顾问”、行政人员的监督管理责任，不得指使、纵容或者放任本所律师及“法律顾问”、行政人员与法官、检察官不正当接触交往。律师事务所违反上述规定的，由司法行政机关依法依规处理。

第十二条 各级人民法院、人民检察院要加强律师执业权利保障，持续推动审判流程公开和检务公开，落实听取律师辩护代理意见制度，完善便利律师参与诉讼机制，最大限度减少权力设租寻租和不正当接触交往空间。

各级人民法院、人民检察院和司法行政机关要建立健全法官、检察官与律师正当沟通交流机制，通过同堂培训、联席会议、学术研讨、交流互访等方式，为法官、检察官和律师搭建公开透明的沟通交流平台。探索建立法官、检察官与律师互评监督机制。

完善从律师中选拔法官、检察官制度，推荐优秀律师进入法官、检察官遴选和惩戒委员会，支持律师担任人民法院、人民检察院特邀监督员，共同维护司法廉洁和司法公正。

最高人民法院关于落实司法责任制完善审判监督管理机制的意见（试行）

（2017年4月12日　法发〔2017〕11号）

为全面落实司法责任制改革，正确处理充分放权与有效监管的关系，规范人民法院院庭长审判监督管理职责，切实解决不愿放权、不敢监督、不善管理等问题，根据《最高人民法院关于完善人民法院司法责任制的若干意见》等规定，就完善人民法院审判监督管理机制提出如下意见：

一、各级人民法院在法官员额制改革完成后，必须严格落实司法责任制改革要求，确保“让审理者裁判，由裁判者负责”。除审判委员会讨论决定的案件外，院庭长对其未直接参加审理案件的裁判文书不再进行审核签发，也不得以口头指示、旁听合议、文书送阅等方式变相审批案件。

二、各级人民法院应当逐步完善院庭长审判监督管理权力清单。院庭长审判监督管理职责主要体现为对程序事项的审核批准、对审判工作的综合指导、对裁判标准的督促统一、对审判质效的全程监管和排除案外因素对审判活动的干扰等方面。

院庭长可以根据职责权限，对审判流程运行情况进行查看、操作和监控，分析审判运行态势，提示纠正不当行为，督促案件审理进度，统筹安排整改措施。院庭长行使审判监督管理职责的时间、内容、节点、处理结果等，应当在办公办案平台上全程留痕、永久保存。

三、各级人民法院应当健全随机分案为主、指定分案为辅的案件分配机制。根据审判领域类别和繁简分流安排，随机确定案件承办法官。已组建专业化合议庭或者专业审判团队的，在合议庭或者审判团队内部随机分案。承办法官一经确定，不得擅自变更。因存在回避情形或者工作调动、身体健康、廉政风险等事由确需调整承办法官的，应当由院庭长按权限审批决定，调整理由及结果应当及时通知当事人并在办公办案平台公示。

有下列情形之一的，可以指定分案：（1）重大、疑难、复杂或者新类型案件，有必要由院庭长承办的；（2）原告或者被告相同、案由相同、同一批次受理的2件以上的批量案件或者关联案件；（3）本院提审的案件；（4）院庭长根据个案监督工作需要，提出分案建议的；（5）其他不适宜随机分案的案件。指定分案情况，应当在办公办案平台上全程留痕。

四、依法由合议庭审理的案件，合议庭原则上应当随机产生。因专业化审判需要组建的相对固定的审判团队和合议庭，人员应当定期交流调整，期限一般不应超过两年。

各级人民法院可以根据本院员额法官和案件数量情况，由院庭长按权限指定合议庭中资历较深、庭审驾驭能力较强的法官担任审判长，或者探索实行由承办法官担任审判长。院庭长参加合议庭审判案件的时候，自己担任审判长。

五、对于符合《最高人民法院关于完善人民法院司法责任制的若干意见》第24条规定情形之一的案件，院庭长有权要求独任法官或者合议庭报告案件进展和评议结果。院庭长对相关案件审理过程或者评议结果有异议的，不得直接改变合议庭的意见，可以决定将案件提请专业法官会议、审判委员会进行讨论。

独任法官或者合议庭在案件审理过程中，发现符合上述个案监督情形的，应当主动按程序向院庭长报告，并在办公办案平台全程留痕。符合特定类型个案监督情形的案件，原则上应当适用普通程序审理。

六、各级人民法院应当充分发挥专业法官会议、审判委员会总结审判经验、统一裁判标准的作用，在完善类案参考、裁判指引等工作机制基础上，建立类案及关联案件强制检索机制，确保类案裁判标准统一、法律适用统一。

院庭长应当通过特定类型个案监督、参加专业法官会议或者审判委员会、查看案件评查结果、分析改判发回案件、听取辖区法院意见、处理各类信访投诉等方式，及时发现并处理裁判标准、法律适用等方面不统一的问题。

七、各级人民法院应当强化信息平台应用，切实推进电子卷宗同步录入、同步生成、同步归档，并与办公办案平台深度融合，实现对已完成事项的记录跟踪、待完成事项的提示催办、即将到期事项的定时预警、禁止操作事项的及时冻结等自动化监管功能。

八、各级人民法院应当认真落实党风廉政建设主体责任和监督责任，自觉接受权力机关法律监督、人民政协民主监督、检察监督、舆论监督和社会监督，不断提高公正裁判水平。组织人事、纪检监察、审判管理部门与审判业务部门应当加强协调配合，形成内部监督合力，坚持失责必问、问责必严。

九、院庭长收到涉及审判人员的投诉举报或者情况反映的，应当按照规定调查核实。对不实举报应当及时了结澄清，对不如实说明情况或者查证属实的依纪依法处理。所涉案件尚未审结执结的，院庭长可以依法督办，并按程序规定调整承办法官、合议庭组成人员或者审判辅助人员；案件已经审结的，按照诉讼法的相关规定处理。

十、本意见自 2017 年 5 月 1 日起试行。

最高人民法院关于完善人民法院司法责任制的若干意见

（2015 年 9 月 21 日　法发〔2015〕13 号）

为贯彻中央关于深化司法体制改革的总体部署，优化审判资源配置，明确审判组织权限，完善人民法院的司法责任制，建立健全符合司法规律的审判权力运行机制，增强法官审理案件的亲历性，确保法官依法独立公正履行审判职责，根据有关法律和人民法院工作实际，制定本意见。

一、目标原则

1. 完善人民法院的司法责任制，必须以严格的审判责任制为核心，以科学的审判权力运行机制为前提，以明晰的审判组织权限和审判人员职责为基础，以有效的审判管理和监督制度为保障，让审理者裁判、由裁判者负责，确保人民法院依法独立公正行使审判权。

2. 推进审判责任制改革，人民法院应当坚持以下基本原则：

（1）坚持党的领导，坚持走中国特色社会主义法治道路；

（2）依照宪法和法律独立行使审判权；

（3）遵循司法权运行规律，体现审判权的判断权和裁决权属性，突出法官办案主体地位；

（4）以审判权为核心，以审判监督权和审判管理权为保障；

（5）权责明晰、权责统一、监督有序、制约有效；

（6）主观过错与客观行为相结合，责任与保障相结合。

3. 法官依法履行审判职责受法律保护。法官有权对案件事实认定和法律适用独立发表意见。非因法定事由，非经法定程序，法官依法履职行为不受追究。

二、改革审判权力运行机制

（一）独任制与合议庭运行机制

4. 基层、中级人民法院可以组建由一名法官与法官助理、书记员以及其他必要的辅助人员组成的审判团队，依法独任审理适用简易程序的案件和法律规定的其他案件。

人民法院可以按照受理案件的类别，通过随机产生的方式，组建由法官或者法官与人民陪审员组成的合议庭，审理适用普通程序和依法由合议庭审理的简易程序的案件。案件数量较多的基层人民法院，可以组建相对固定的审判团队，实行扁平化的管理模式。

人民法院应当结合职能定位和审级情况，为法官合理配置一定数量的法官助理、书记员和其他审判辅助人员。

5. 在加强审判专业化建设基础上，实行随机分案为主、指定分案为辅的案件分配制度。按照审判领域类别，随机确定案件的承办法官。因特殊情况需要对随机分案结果进行调整的，应当将调整理由及结果在法院工作平台上公示。

6. 独任法官审理案件形成的裁判文书，由独任法官直接签署。合议庭审理案件形成的裁判文书，由承办法官、合议庭其他成员、审判长依次签署；审判长作为承办法官的，由审判长最后签署。审判组织的法官依次签署完毕后，裁判文书即可印发。除审判委员会讨论决定的案件以外，院长、副院长、庭长对其未直接参加审理案件的裁判文书不再进行审核签发。

合议庭评议和表决规则，适用人民法院组织法、诉讼法以及《最高人民法院关于人民法院合议庭工作的若干规定》《最高人民法院关于进一步加强合议庭职责的若干规定》。

7. 进入法官员额的院长、副院长、审判委员会专职委员、庭长、副庭长应当办理案件。院长、副院长、审判委员会专职委员每年办案数量应当参照全院法官人均办案数量，根据其承担的审判管理监督事务和行政事务工作量合理确定。庭长每年办案数量参照本庭法官人均办案数量确定。对于重大、疑难、复杂的案件，可以直接由院长、副院长、审判委员会委员组成合议庭进行审理。

按照审判权与行政管理权相分离的原则，试点法院可以探索实行人事、经费、政务等行政事务集中管理制度，必要时可以指定一名副院长专门协助院长管理行政事务。

8. 人民法院可以分别建立由民事、刑事、行政等审判领域法官组成的专业法官会议，为合议庭正确理解和适用法律提供咨询意见。合议庭认为所审理的案件因重大、疑难、复杂而存在法律适用标准不统一的，可以将法律适用问题提交专业法官会议研究讨论。专业法官会议的讨论意见供合议庭复议时参考，采纳与否由合议庭决定，讨论记录应当入卷备查。

建立审判业务法律研讨机制，通过类案参考、案例评析等方式统一裁判尺度。

（二）审判委员会运行机制

9. 明确审判委员会统一本院裁判标准的职能，依法合理确定审判委员会讨论案件的范围。审判委员会只讨论涉及国家外交、安全和社会稳定的重大复杂案件，以及重大、疑难、复杂案件的法律适用问题。强化审判委员会总结审判经验、讨论决定审判工作重大事项的宏观指导职能。

10. 合议庭认为案件需要提交审判委员会讨论决定的，应当提出并列明需要审判委员会讨论决定的法律适用问题，并归纳不同的意见和理由。

合议庭提交审判委员会讨论案件的条件和程序，适用人民法院组织法、诉讼法以及《最高人民法院关于人民法院合议庭工作的若干规定》《最高人民法院关于改革和完善人民法院审判委员会制度的实施意见》。

11. 案件需要提交审判委员会讨论决定的，审判委员会委员应当事先审阅合议庭提请讨论的材料，了解合议庭对法律适用问题的不同意见和理由，根据需要调阅庭审音频视频或者查阅案卷。

审判委员会委员讨论案件时应当充分发表意见，按照法官等级由低到高确定表决顺序，主持人最后表决。审判委员会评议实行全程留痕，录音、录像，作出会议记录。审判委员会的决定，合议庭应当执行。所有参加讨论和表决的委员应当在审判委员会会议记录上签名。

建立审判委员会委员履职考评和内部公示机制。建立审判委员会决议事项的督办、回复和公示制度。

（三）审判管理和监督

12. 建立符合司法规律的案件质量评估体系和评价机制。审判管理和审判监督机构应当定期分析审判质量运行态势，通过常规抽查、重点评查、专项评查等方式对案件质量进行专业评价。

13. 各级人民法院应当成立法官考评委员会，建立法官业绩评价体系和业绩档案。业绩档案应当以法官个人日常履职情况、办案数量、审判质量、司法技能、廉洁自律、外部评价等为主要内容。法官业绩评价应当作为法官任职、评先评优和晋职晋级的重要依据。

14. 各级人民法院应当依托信息技术，构建开放动态透明便民的阳光司法机制，建立健全审判流程公开、裁判文书公开和执行信息公开三大平台，广泛接受社会监督。探索建立法院以外的第三方评价机制，强化对审判权力运行机制的法律监督、社会监督和舆论监督。

三、明确司法人员职责和权限

（一）独任庭和合议庭司法人员职责

15. 法官独任审理案件时，应当履行以下审判职责：

（1）主持或者指导法官助理做好庭前会议、庭前调解、证据交换等庭前准备工作及其他审判辅助工作；

（2）主持案件开庭、调解，依法作出裁判，制作裁判文书或者指导法官助理起草裁判文书，并直接签发裁判文书；

（3）依法决定案件审理中的程序性事项；

（4）依法行使其他审判权力。

16. 合议庭审理案件时，承办法官应当履行以下审判职责：

（1）主持或者指导法官助理做好庭前会议、庭前调解、证据交换等庭前准备工作及其他审判辅助工作；

（2）就当事人提出的管辖权异议及保全、司法鉴定、非法证据排除申请等提请合议庭评议；

（3）对当事人提交的证据进行全面审核，提出审查意见；

（4）拟定庭审提纲，制作阅卷笔录；

（5）自己担任审判长时，主持、指挥庭审活动；不担任审判长时，协助审判长开展庭审活动；

（6）参与案件评议，并先行提出处理意见；

（7）根据合议庭评议意见制作裁判文书或者指导法官助理起草裁判文书；

（8）依法行使其他审判权力。

17. 合议庭审理案件时，合议庭其他法官应当认真履行审判职责，共同参与阅卷、庭审、评议等审判活动，独立发表意见，复核并在裁判文书上签名。

18. 合议庭审理案件时，审判长除承担由合议庭成员共同承担的审判职责外，还应当履行以下审判职责：

（1）确定案件审理方案、庭审提纲、协调合议庭成员庭审分工以及指导做好其他必要的庭审准备工作；

（2）主持、指挥庭审活动；

（3）主持合议庭评议；

（4）依照有关规定和程序将合议庭处理意见分歧较大的案件提交专业法官会议讨论，或者按程序建议将案件提交审判委员会讨论决定；

（5）依法行使其他审判权力。

审判长自己承办案件时，应当同时履行承办法官的职责。

19. 法官助理在法官的指导下履行以下职责：

（1）审查诉讼材料，协助法官组织庭前证据交换；

（2）协助法官组织庭前调解，草拟调解文书；

（3）受法官委托或者协助法官依法办理财产保全和证据保全措施等；

（4）受法官指派，办理委托鉴定、评估等工作；

（5）根据法官的要求，准备与案件审理相关的参考资料，研究案件涉及的相关法律问题；

（6）在法官的指导下草拟裁判文书；

（7）完成法官交办的其他审判辅助性工作。

20. 书记员在法官的指导下，按照有关规定履行以下职责：

（1）负责庭前准备的事务性工作；

（2）检查开庭时诉讼参与人的出庭情况，宣布法庭纪律；

（3）负责案件审理中的记录工作；

（4）整理、装订、归档案卷材料；

（5）完成法官交办的其他事务性工作。

（二）院长庭长管理监督职责

21. 院长除依照法律规定履行相关审判职责外，还应当从宏观上指导法院各项审判工作，组织研究相关重大问题和制定相关管理制度，综合负责审判管理工作，主持审判委员会讨论审判工作中的重大事项，依法主持法官考评委员会对法官进行评鉴，以及履行其他必要的审判管理和监督职责。

副院长、审判委员会专职委员受院长委托，可以依照前款规定履行部分审判管理和监督职责。

22. 庭长除依照法律规定履行相关审判职责外，还应当从宏观上指导本庭审判工作，研究制定各合议庭和审判团队之间、内部成员之间的职责分工，负责随机分案后因特殊情况需要调整分案的事宜，定期对本庭审判质量情况进行监督，以及履行其他必要的审判管理和监督职责。

23. 院长、副院长、庭长的审判管理和监督活动应当严格控制在职责和权限的范围内，并在工作平台上公开进行。院长、副院长、庭长除参加审判委员会、专业法官会议外不得对其没有参加审理的案件发表倾向性意见。

24. 对于有下列情形之一的案件，院长、副院长、庭长有权要求独任法官或者合议庭报告案件进展和评议结果：

（1）涉及群体性纠纷，可能影响社会稳定的；

（2）疑难、复杂且在社会上有重大影响的；

（3）与本院或者上级法院的类案判决可能发生冲突的；

（4）有关单位或者个人反映法官有违法审判行为的。

院长、副院长、庭长对上述案件的审理过程或者评议结果有异议的，不得直接改变合议庭的意见，但可以决定将案件提交专业法官会议、审判委员会进行讨论。院长、副院长、庭长针对上述案件监督建议的时间、内容、处理结果等应当在案卷和办公平台上全程留痕。

四、审判责任的认定和追究

(一) 审判责任范围

25. 法官应当对其履行审判职责的行为承担责任，在职责范围内对办案质量终身负责。

法官在审判工作中，故意违反法律法规的，或者因重大过失导致裁判错误并造成严重后果的，依法应当承担违法审判责任。

法官有违反职业道德准则和纪律规定，接受案件当事人及相关人员的请客送礼、与律师进行不正当交往等违纪违法行为，依照法律及有关纪律规定另行处理。

26. 有下列情形之一的，应当依纪依法追究相关人员的违法审判责任：

(1) 审理案件时有贪污受贿、徇私舞弊、枉法裁判行为的；

(2) 违反规定私自办案或者制造虚假案件的；

(3) 涂改、隐匿、伪造、偷换和故意损毁证据材料的，或者因重大过失丢失、损毁证据材料并造成严重后果的；

(4) 向合议庭、审判委员会汇报案情时隐瞒主要证据、重要情节和故意提供虚假材料的，或者因重大过失遗漏主要证据、重要情节导致裁判错误并造成严重后果的；

(5) 制作诉讼文书时，故意违背合议庭评议结果、审判委员会决定的，或者因重大过失导致裁判文书主文错误并造成严重后果的；

(6) 违反法律规定，对不符合减刑、假释条件的罪犯裁定减刑、假释的，或者因重大过失对不符合减刑、假释条件的罪犯裁定减刑、假释并造成严重后果的；

(7) 其他故意违背法定程序、证据规则和法律明确规定违法审判的，或者因重大过失导致裁判结果错误并造成严重后果的。

27. 负有监督管理职责的人员等因故意或者重大过失，怠于行使或者不当行使审判监督权和审判管理权导致裁判错误并造成严重后果的，依照有关规定应当承担监督管理责任。追究其监督管理责任的，依照干部管理有关规定和程序办理。

28. 因下列情形之一，导致案件按照审判监督程序提起再审后被改判的，不得作为错案进行责任追究：

(1) 对法律、法规、规章、司法解释具体条文的理解和认识不一致，在专业认知范围内能够予以合理说明的；

(2) 对案件基本事实的判断存在争议或者疑问，根据证据规则能够予以合理说明的；

(3) 当事人放弃或者部分放弃权利主张的；

(4) 因当事人过错或者客观原因致使案件事实认定发生变化的；

(5) 因出现新证据而改变裁判的；

(6) 法律修订或者政策调整的；

(7) 裁判所依据的其他法律文书被撤销或者变更的；

(8) 其他依法履行审判职责不应当承担责任的情形。

(二) 审判责任承担

29. 独任制审理的案件，由独任法官对案件的事实认定和法律适用承担全部责任。

30. 合议庭审理的案件，合议庭成员对案件的事实认定和法律适用共同承担责任。

进行违法审判责任追究时，根据合议庭成员是否存在违法审判行为、情节、合议庭成员发表意见的情况和过错程度合理确定各自责任。

31. 审判委员会讨论案件时，合议庭对其汇报的事实负责，审判委员会委员对其本人发表的意见及最终表决负责。

案件经审判委员会讨论的，构成违法审判责任追究情形时，根据审判委员会委员是否故意曲解法律发表意见的情况，合理确定委员责任。审判委员会改变合议庭意见导致裁判错误的，由持多数意见的委员共同承担责任，合议庭不承担责任。审判委员会维持合议庭意见导致裁判错误的，由合议庭和持多数意见的委员共同承担责任。

合议庭汇报案件时，故意隐瞒主要证据或者重要情节，或者故意提供虚假情况，导致审判委员会作出错误决定的，由合议庭成员承担责任，审判委员会委员根据具体情况承担部分责任或者不承担责任。

审判委员会讨论案件违反民主集中制原则，导致审判委员会决定错误的，主持人应当承担主要责任。

32. 审判辅助人员根据职责权限和分工承担与其职责相对应的责任。法官负有审核把关职责的，法官也应当承担相应责任。

33. 法官受领导干部干预导致裁判错误的，且法官不记录或者不如实记录，应当排除干预而没有排除的，承担违法审判责任。

（三）违法审判责任追究程序

34. 需要追究违法审判责任的，一般由院长、审判监督部门或者审判管理部门提出初步意见，由院长委托审判监督部门审查或者提请审判委员会进行讨论，经审查初步认定有关人员具有本意见所列违法审判责任追究情形的，人民法院监察部门应当启动违法审判责任追究程序。

各级人民法院应当依法自觉接受人大、政协、媒体和社会监督，依法受理对法官违法审判行为的举报、投诉，并认真进行调查核实。

35. 人民法院监察部门应当对法官是否存在违法审判行为进行调查，并采取必要、合理的保护措施。在调查过程中，当事法官享有知情、辩解和举证的权利，监察部门应当对当事法官的意见、辩解和举证如实记录，并在调查报告中对是否采纳作出说明。

36. 人民法院监察部门经调查后，认为应当追究法官违法审判责任的，应当报请院长决定，并报送省（区、市）法官惩戒委员会审议。

高级人民法院监察部门应当派员向法官惩戒委员会通报当事法官的违法审判事实及拟处理建议、依据，并就其违法审判行为和主观过错进行举证。当事法官有权进行陈述、举证、辩解、申请复议和申诉。

法官惩戒委员会根据查明的事实和法律规定作出无责、免责或者给予惩戒处分的建议。

法官惩戒委员会工作章程和惩戒程序另行制定。

37. 对应当追究违法审判责任的相关责任人，根据其应负责任依照《中华人民共和国法官法》等有关规定处理：

(1) 应当给予停职、延期晋升、退出法官员额或者免职、责令辞职、辞退等处理的，由组织人事部门按照干部管理权限和程序依法办理；

（2）应当给予纪律处分的，由纪检监察部门依照有关规定和程序依法办理；

（3）涉嫌犯罪的，由纪检监察部门将违法线索移送有关司法机关依法处理。

免除法官职务，必须按法定程序由人民代表大会罢免或者提请人大常委会作出决定。

五、加强法官的履职保障

38. 在案件审理的各个阶段，除非确有证据证明法官存在贪污受贿、徇私舞弊、枉法裁判等严重违法审判行为外，法官依法履职的行为不得暂停或者终止。

39. 法官依法审判不受行政机关、社会团体和个人的干涉。任何组织和个人违法干预司法活动、过问和插手具体案件处理的，应当依照规定予以记录、通报和追究责任。

领导干部干预司法活动、插手具体案件和司法机关内部人员过问案件的，分别按照《领导干部干预司法活动、插手具体案件处理的记录、通报和责任追究规定》和《司法机关内部人员过问案件的记录和责任追究规定》及其实施办法处理。

40. 法官因依法履职遭受不实举报、诬告陷害，致使名誉受到损害的，或者经法官惩戒委员会等组织认定不应追究法律和纪律责任的，人民法院监察部门、新闻宣传部门应当在适当范围以适当形式及时澄清事实，消除不良影响，维护法官良好声誉。

41. 人民法院或者相关部门对法官作出错误处理的，应当赔礼道歉、恢复职务和名誉、消除影响，对造成经济损失的依法给予赔偿。

42. 法官因接受调查暂缓等级晋升的，后经有关部门认定不构成违法审判责任，或者法官惩戒委员会作出无责或者免责建议的，其等级晋升时间从暂缓之日起连续计算。

43. 依法及时惩治当庭损毁证据材料、庭审记录、法律文书和法庭设施等妨碍诉讼活动或者严重藐视法庭权威的行为。依法保护法官及其近亲属的人身和财产安全，依法及时惩治在法庭内外恐吓、威胁、侮辱、跟踪、骚扰、伤害法官及其近亲属等违法犯罪行为。

侵犯法官人格尊严，或者泄露依法不能公开的法官及其亲属隐私，干扰法官依法履职的，依法追究有关人员责任。

44. 加大对妨碍法官依法行使审判权、诬告陷害法官、藐视法庭权威、严重扰乱审判秩序等违法犯罪行为的惩罚力度，研究完善配套制度，推动相关法律的修改完善。

六、附则

45. 本意见所称法官是指经法官遴选委员会遴选后进入法官员额的法官。

46. 本意见关于审判责任的认定和追究适用于人民法院的法官、副庭长、庭长、审判委员会专职委员、副院长和院长。执行员、法官助理、书记员、司法警察等审判辅助人员的责任认定和追究参照执行。

技术调查官等其他审判辅助人员的职责另行规定。

人民陪审员制度改革试点地区法院人民陪审案件中的审判责任根据《人民陪审员制度改革试点方案》另行规定。

47. 本意见由最高人民法院负责解释。

48. 本意见适用于中央确定的司法体制改革试点法院和最高人民法院确定的审判权力运行机制改革试点法院。

法官惩戒工作程序规定（试行）

（2021 年 12 月 8 日　法〔2021〕319 号）

第一章　总　　则

第一条　为严格落实司法责任制，促进法官依法行使职权，规范法官惩戒工作，根据《中华人民共和国公务员法》《中华人民共和国公职人员政务处分法》《中华人民共和国人民法院组织法》《中华人民共和国法官法》《关于建立法官、检察官惩戒制度的意见（试行）》等规定，结合人民法院工作实际，制定本规定。

第二条 法官惩戒工作应当坚持党管干部原则；坚持遵循司法规律，体现司法职业特点；坚持实事求是、客观公正；坚持严肃追责与依法保护有机统一；坚持责任与过错相适应，惩戒与教育相结合。

第三条 法官依法履行审判职责受法律保护。非因法定事由，非经法定程序，不受追究。

第四条 法官在履行审判职责过程中，故意违反法律法规办理案件，或者因重大过失导致裁判结果错误并造成严重后果，需要予以惩戒的，依照本规定办理。

第五条 认定法官是否违反审判职责，适用《最高人民法院关于完善人民法院司法责任制的若干意见》等有关规定。

第二章 职责和任务

第六条 人民法院按照干部管理权限对法官涉嫌违反审判职责行为进行调查核实，根据法官惩戒委员会的审查意见，依照有关规定作出是否予以惩戒的决定，并给予相应处理。

法官惩戒委员会根据人民法院调查的情况，负责从专业角度审查认定法官是否存在《中华人民共和国法官法》第四十六条第四项、第五项规定的违反审判职责的行为，提出构成故意违反职责、存在重大过失、存在一般过失或者没有违反职责等审查意见。

第七条 人民法院在法官惩戒工作中履行以下职责：

（一）受理反映法官违反审判职责的问题线索；

（二）审查当事法官涉嫌违反审判职责涉及的案件；

（三）对当事法官涉嫌违反审判职责的行为进行调查；

（四）提请法官惩戒委员会审议当事法官是否存在违反审判职责的行为；

（五）派员出席法官惩戒委员会组织的听证，就当事法官违反审判职责的行为和过错进行举证；

（六）根据法官惩戒委员会的审查意见，作出是否予以惩戒的决定，并给予相应处理；

（七）受理当事法官不服惩戒决定的复核和申诉；

（八）其他应由人民法院承担的惩戒职责。

第八条 最高人民法院和省、自治区、直辖市设立法官惩戒委员会。

法官惩戒委员会委员应当从政治素质高、专业能力强、职业操守好的人大代表、政协委员、法学专家、法官、检察官和律师等专业人员中选任。其中，法官委员不少于半数。

第九条 法官惩戒委员会履行以下职责：

（一）制定和修订法官惩戒委员会章程等相关工作规定；

（二）根据调查、听证、审议的情况，审查认定法官是否存在违反审判职责行为，并提出审查意见；

（三）受理当事法官对审查意见的异议申请，并作出决定；

（四）审议决定法官惩戒工作的其他相关事项。

第十条 法官惩戒委员会不直接受理对法官的举报、投诉。如收到对法官的举报、投诉材料，应当根据受理权限，转交有关部门按规定处理。

第十一条 最高人民法院和省、自治区、直辖市法官惩戒委员会的日常工作，由最高人民法院和各高级人民法院承担督察工作的部门分别承担。

第三章 管辖和回避

第十二条 各级人民法院按照干部管理权限，对本院法官违反审判职责的行为进行调查和惩戒。

第十三条 最高人民法院法官惩戒委员会负责审查最高人民法院提请审议的法官是否具有违反审判职责的行为，并提出审查意见。

省、自治区、直辖市法官惩戒委员会负责审查高级人民法院提请审议的法官是否具有违反审判职责的行为，并提出审查意见。

第十四条 法官惩戒委员会委员有下列情形之一的，应当自行回避，当事法官也有权要求其回避：

（一）本人是当事法官或当事法官的近亲属；

（二）本人或者其近亲属与办理的惩戒事项有利害关系；

（三）担任过本调查事项的证人，以及当事法官办理案件的当事人、辩护人或诉讼代理人；

（四）有可能影响惩戒事项公正处理的其他情形。

法官惩戒委员会主任的回避，由法官惩戒委员会全体委员会议决定；副主任和委员的回避，由法官惩戒委员会主任决定。

第十五条 人民法院参与惩戒事项调查、审查人员的回避，依照有关规定办理。对调查人员的回避作出决定前，调查人员不停止对惩戒事项的调查。

第四章 受理和调查

第十六条 各级人民法院机关纪委或承担督察工作的部门按照干部管理权限受理反映法官违反审判职责问题的举报、投诉，以及有关单位、部门移交的相关问题线索。

人民法院在审判监督管理工作中，发现法官可能存在违反审判职责的行为，需要追究违法审判责任的，由办案部门或承担审判管理工作的部门对案件是否存在裁判错误提出初步意见，报请院长批准后移送机关纪委或者承担督察工作的部门审查。

第十七条 人民法院机关纪委或承担督察工作的部门经初步核实，认为有关法官可能存在违反审判职责的行为，需要予以惩戒的，应当报请院长批准后立案，并组织调查。

第十八条 人民法院在对反映法官违反审判职责问题线索进行调查核实过程中，对涉及的案件裁判是否存在错误有争议的，应当报请院长批准，由承担审判监督工作的部门进行审查或者提请审判委员会进行讨论，并提出意见。

经承担审判监督工作的部门或审判委员会审查，认定当事法官办理的案件裁判错误，可能存在违反审判职责行为的，应当启动惩戒程序。

第十九条 法官涉嫌违反审判职责，已经被立案调查，不宜继续履行职责的，报请院长批准，按照管理权限和规定的程序暂时停止其履行职务。

第二十条 人民法院对法官涉嫌违反审判职责行为进行调查的过程中，当事法官享有知情、申请回避、陈述、举证和辩解的权利。调查人员应当如实记录当事法官的陈述、辩解和举证。

第二十一条 调查结束后，经院长批准，按照下列情形分别处理：

（一）没有证据证明当事法官存在违反审判职责行为的，应当撤销案件，并通知当事法官，必要时可在一定范围内予以澄清；

（二）当事法官存在违反审判职责行为，但情节较轻无需给予惩戒处理的，由相关部门进行提醒谈话、批评教育、责令检查，或者予以诫勉；

（三）当事法官存在违反审判职责行为，需要惩戒的，人民法院调查部门应将审查报告移送本院承担督察工作的部门，由承担督察工作的部门制作提请审议意见书，报院长审批后，按照本规定第二十二条规定的程序，提请法官惩戒委员会审议。

提请审议意见书应当列明当事法官的基本情况、调查认定的事实及依据、调查结论及处理意见等内容。

第二十二条 人民法院按以下程序提请法官惩戒委员会审议：

（一）最高人民法院法官违反审判职责的，由最高人民法院提请最高人民法院法官惩戒委员会审议；

（二）高级人民法院法官违反审判职责的，由高级人民法院提请省、自治区、直辖市法官惩戒委员会审议；

（三）中级人民法院、基层人民法院和专门人民法院法官违反审判职责的，层报高级人民法院提请省、自治区、直辖市法官惩戒委员会审议。

上级人民法院认为下级人民法院提请审议的事项不符合相关要求的，可以要求下级人民法院补充完善，或者将提请审议的材料退回下级人民法院。

第五章　听证和审议

第二十三条　法官惩戒委员会受理惩戒事项后，相关人民法院承担督察工作的部门应当做以下准备工作：

（一）受理后五日内将提请审议意见书送达当事法官，并告知当事法官有权查阅、摘抄、复制相关案卷材料及证据，有陈述、举证、辩解和申请回避等权利，以及按时参加听证、遵守相关纪律等义务；

（二）提前三日将会议议程及召开会议的时间、地点通知法官惩戒委员会委员；

（三）听证前三日将听证的时间、地点通知当事法官和相关人民法院调查部门；

（四）根据当事法官和相关人民法院调查部门的申请，通知相关证人参加听证；

（五）做好听证、审议的会议组织工作。

第二十四条　法官惩戒委员会审议惩戒事项，应当有全体委员五分之四以上出席方可召开。

委员因故无法出席的，须经法官惩戒委员会主任批准。

第二十五条　法官惩戒委员会审议惩戒事项时，应当组织听证。当事法官对人民法院调查认定的事实、证据和提请审议意见没有异议，明确表示不参加听证或无故缺席的，可直接进行审议。

因特殊情况，惩戒委员会主任可以决定延期听证。

第二十六条　听证由法官惩戒委员会主任主持，或者由主任委托副主任或其他委员主持，按照下列程序进行：

（一）主持人宣布听证开始；

（二）询问当事法官是否申请回避，并作出决定；

（三）承担督察工作的部门派员宣读提请审议意见书；

（四）调查人员出示当事法官违反审判职责的证据，并就其违反审判职责行为和主观过错进行举证；

（五）当事法官陈述、举证、辩解；

（六）法官惩戒委员会委员可以就惩戒事项涉及的问题进行询问；

（七）调查人员和当事法官分别就事实认定、当事法官是否存在过错及过错性质发表意见；

（八）当事法官最后陈述。

第二十七条 法官惩戒委员会应当在听证后进行审议，并提出审查意见。

审议时，法官惩戒委员会委员应当对证据采信、事实认定、法律法规适用等进行充分讨论，并根据听证的情况独立发表意见。发表意见按照委员、副主任、主任的先后顺序进行。

第二十八条 法官惩戒委员会审议惩戒事项，须经全体委员三分之二以上多数通过，对当事法官是否构成违反审判职责提出审查意见。

经审议，未能形成三分之二以上多数意见的，由人民法院根据审议情况进行补充调查后重新提请审议，或者撤回提请审议事项。

法官惩戒委员会审议其他事项，须经全体委员半数以上同意。

第二十九条 法官惩戒委员会认为惩戒事项需要补充调查的，可以要求相关人民法院补充调查。相关人民法院也可以申请补充调查。

人民法院应当在一个月内补充调查完毕。补充调查以二次为限。

第三十条 人民法院补充调查后，认为应当进行惩戒的，应重新提请法官惩戒委员会审议。

第三十一条 法官惩戒委员会的审查意见应当书面送达当事法官和相关人民法院。

当事法官对审查意见有异议的，可以自收到审查意见书之日起十日内以书面形式通过承担督察工作的部门向法官惩戒委员会提出。

第三十二条 当事法官对审查意见提出异议的，法官惩戒委员会应当对异议及其理由进行审议，并作出书面决定：

（一）认为异议成立的，决定变更原审查意见，作出新的审查意见；

（二）认为异议不成立的，决定维持原审查意见。

异议审查决定应当书面回复当事法官。

第三十三条 法官惩戒委员会审查异议期间，相关人民法院应当暂缓对当事法官作出惩戒决定。

第六章 处理和救济

第三十四条 法官惩戒委员会经审议，认定法官存在故意违反审判职责行为，或者存在重大过失导致案件错误并造成严重后果，应当予以惩戒的，由人民法院根据干部管理权限作出惩戒决定：

（一）给予停职、延期晋升、调离审判执行岗位、退出员额、免职、责令辞职等组织处理；

（二）按照《中华人民共和国公务员法》《中华人民共和国公职人员政务处分法》《中华人民共和国法官法》《人民法院工作人员处分条例》等法律规定给予处分。

上述惩戒方式，可以单独使用，也可以同时使用。

第三十五条 人民法院依据法官惩戒委员会的审查意见作出惩戒决定后，应当以书面形式通知当事法官，并列明理由和依据。

惩戒决定及处理情况，应当归入受惩戒法官的人事档案。

第三十六条 当事法官对惩戒决定不服的，可以自知道惩戒决定之日起三十日内向作出决定的人民法院申请复核。

当事法官对复核结果不服的，可以自接到复核决定之日起十五日内向上一级人民法院提出申诉；也可以不经复核，自知道惩戒决定之日起三十日内直接提出申诉。

第三十七条 人民法院应当自接到复核申请书后的三十日内作出复核决定，并以书面形式告知申请人。

上一级人民法院应当自受理当事法官申诉之日起六十日内作出处理决定；案情复杂的，可以适当延长，但是延长时间不得超过三十日。

复核、申诉期间不停止惩戒决定的执行。

法官不因申请复核、提出申诉而被加重处理。

第三十八条 上一级人民法院经审查，认定惩戒决定有错误的，作出惩戒决定的人民法院应当及时予以纠正。

第三十九条 人民法院应当将惩戒决定及执行情况通报法官惩戒委员会。

第七章 附 则

第四十条 本规定适用于人民法院履行主体责任，对法官涉嫌违反审判职责的行为进行调查和惩戒。

法官惩戒程序与纪检监察机关对法官涉嫌违反审判职责行为调查处理程序的衔接，按照有关规定办理。

第四十一条 人民法院在办理法官违反审判职责案件过程中，发现法官涉嫌犯罪的，应当及时移送具有管辖权的纪检监察机关或者人民检察院依法处理。

第四十二条 本规定所称法官，是指按照《中华人民共和国法官法》选任并实行员额制管理的法官。

第四十三条 本规定由最高人民法院负责解释。

第四十四条 本规定自印发之日起施行。

人民法院工作人员处分条例

（2009 年 12 月 31 日 法发〔2009〕61 号）

第一章 总 则

第一节 目的、依据、原则和适用范围

第一条 为了规范人民法院工作人员行为，促进人民法院工作

人员依法履行职责，确保公正、高效、廉洁司法，根据《中华人民共和国公务员法》和《中华人民共和国法官法》，制定本条例。

第二条 人民法院工作人员因违反法律、法规或者本条例规定，应当承担纪律责任的，依照本条例给予处分。

第三条 人民法院工作人员依法履行职务的行为受法律保护。非因法定事由、非经法定程序，不受处分。

第四条 给予人民法院工作人员处分，应当坚持以下原则：

（一）实事求是，客观公正；

（二）纪律面前人人平等；

（三）处分与违纪行为相适应；

（四）惩处与教育相结合。

第五条 人民法院工作人员违纪违法涉嫌犯罪的，应当移送司法机关处理。

第二节 处分的种类和适用

第六条 处分的种类为：警告、记过、记大过、降级、撤职、开除。

第七条 受处分的期间为：

（一）警告，六个月；

（二）记过，十二个月；

（三）记大过，十八个月；

（四）降级、撤职，二十四个月。

第八条 受处分期间不得晋升职务、级别，其中，受记过、记大过、降级、撤职处分的，不得晋升工资档次；受撤职处分的，应当按照规定降低级别。

第九条 受开除处分的，自处分决定生效之日起，解除与人民法院的人事关系，不得再担任公务员职务。

第十条 同时有两种以上需要给予处分的行为的，应当分别确定其处分种类。应当给予的处分种类不同的，执行其中最重的处分；应当给予撤职以下多个相同种类处分的，执行该处分，并在一个处分期以上、多个处分期之和以下，决定应当执行的处分期。

在受处分期间受到新的处分的，其处分期为原处分期尚未执行的期限与新处分期限之和。

处分期最长不超过四十八个月。

第十一条 二人以上共同违纪违法，需要给予处分的，根据各自应当承担的纪律责任分别给予处分。

人民法院领导班子、有关机构或者审判组织集体作出违纪违法决定或者实施违纪违法行为，依照前款规定处理。

第十二条 有下列情形之一的，应当在本条例分则规定的处分幅度以内从重处分：

（一）在共同违纪违法行为中起主要作用的；

（二）隐匿、伪造、销毁证据的；

（三）串供或者阻止他人揭发检举、提供证据材料的；

（四）包庇同案人员的；

（五）法律、法规和本条例分则中规定的其他从重情节。

第十三条 有下列情形之一的，应当在本条例分则规定的处分幅度以内从轻处分：

（一）主动交待违纪违法行为的；

（二）主动采取措施，有效避免或者挽回损失的；

（三）检举他人重大违纪违法行为，情况属实的；

（四）法律、法规和本条例分则中规定的其他从轻情节。

第十四条 主动交待违纪违法行为，并主动采取措施有效避免或者挽回损失的，应当在本条例分则规定的处分幅度以外降低一个档次给予减轻处分。

应当给予警告处分，又有减轻处分情形的，免予处分。

第十五条 违纪违法行为情节轻微，经过批评教育后改正的，可以免予处分。

第十六条 在人民法院作出处分决定前，已经被依法判处刑罚、罢免、免职或者已经辞去领导职务，依照本条例需要给予处分的，应当根据其违纪违法事实给予处分。

被依法判处刑罚的，一律给予开除处分。

第十七条 人民法院工作人员退休之后违纪违法，或者在任职期间违纪违法、在处分决定作出前已经退休的，不再给予纪律处分；但是，应当给予降级、撤职、开除处分的，应当按照规定相应降低或者取消其享受的待遇。

第十八条 对违纪违法取得的财物和用于违纪违法的财物，应当没收、追缴或者责令退赔。没收、追缴的财物，一律上缴国库。

对违纪违法获得的职务、职称、学历、学位、奖励、资格等，应当建议有关单位、部门按规定予以纠正或者撤销。

第三节 处分的解除、变更和撤销

第十九条 受开除以外处分的，在受处分期间有悔改表现，并且没有再发生违纪违法行为的，处分期满后应当解除处分。

解除处分后，晋升工资档次、级别、职务不再受原处分的影响。但是，解除降级、撤职处分的，不视为恢复原级别、原职务。

第二十条 有下列情形之一的，应当变更或者撤销处分决定：

（一）适用法律、法规或者本条例规定错误的；

（二）对违纪违法行为的事实、情节认定有误的；

（三）处分所依据的违纪违法事实证据不足的；

（四）调查处理违反法定程序，影响案件公正处理的；

（五）作出处分决定超越职权或者滥用职权的；

（六）有其他处分不当情形的。

第二十一条 处分决定被变更，需要调整被处分人员的职务、级别或者工资档次的，应当按照规定予以调整；处分决定被撤销的，应当恢复其级别、工资档次，按照原职务安排相应的职务，并在适当范围内为其恢复名誉。因变更而减轻处分或者被撤销处分人员的工资福利受到损失的，应当予以补偿。

第二章　分　　则

第一节　违反政治纪律的行为

第二十二条　散布有损国家声誉的言论，参加旨在反对国家的集会、游行、示威等活动的，给予记大过处分；情节较重的，给予降级或者撤职处分；情节严重的，给予开除处分。

因不明真相被裹挟参加上述活动，经批评教育后确有悔改表现的，可以减轻或者免予处分。

第二十三条　参加非法组织或者参加罢工的，给予记大过处分；情节较重的，给予降级或者撤职处分；情节严重的，给予开除处分。

因不明真相被裹挟参加上述活动，经批评教育后确有悔改表现的，可以减轻或者免予处分。

第二十四条　违反国家的民族宗教政策，造成不良后果的，给予记大过处分；情节较重的，给予降级或者撤职处分；情节严重的，给予开除处分。

因不明真相被裹挟参加上述活动，经批评教育后确有悔改表现的，可以减轻或者免予处分。

第二十五条　在对外交往中损害国家荣誉和利益的，给予记大过处分；情节较重的，给予降级或者撤职处分；情节严重的，给予开除处分。

第二十六条　非法出境，或者违反规定滞留境外不归的，给予记大过处分；情节较重的，给予降级或者撤职处分；情节严重的，给予开除处分。

第二十七条　未经批准获取境外永久居留资格，或者取得外国国籍的，给予记大过处分；情节较重的，给予降级或者撤职处分；情节严重的，给予开除处分。

第二十八条　有其他违反政治纪律行为的，给予警告、记过或者记大过处分；情节较重的，给予降级或者撤职处分；情节严重的，给予开除处分。

第二节　违反办案纪律的行为

第二十九条　违反规定，擅自对应当受理的案件不予受理，或者对不应当受理的案件违法受理的，给予警告、记过或者记大过处分；情节较重的，给予降级或者撤职处分；情节严重的，给予开除处分。

第三十条　违反规定应当回避而不回避，造成不良后果的，给予警告、记过或者记大过处分；情节较重的，给予降级或者撤职处分；情节严重的，给予开除处分。

明知诉讼代理人、辩护人不符合担任代理人、辩护人的规定，仍准许其担任代理人、辩护人，造成不良后果的，给予警告、记过或者记大过处分；情节较重的，给予降级处分；情节严重的，给予撤职处分。

第三十一条　违反规定会见案件当事人及其辩护人、代理人、请托人的，给予警告处分；造成不良后果的，给予记过或者记大过处分。

第三十二条　违反规定为案件当事人推荐、介绍律师或者代理人，或者为律师或者其他人员介绍案件的，给予警告处分；造成不良后果的，给予记过或者记大过处分。

第三十三条　违反规定插手、干预、过问案件，或者为案件当事人通风报信、说情打招呼的，给予警告、记过或者记大过处分；情节较重的，给予降级或者撤职处分；情节严重的，给予开除处分。

第三十四条　依照规定应当调查收集相关证据而故意不予收集，造成不良后果的，给予警告、记过或者记大过处分；情节较重的，给予降级或者撤职处分；情节严重的，给予开除处分。

第三十五条　依照规定应当采取鉴定、勘验、证据保全等措施而故意不采取，造成不良后果的，给予警告、记过或者记大过处分；情节较重的，给予降级或者撤职处分；情节严重的，给予开除处分。

第三十六条　依照规定应当采取财产保全措施或者执行措施而

故意不采取，或者依法应当委托有关机构审计、鉴定、评估、拍卖而故意不委托，造成不良后果的，给予警告、记过或者记大过处分；情节较重的，给予降级或者撤职处分；情节严重的，给予开除处分。

第三十七条 违反规定采取或者解除财产保全措施，造成不良后果的，给予警告、记过或者记大过处分；情节较重的，给予降级或者撤职处分；情节严重的，给予开除处分。

第三十八条 故意违反规定选定审计、鉴定、评估、拍卖等中介机构，或者串通、指使相关中介机构在审计、鉴定、评估、拍卖等活动中徇私舞弊、弄虚作假的，给予警告、记过或者记大过处分；情节较重的，给予降级或者撤职处分；情节严重的，给予开除处分。

第三十九条 故意违反规定采取强制措施的，给予警告、记过或者记大过处分；情节较重的，给予降级或者撤职处分；情节严重的，给予开除处分。

第四十条 故意毁弃、篡改、隐匿、伪造、偷换证据或者其他诉讼材料的，给予记大过处分；情节较重的，给予降级或者撤职处分；情节严重的，给予开除处分。

指使、帮助他人作伪证或者阻止他人作证的，给予降级或者撤职处分；情节严重的，给予开除处分。

第四十一条 故意向合议庭、审判委员会隐瞒主要证据、重要情节或者提供虚假情况的，给予警告、记过或者记大过处分；情节较重的，给予降级或者撤职处分；情节严重的，给予开除处分。

第四十二条 故意泄露合议庭、审判委员会评议、讨论案件的具体情况或者其他审判执行工作秘密的，给予记过或者记大过处分；情节较重的，给予降级或者撤职处分；情节严重的，给予开除处分。

第四十三条 故意违背事实和法律枉法裁判的，给予降级或者撤职处分；情节严重的，给予开除处分。

第四十四条 因徇私而违反规定迫使当事人违背真实意愿撤诉、接受调解、达成执行和解协议并损害其利益的，给予警告、记过或者记大过处分；情节较重的，给予降级或者撤职处分；情节严重的，给予开除处分。

第四十五条　故意违反规定采取执行措施，造成案件当事人、案外人或者第三人财产损失的，给予记大过处分；情节较重的，给予降级或者撤职处分；情节严重的，给予开除处分。

第四十六条　故意违反规定对具备执行条件的案件暂缓执行、中止执行、终结执行或者不依法恢复执行，造成不良后果的，给予记大过处分；情节较重的，给予降级或者撤职处分；情节严重的，给予开除处分。

第四十七条　故意违反规定拖延办案的，给予警告、记过或者记大过处分；情节较重的，给予降级或者撤职处分；情节严重的，给予开除处分。

第四十八条　故意拖延或者拒不执行合议庭决议、审判委员会决定以及上级人民法院判决、裁定、决定、命令的，给予警告、记过或者记大过处分；情节较重的，给予降级或者撤职处分；情节严重的，给予开除处分。

第四十九条　私放被羁押人员的，给予记大过处分；情节较重的，给予降级或者撤职处分；情节严重的，给予开除处分。

第五十条　违反规定私自办理案件的，给予警告、记过或者记大过处分；情节较重的，给予降级或者撤职处分；情节严重的，给予开除处分。

内外勾结制造假案的，给予降级、撤职或者开除处分。

第五十一条　伪造诉讼、执行文书，或者故意违背合议庭决议、审判委员会决定制作诉讼、执行文书的，给予记大过处分；情节较重的，给予降级或者撤职处分；情节严重的，给予开除处分。

送达诉讼、执行文书故意不依照规定，造成不良后果的，给予警告、记过或者记大过处分。

第五十二条　违反规定将案卷或者其他诉讼材料借给他人的，给予警告处分；造成不良后果的，给予记过或者记大过处分。

第五十三条　对外地人民法院依法委托的事项拒不办理或者故意拖延办理，造成不良后果的，给予警告、记过或者记大过处分；情节严重的，给予降级或者撤职处分。

阻挠、干扰外地人民法院依法在本地调查取证或者采取相关财产保全措施、执行措施、强制措施的，给予警告、记过或者记大过处分；情节较重的，给予降级或者撤职处分；情节严重的，给予开除处分。

第五十四条 有其他违反办案纪律行为的，给予警告、记过或者记大过处分；情节较重的，给予降级或者撤职处分；情节严重的，给予开除处分。

第三节 违反廉政纪律的行为

第五十五条 利用职务便利，采取侵吞、窃取、骗取等手段非法占有诉讼费、执行款物、罚没款物、案件暂存款、赃款赃物及其孳息等涉案财物或者其他公共财物的，给予记大过处分；情节较重的，给予降级或者撤职处分；情节严重的，给予开除处分。

第五十六条 利用司法职权或者其他职务便利，索取他人财物及其他财产性利益的，或者非法收受他人财物及其他财产性利益，为他人谋取利益的，给予记大过处分；情节较重的，给予降级或者撤职处分；情节严重的，给予开除处分。

利用司法职权或者其他职务便利为他人谋取利益，以低价购买、高价出售、收受干股、合作投资、委托理财、赌博等形式非法收受他人财物，或者以特定关系人“挂名”领取薪酬或者收受财物等形式，非法收受他人财物，或者违反规定收受各种名义的回扣、手续费归个人所有的，依照前款规定处分。

第五十七条 行贿或者介绍贿赂的，给予记过或者记大过处分；情节较重的，给予降级或者撤职处分；情节严重的，给予开除处分。

向审判、执行人员行贿或者介绍贿赂的，依照前款规定从重处分。

第五十八条 挪用诉讼费、执行款物、罚没款物、案件暂存款、赃款赃物及其孳息等涉案财物或者其他公共财物的，给予记过或者记大过处分；情节较重的，给予降级或者撤职处分；情节严重的，给予开除处分。

第五十九条 接受案件当事人、相关中介机构及其委托人的财物、宴请或者其他利益的，给予警告、记过或者记大过处分；情节较重的，给予降级或者撤职处分；情节严重的，给予开除处分。

违反规定向案件当事人、相关中介机构及其委托人借钱、借物的，给予警告、记过或者记大过处分。

第六十条 以单位名义集体截留、使用、私分诉讼费、执行款物、罚没款物、案件暂存款、赃款赃物及其孳息等涉案财物或者其他公共财物的，给予警告、记过或者记大过处分；情节较重的，给予降级或者撤职处分；情节严重的，给予开除处分。

第六十一条 利用司法职权，以单位名义向公民、法人或者其他组织索要赞助或者摊派、收取财物的，给予记过或者记大过处分；情节较重的，给予降级或者撤职处分；情节严重的，给予开除处分。

第六十二条 故意违反规定设置收费项目、扩大收费范围、提高收费标准的，给予警告、记过或者记大过处分；情节较重的，给予降级或者撤职处分；情节严重的，给予开除处分。

第六十三条 违反规定从事或者参与营利性活动，在企业或者其他营利性组织中兼职的，给予记过或者记大过处分；情节较重的，给予降级或者撤职处分；情节严重的，给予开除处分。

第六十四条 利用司法职权或者其他职务便利，为特定关系人谋取不正当利益，或者放任其特定关系人、身边工作人员利用本人职权谋取不正当利益的，给予记过或者记大过处分；情节较重的，给予降级或者撤职处分；情节严重的，给予开除处分。

第六十五条 有其他违反廉政纪律行为的，给予警告、记过或者记大过处分；情节较重的，给予降级或者撤职处分；情节严重的，给予开除处分。

第四节 违反组织人事纪律的行为

第六十六条 违反议事规则，个人或者少数人决定重大事项，或者改变集体作出的重大决定，造成决策错误的，给予警告、记过或者记大过处分；情节较重的，给予降级或者撤职处分；情节严重的，给予开除处分。

第六十七条 故意拖延或者拒不执行上级依法作出的决定、决议的，给予警告、记过或者记大过处分；情节较重的，给予降级或者撤职处分；情节严重的，给予开除处分。

第六十八条 对职责范围内发生的重大事故、事件不按规定报告、处理的，给予记过或者记大过处分；情节较重的，给予降级或者撤职处分；情节严重的，给予开除处分。

第六十九条 对职责范围内发生的违纪违法问题隐瞒不报、压案不查、包庇袒护的，或者对上级交办的违纪违法案件故意拖延或者拒不办理的，给予记大过处分；情节较重的，给予降级或者撤职处分；情节严重的，给予开除处分。

第七十条 压制批评，打击报复，扣压、销毁举报信件，或者向被举报人透露举报情况的，给予记过或者记大过处分；情节较重的，给予降级或者撤职处分；情节严重的，给予开除处分。

第七十一条 在人员录用、招聘、考核、晋升职务、晋升级别、职称评定以及岗位调整等工作中徇私舞弊、弄虚作假的，给予警告、记过或者记大过处分；情节较重的，给予降级或者撤职处分；情节严重的，给予开除处分。

第七十二条 弄虚作假，骗取荣誉，或者谎报学历、学位、职称的，给予警告、记过或者记大过处分；情节较重的，给予降级或者撤职处分；情节严重的，给予开除处分。

第七十三条 拒不执行机关的交流决定，或者在离任、辞职、被辞退时，拒不办理公务交接手续或者拒不接受审计的，给予警告、记过或者记大过处分；情节较重的，给予降级或者撤职处分；情节严重的，给予开除处分。

第七十四条 旷工或者因公外出、请假期满无正当理由逾期不归，造成不良后果的，给予警告、记过或者记大过处分；情节较重的，给予降级或者撤职处分；情节严重的，给予开除处分。

第七十五条 以不正当方式谋求本人或者特定关系人用公款出国，或者擅自延长在国外、境外期限，或者擅自变更路线，造成不良后果的，给予警告、记过或者记大过处分；情节较重的，给予降级或者撤职处分；情节严重的，给予开除处分。

第七十六条 有其他违反组织人事纪律行为的，给予警告、记过或者记大过处分；情节较重的，给予降级或者撤职处分；情节严重的，给予开除处分。

第五节 违反财经纪律的行为

第七十七条 违反规定进行物资采购或者工程项目招投标，造成不良后果的，给予警告、记过或者记大过处分；情节较重的，给予降级或者撤职处分；情节严重的，给予开除处分。

第七十八条 违反规定擅自开设银行账户或者私设“小金库”的，给予警告处分；情节较重的，给予记过或者记大过处分；情节严重的，给予降级或者撤职处分。

第七十九条 伪造、变造、隐匿、毁弃财务账册、会计凭证、财务会计报告的，给予警告、记过或者记大过处分；情节较重的，给予降级或者撤职处分；情节严重的，给予开除处分。

第八十条 违反规定挥霍浪费国家资财的，给予警告处分；情节较重的，给予记过或者记大过处分；情节严重的，给予降级或者撤职处分。

第八十一条 有其他违反财经纪律行为的，给予警告、记过或者记大过处分；情节较重的，给予降级或者撤职处分；情节严重的，给予开除处分。

第六节 失职行为

第八十二条 因过失导致依法应当受理的案件未予受理，或者不应当受理的案件被违法受理，造成不良后果的，给予警告、记过或者记大过处分。

第八十三条 因过失导致错误裁判、错误采取财产保全措施、强制措施、执行措施，或者应当采取财产保全措施、强制措施、执行措施而未采取，造成不良后果的，给予警告、记过或者记大过处分；造成严重后果的，给予降级、撤职或者开除处分。

第八十四条 因过失导致所办案件严重超出规定办理期限，造成严重后果的，给予警告、记过或者记大过处分。

第八十五条 因过失导致被羁押人员脱逃、自伤、自杀或者行凶伤人的，给予记过或者记大过处分；造成严重后果的，给予降级、撤职或者开除处分。

第八十六条 因过失导致诉讼、执行文书内容错误，造成严重后果的，给予警告、记过或者记大过处分。

第八十七条 因过失导致国家秘密、审判执行工作秘密及其他工作秘密、履行职务掌握的商业秘密或者个人隐私被泄露，造成不良后果的，给予警告、记过或者记大过处分；情节较重的，给予降级或者撤职处分；情节严重的，给予开除处分。

第八十八条 因过失导致案卷或者证据材料损毁、丢失的，给予警告、记过或者记大过处分；造成严重后果的，给予降级或者撤职处分。

第八十九条 因过失导致职责范围内发生刑事案件、重大治安案件、重大社会群体性事件或者重大人员伤亡事故的，使公共财产、国家和人民利益遭受重大损失的，给予记过或者记大过处分；情节较重的，给予降级或者撤职处分；情节严重的，给予开除处分。

第九十条 有其他失职行为造成不良后果的，给予警告、记过或者记大过处分；情节较重的，给予降级或者撤职处分；情节严重的，给予开除处分。

第七节 违反管理秩序和社会道德的行为

第九十一条 因工作作风懈怠、工作态度恶劣，造成不良后果的，给予警告、记过或者记大过处分。

第九十二条 故意泄露国家秘密、工作秘密，或者故意泄露因履行职责掌握的商业秘密、个人隐私的，给予记过或者记大过处分；情节较重的，给予降级或者撤职处分；情节严重的，给予开除处分。

第九十三条 弄虚作假，误导、欺骗领导和公众，造成不良后果的，给予警告、记过或者记大过处分；情节较重的，给予降级或者撤职处分；情节严重的，给予开除处分。

第九十四条 因酗酒影响正常工作或者造成其他不良后果的，给予警告、记过或者记大过处分；情节较重的，给予降级、撤职处分；情节严重的，给予开除处分。

第九十五条 违反规定保管、使用枪支、弹药、警械等特殊物品，造成不良后果的，给予警告、记过或者记大过处分；情节较重的，给予降级或者撤职处分；情节严重的，给予开除处分。

第九十六条 违反公务车管理使用规定，发生严重交通事故或者造成其他不良后果的，给予警告、记过或者记大过处分；情节较重的，给予降级或者撤职处分；情节严重的，给予开除处分。

第九十七条 妨碍执行公务或者违反规定干预执行公务的，给予记过或者记大过处分；情节较重的，给予降级或者撤职处分；情节严重的，给予开除处分。

第九十八条 以殴打、辱骂、体罚、非法拘禁或者诽谤、诬告等方式侵犯他人人身权利的，给予记过或者记大过处分；情节较重的，给予降级或者撤职处分；情节严重的，给予开除处分。

体罚、虐待被羁押人员，或者殴打、辱骂诉讼参与人、涉诉上访人的，依照前款规定从重处分。

第九十九条 与他人通奸，造成不良影响的，给予警告、记过或者记大过处分；情节较重的，给予降级或者撤职处分；情节严重的，给予开除处分。

与所承办案件的当事人或者当事人亲属发生不正当两性关系的，依照前款规定从重处分。

第一百条 重婚或者包养情人的，给予撤职或者开除处分。

第一百零一条 拒不承担赡养、抚养、扶养义务，或者虐待、遗弃家庭成员的，给予警告、记过或者记大过处分；情节较重的，给予降级或者撤职处分；情节严重的，给予开除处分。

第一百零二条 吸食、注射毒品或者参与嫖娼、卖淫、色情淫乱活动的，给予撤职或者开除处分。

第一百零三条 参与赌博的，给予警告或者记过处分；情节较重的，给予记大过或者降级处分；情节严重的，给予撤职或者开除处分。

为赌博活动提供场所或者其他便利条件的，给予警告、记过或者记大过处分；情节较重的，给予降级、撤职处分；情节严重的，给予开除处分。

在工作时间赌博的，给予记过、记大过或者降级处分；屡教不改的，给予撤职或者开除处分。

挪用公款赌博的，给予撤职或者开除处分。

第一百零四条 参与迷信活动，造成不良影响的，给予警告、记过或者记大过处分。

组织迷信活动的，给予降级处分；情节较重的，给予撤职处分；情节严重的，给予开除处分。

第一百零五条 违反规定超计划生育的，给予降级处分；情节较重的，给予撤职处分；情节严重的，给予开除处分。

第一百零六条 有其他违反管理秩序和社会道德行为的，给予警告、记过或者记大过处分；情节较重的，给予降级或者撤职处分；情节严重的，给予开除处分。

第三章 附 则

第一百零七条 本条例所称“人民法院工作人员”是指人民法院行政编制内的工作人员。

人民法院事业编制工作人员参照本条例执行。

人民法院聘用人员不适用本条例。

第一百零八条 本条例所称“特定关系人”，是指与人民法院工作人员具有近亲属、情人以及其他共同利益关系的人和关系密切的人。

第一百零九条 本条例所称“以上”、“以下”，包含本数。

第一百一十条 本条例由最高人民法院负责解释。

第一百一十一条 本条例自发布之日起施行。最高人民法院此前颁布的《关于人民法院工作人员纪律处分的若干规定（试行）》、《人民法院审判纪律处分办法（试行）》、《人民法院执行工作纪律处分办法（试行）》、《最高人民法院关于严格执行〈中华人民共和国法官法〉有关惩戒制度若干规定》同时废止。

中华人民共和国人民陪审员法

（2018年4月27日第十三届全国人民代表大会常务委员会第二次会议通过 2018年4月27日中华人民共和国主席令第4号公布 自公布之日起施行）

第一条 为了保障公民依法参加审判活动，促进司法公正，提升司法公信，制定本法。

第二条 公民有依法担任人民陪审员的权利和义务。

人民陪审员依照本法产生，依法参加人民法院的审判活动，除法律另有规定外，同法官有同等权利。

第三条 人民陪审员依法享有参加审判活动、独立发表意见、获得履职保障等权利。

人民陪审员应当忠实履行审判职责，保守审判秘密，注重司法礼仪，维护司法形象。

第四条 人民陪审员依法参加审判活动，受法律保护。

人民法院应当依法保障人民陪审员履行审判职责。

人民陪审员所在单位、户籍所在地或者经常居住地的基层群众性自治组织应当依法保障人民陪审员参加审判活动。

第五条 公民担任人民陪审员，应当具备下列条件：

（一）拥护中华人民共和国宪法；

（二）年满二十八周岁；

（三）遵纪守法、品行良好、公道正派；

（四）具有正常履行职责的身体条件。

担任人民陪审员，一般应当具有高中以上文化程度。

第六条 下列人员不能担任人民陪审员：

（一）人民代表大会常务委员会的组成人员，监察委员会、人民法院、人民检察院、公安机关、国家安全机关、司法行政机关的工作人员；

（二）律师、公证员、仲裁员、基层法律服务工作者；

（三）其他因职务原因不适宜担任人民陪审员的人员。

第七条 有下列情形之一的，不得担任人民陪审员：

（一）受过刑事处罚的；

（二）被开除公职的；

（三）被吊销律师、公证员执业证书的；

（四）被纳入失信被执行人名单的；

（五）因受惩戒被免除人民陪审员职务的；

（六）其他有严重违法违纪行为，可能影响司法公信的。

第八条 人民陪审员的名额，由基层人民法院根据审判案件的需要，提请同级人民代表大会常务委员会确定。

人民陪审员的名额数不低于本院法官数的三倍。

第九条 司法行政机关会同基层人民法院、公安机关，从辖区内的常住居民名单中随机抽选拟任命人民陪审员数五倍以上的人员作为人民陪审员候选人，对人民陪审员候选人进行资格审查，征求候选人意见。

第十条 司法行政机关会同基层人民法院，从通过资格审查的人民陪审员候选人名单中随机抽选确定人民陪审员人选，由基层人民法院院长提请同级人民代表大会常务委员会任命。

第十一条 因审判活动需要，可以通过个人申请和所在单位、户籍所在地或者经常居住地的基层群众性自治组织、人民团体推荐的方式产生人民陪审员候选人，经司法行政机关会同基层人民法院、公安机关进行资格审查，确定人民陪审员人选，由基层人民法院院长提请同级人民代表大会常务委员会任命。

依照前款规定产生的人民陪审员，不得超过人民陪审员名额数的五分之一。

第十二条 人民陪审员经人民代表大会常务委员会任命后，应当公开进行就职宣誓。宣誓仪式由基层人民法院会同司法行政机关组织。

第十三条 人民陪审员的任期为五年，一般不得连任。

第十四条 人民陪审员和法官组成合议庭审判案件，由法官担任审判长，可以组成三人合议庭，也可以由法官三人与人民陪审员四人组成七人合议庭。

第十五条 人民法院审判第一审刑事、民事、行政案件，有下列情形之一的，由人民陪审员和法官组成合议庭进行：

（一）涉及群体利益、公共利益的；

（二）人民群众广泛关注或者其他社会影响较大的；

（三）案情复杂或者有其他情形，需要由人民陪审员参加审判的。

人民法院审判前款规定的案件，法律规定由法官独任审理或者由法官组成合议庭审理的，从其规定。

第十六条 人民法院审判下列第一审案件，由人民陪审员和法官组成七人合议庭进行：

（一）可能判处十年以上有期徒刑、无期徒刑、死刑，社会影响重大的刑事案件；

（二）根据民事诉讼法、行政诉讼法提起的公益诉讼案件；

（三）涉及征地拆迁、生态环境保护、食品药品安全，社会影响重大的案件；

（四）其他社会影响重大的案件。

第十七条 第一审刑事案件被告人、民事案件原告或者被告、行政案件原告申请由人民陪审员参加合议庭审判的，人民法院可以决定由人民陪审员和法官组成合议庭审判。

第十八条 人民陪审员的回避，适用审判人员回避的法律规定。

第十九条 基层人民法院审判案件需要由人民陪审员参加合议庭审判的，应当在人民陪审员名单中随机抽取确定。

中级人民法院、高级人民法院审判案件需要由人民陪审员参加合议庭审判的，在其辖区内的基层人民法院的人民陪审员名单中随机抽取确定。

第二十条 审判长应当履行与案件审判相关的指引、提示义务，但不得妨碍人民陪审员对案件的独立判断。

合议庭评议案件，审判长应当对本案中涉及的事实认定、证据规则、法律规定等事项及应当注意的问题，向人民陪审员进行必要的解释和说明。

第二十一条 人民陪审员参加三人合议庭审判案件，对事实认定、法律适用，独立发表意见，行使表决权。

第二十二条 人民陪审员参加七人合议庭审判案件，对事实认定，独立发表意见，并与法官共同表决；对法律适用，可以发表意见，但不参加表决。

第二十三条 合议庭评议案件，实行少数服从多数的原则。人民陪审员同合议庭其他组成人员意见分歧的，应当将其意见写入笔录。

合议庭组成人员意见有重大分歧的，人民陪审员或者法官可以要求合议庭将案件提请院长决定是否提交审判委员会讨论决定。

第二十四条 人民法院应当结合本辖区实际情况，合理确定每名人民陪审员年度参加审判案件的数量上限，并向社会公告。

第二十五条 人民陪审员的培训、考核和奖惩等日常管理工作，由基层人民法院会同司法行政机关负责。

对人民陪审员应当有计划地进行培训。人民陪审员应当按照要求参加培训。

第二十六条 对于在审判工作中有显著成绩或者有其他突出事迹的人民陪审员，依照有关规定给予表彰和奖励。

第二十七条 人民陪审员有下列情形之一，经所在基层人民法院会同司法行政机关查证属实的，由院长提请同级人民代表大会常务委员会免除其人民陪审员职务：

（一）本人因正当理由申请辞去人民陪审员职务的；

（二）具有本法第六条、第七条所列情形之一的；

（三）无正当理由，拒绝参加审判活动，影响审判工作正常进行的；

（四）违反与审判工作有关的法律及相关规定，徇私舞弊，造成错误裁判或者其他严重后果的。

人民陪审员有前款第三项、第四项所列行为的，可以采取通知其所在单位、户籍所在地或者经常居住地的基层群众性自治组织、人民团体，在辖区范围内公开通报等措施进行惩戒；构成犯罪的，依法追究刑事责任。

第二十八条 人民陪审员的人身和住所安全受法律保护。任何单位和个人不得对人民陪审员及其近亲属打击报复。

对报复陷害、侮辱诽谤、暴力侵害人民陪审员及其近亲属的，依法追究法律责任。

第二十九条 人民陪审员参加审判活动期间，所在单位不得克扣或者变相克扣其工资、奖金及其他福利待遇。

人民陪审员所在单位违反前款规定的，基层人民法院应当及时向人民陪审员所在单位或者所在单位的主管部门、上级部门提出纠正意见。

第三十条 人民陪审员参加审判活动期间，由人民法院依照有关规定按实际工作日给予补助。

人民陪审员因参加审判活动而支出的交通、就餐等费用，由人民法院依照有关规定给予补助。

第三十一条 人民陪审员因参加审判活动应当享受的补助，人民法院和司法行政机关为实施人民陪审员制度所必需的开支，列入人民法院和司法行政机关业务经费，由相应政府财政予以保障。具体办法由最高人民法院、国务院司法行政部门会同国务院财政部门制定。

第三十二条 本法自公布之日起施行。2004 年 8 月 28 日第十届全国人民代表大会常务委员会第十一次会议通过的《全国人民代表大会常务委员会关于完善人民陪审员制度的决定》同时废止。

中华人民共和国检察官法

（1995年2月28日第八届全国人民代表大会常务委员会第十二次会议通过　根据2001年6月30日第九届全国人民代表大会常务委员会第二十二次会议《关于修改〈中华人民共和国检察官法〉的决定》第一次修正　根据2017年9月1日第十二届全国人民代表大会常务委员会第二十九次会议《关于修改〈中华人民共和国法官法〉等八部法律的决定》第二次修正　2019年4月23日第十三届全国人民代表大会常务委员会第十次会议修订　2019年4月23日中华人民共和国主席令第28号公布　自2019年10月1日起施行）

第一章　总　　则

第一条　【立法目的与根据】为了全面推进高素质检察官队伍建设，加强对检察官的管理和监督，维护检察官合法权益，保障人民检察院依法独立行使检察权，保障检察官依法履行职责，保障司法公正，根据宪法，制定本法。

第二条　【检察官的定义与范围】检察官是依法行使国家检察权的检察人员，包括最高人民检察院、地方各级人民检察院和军事检察院等专门人民检察院的检察长、副检察长、检察委员会委员和检察员。

注释　检察官仅限于人民检察院内，经依法任命的，具体承担检察工作的人员。人民检察院内从事司法行政工作的人员如行政、后勤人员，从事检察辅助工作的人员如法警、书记员等不属于检察官。

参见　《中华人民共和国宪法》第67条；《中华人民共和国

人民检察院组织法》第35条；《中华人民共和国地方各级人民代表大会和地方各级人民政府组织法》第44条；《最高人民检察院关于完善人民检察院司法责任制的若干意见》

第三条　【检察官的基本要求】检察官必须忠实执行宪法和法律，维护社会公平正义，全心全意为人民服务。

注释　"忠实执行宪法和法律"就是要求检察官必须保持对宪法和法律的忠诚，严格执行宪法和法律，以自己的全部智慧和才干维护宪法和法律的权威，以自己的一言一行来促进宪法和法律的正确有效实施。凡是有利于宪法和法律实施的事情都尽最大的力量去做，凡是有害于和不利于宪法和法律实施的事情都予以坚决反对，自觉弘扬宪法精神，切实维护宪法和法律的权威。

"维护社会公平正义"要求：第一，要坚定理想信念，树立法治信仰，恪守司法良知，把对党的忠诚、对法治的坚守、对公正的维护，切实落实到热爱党的事业、践行党的宗旨上，体现在严格司法、公正司法的实际行动中，为党和人民掌好用好司法检察权。第二，要坚持以事实为根据、以法律为准绳，坚持程序公正与实体公正相统一，客观公正地行使审查起诉、支持公诉、案件侦查等职责，把法律监督落实到每一个办案环节，让每一起案件都经得起法律、历史和人民的检验。第三，要坚持原则、敢于担当、清正廉洁，不为人情所扰、不为利益所惑、不为权势所屈，永葆忠于党、忠于国家、忠于人民、忠于法律的政治本色，始终坚守公正廉洁司法的底线。第四，要恪守检察官职业道德，严守检察官行为规范，树立检察官良好形象，不断提升司法公信力，努力让人民群众在每一个司法案件中感受到公平正义。

"全心全意为人民服务"要求：第一，检察官在行使检察权时要始终坚持以人民为中心的发展思想，从内心深处打牢司法为民的服务理念和思想基础，不断增强对司法的人民性的理论认同、感情认同和实践认同，严格依法办事，公正司法，切实履行好维护国家政治安全、确保社会大局稳定、促进社会公平正义、保障人民安居乐业的职责使命，努力维护最广大人民根本利益，保障人民群众对美好生活的向往和追求。第二，检察官行使权力时，必须以人民公仆的身份，以事实为根据，以法律为准绳，兢兢业业，耐心细致，认真地办理每一起案件，依法公正对待人民群众的诉求，依法保障公民的合法权益，保证公民的各项合法权利得到落实，努力让人民群众在每一个司法案件中都能感受到公平正义，决不能让不公正的检察活动伤害人民群众感情、损害人民群众权益。第三，检察官在行使检察职权、办理案件的过程中，要认真履行以案释法主体责任，弘扬社会主义法治精神，努力培育社会主义法治文化，积极维护宪法和法律的权威，让广大人民群众充分相信法律、自觉运用法律，使广大人民群众认识到宪法和法律不仅是全体公民必须遵循的行为规范，而且是保障公民权利的法律武器。第四，检察官在为人民服务的过程中必须是全心全意的，而不能三心二意、敷衍了事，着力维护广大人民群众特别是弱势群体的合法权益，重点解决损害群众权益的突出问题，决不允许利用手中的权力谋取私利，不允许滥用权力侵犯群众合法权益。

参见 《中华人民共和国宪法》第 2 条、第 5 条、第 27 条；《中华人民共和国人民检察院组织法》第 3 条、第 6 条；《中华人民共和国公务员法》第 14 条

第四条　【检察官的职业伦理】检察官应当勤勉尽责，清正廉明，恪守职业道德。

注释 “勤勉尽责”有两层意思：一是，检察官应主动履行职责，担当负责。如检察官在办理刑事案件的过程中，需要全面收集、固定、审查、运用各种证据材料，既包括犯罪嫌疑人、被告人有罪、罪重的证据材料，也包括无罪、罪轻的证据材料。再如，检察官在开展民事、行政公益诉讼工作时，既要通过诉讼活动维护公共利益，也要开展大量的诉前工作，通过公告、检察建议等方式帮助相关主体主动维护权益，促进行政机关依法履职，这样能够以较少的司法投入获得最佳的社会效果。这也需要检察官在平时积极主动作为，勤勉尽责，不将问题拖延，不等危害放大，及时维护社会公共利益。二是，检察职业要求检察官应勤勉履职。

根据本条的规定，检察官应当“清正廉明”，这里有以下三层意思：其一，清正廉明是检察职业的基本要求。检察官不仅是国家公务员，而且是司法工作人员，依法行使国家检察权，从事对诉讼活动监督等重要工作，与人民群众有着密切联系。从事检察职业需要清正廉明，要做到品行正派、廉洁奉公、不以权谋私、不徇私枉法、严格自律，认真践行社会主义核心价值观，保障检察工作顺利进行。其二，清正廉明是高素质检察队伍的内在要求。检察队伍职业的特殊性和职责的重要性，决定了检察官必须是清正廉明的典范，必须比其他公务人员有更高的清廉标准和要求。其三，清正廉明是高水平检察工作的重要保障。检察官在行使法律监督职责时，需要保证清正廉明。只有这样才能取得监督工作的主动权，才可以提升监督工作的公信力。检察官具有清正廉明的职业本色，可以增强其客观公正的立场，突出实事求是，明辨是非的能力，通过更加准确地适用法律，更好地维护公平正义，实现社会效果和法律效果的有机统一。

本条规定，检察官还应“恪守职业道德”。2016 年最高人民检察院在进一步总结司法体制改革成果，结合检察机关司法办案的实际和检察机关职能的基础上，颁布新的《检察官职业道德基本准则》，要求检察官遵照执行，检察辅助人员参照执行。基本准则将检察官的职业道德重新概括为五条：一是，坚持忠诚品格，永葆政治本色；二是，坚持为民宗旨，保障人民权益；三是，坚持担当精神，强化法律监督；四是，坚持公正理念，维护法制统一；五是，坚持廉洁操守，自觉接受监督。总之，职业道德是检察官政治信仰、工作宗旨、职业伦理和道德品质的体现和重要载体，对引导和规范检察官正确履职尽责具有十分重要的作用，因此检察官应当恪守职业道德。

需要注意的是，检察官遵守职业伦理的情况将影响检察官的考核。本法第四十二条规定，对检察官考核的内容包括职业道德、工作作风等内容。检察官遵守职业伦理的情况将作为检察官晋升、选拔任用、培养教育的重要依据。

参见 《中华人民共和国公务员法》第 3 条、第 14 条；《中

华人民共和国检察官法》第 42 条

第五条　【检察官履行职责的原则和立场】 检察官履行职责，应当以事实为根据，以法律为准绳，秉持客观公正的立场。

检察官办理刑事案件，应当严格坚持罪刑法定原则，尊重和保障人权，既要追诉犯罪，也要保障无罪的人不受刑事追究。

注释　“以事实为根据，以法律为准绳”有两层意思：一是，检察官根据人民检察院的职权范围履行法定职责，应遵照人民检察院的工作要求和原则。二是，“以事实为根据，以法律为准绳”是检察官履行各项法定职责的基本原则。检察官根据人民检察院的工作安排，在办理刑事案件、开展公益诉讼工作、对诉讼活动进行监督等工作时，都应当坚持以事实为根据，以法律为准绳。检察官应限于对法律规定由人民检察院直接受理的刑事案件进行侦查，不能超出范围进行侦查。在审查起诉工作中，应当查明犯罪事实、情节是否清楚，证据是否确实、充分，犯罪性质和罪名认定是否正确，有无遗漏罪行和其他应当追究刑事责任的人，是否属于不应当追究刑事责任的人，侦查活动是否合法等。检察官要严格依照法定的证明标准决定是否起诉。总之，以法律为准绳，需要检察官以法律为客观尺度，不能出现以言代法、以权代法的情况。

检察官履行职责还应“秉持客观公正的立场”。这里的“客观”要求检察官实事求是，不偏不倚，避免陷入当事方的立场。这里的“公正”要求检察官应维护公平、实现正义，既要追求实体公正，又要符合程序公正；既要公正履行职责，又要通过履职促进公正。检察官客观公正的立场充分体现在检察官履行每项职责当中。

本条第二款是关于检察官办理刑事案件应当坚持的原则的规定。这里的“检察官办理刑事案件”，可根据本法第七条关于检察官的职责中的规定认定。坚持罪刑法定原则，需要检察官不以实现追诉、定罪为目的，需要根据犯罪嫌疑人的行为等事实和法律规定客观公正地办理刑事案件，保障对法律规定为犯罪的行为依法追究，不放纵罪犯，对法律没有规定为犯罪的，不作为犯罪予以追究，杜绝对刑法的擅权滥用。明确检察官在办理刑事案件时应遵守“尊重和保障人权”的原则，不仅将检察官履职纳入“尊重和保护人权”的法治体系，成为实现“尊重和保护人权”任务重要的法治途径，而且更有利于检察官正确理解自身职责，以“尊重和保障人权”为履职标尺，检验履行职责的成效。“追诉犯罪”，是指在查明犯罪事实基础上，通过准确适用刑法和其他法律对犯罪嫌疑人启动追究刑事责任的诉讼活动。“保障无罪的人不受刑事追究”，是检察官履职的重要体现，同时也是“追诉犯罪”以外的另一任务。检察官要正确应用法律，除要保证准确无误地查明犯罪事实外，还要设置、遵循刑事诉讼法并监督刑事诉讼各环节司法机关及其工作人员执行具体诉讼程序的情况，如审查批准逮捕、审查起诉等。

参见 《中华人民共和国宪法》第33条；《中华人民共和国人民检察院组织法》第6条、第20条；《中华人民共和国检察官法》第7条、第25条、第29条、第47条、第54条；《中华人民共和国刑事诉讼法》第2条、第14条、第228条、第254条

第六条 【检察官依法履职不受干涉】 检察官依法履行职责，受法律保护，不受行政机关、社会团体和个人的干涉。

第二章 检察官的职责、义务和权利

第七条 【检察官的职责】 检察官的职责：

（一）对法律规定由人民检察院直接受理的刑事案件进行侦查；

（二）对刑事案件进行审查逮捕、审查起诉，代表国家进行公诉；

（三）开展公益诉讼工作；

（四）开展对刑事、民事、行政诉讼活动的监督工作；

（五）法律规定的其他职责。

检察官对其职权范围内就案件作出的决定负责。

注释 本条第一款第一项规定“对法律规定由人民检察院直接受理的刑事案件进行侦查”。2018年11月24日《最高人民检察院关于人民检察院立案侦查司法工作人员相关职务犯罪案件若干问题的规定》对人民检察院直接受理的刑事案件作了明确列举。具体

包括:《中华人民共和国刑法》第二百三十八条“非法拘禁罪”(非司法工作人员除外)、第二百四十五条“非法搜查罪”(非司法工作人员除外)、第二百四十七条“刑讯逼供罪”、“暴力取证罪”、第二百四十八条“虐待被监管人罪”、第三百九十七条“滥用职权罪”、“玩忽职守罪”(非司法工作人员滥用职权侵犯公民权利、损害司法公正的情形除外)、第三百九十九条“徇私枉法罪”“民事、行政枉法裁判罪”“行政判决、裁定失职罪”“执行判决、裁定滥用职权罪”、第四百条“私放在押人员罪”“失职致使在押人员脱逃罪”;第四百零一条“徇私舞弊减刑、假释、暂予监外执行罪”共14个罪名。

本条第一款第三项规定“开展公益诉讼工作”。根据《中华人民共和国民事诉讼法》第五十八条的规定,人民检察院在履行职责中发现破坏生态环境和资源保护、食品药品安全领域侵害众多消费者合法权益等损害社会公共利益的行为,在没有相关机关和组织提起诉讼,或者法律规定的机关和组织不提起诉讼的情况下,可以向人民法院提起诉讼。法律规定的机关或者组织提起诉讼的,人民检察院可以支持起诉。《中华人民共和国行政诉讼法》第二十五条规定,人民检察院在履行职责中发现生态环境和资源保护、食品药品安全、国有财产保护、国有土地使用权出让等领域负有监督管理职责的行政机关违法行使职权或者不作为,致使国家利益或者社会公共利益受到侵害的,应当向行政机关提出检察建议,督促其依法履行职责。行政机关不依法履行职责的,人民检察院依法向人民法院提起诉讼。检察官应根据以上规定的案件范围开展公益诉讼工作。

本条第二款规定,检察官对其职权范围内就案件作出的决定负责。本款规定的检察官,是指本法第二条规定的人民检察院的检察长、副检察长、检察委员会委员和检察员。《最高人民检察院关于完善人民检察院司法责任制的若干意见》等一系列规范性文件,规范了检察长、副检察长、检察委员会委员和检察员的职责权限,健全了从检察长到检察员的管理和监督机制,同时落实了责任认定和追究的方式。这里的“就案件作出的决定”为检察官履行职责作出的各种决定，既包括为履行职责完成的决定，如决定询问证人和诉讼参与人等，也包括对案件产生实体影响的决定，如作出同意逮捕的决定等。检察官根据检察长或分管副检察长的决定履职时，认为决定错误的，可以提出异议；如果检察长或分管副检察长不改变该决定，或要求立即执行的，检察官应当执行，但是执行的后果由检察长或分管副检察长负责，检察官不承担司法责任。但检察官执行检察长或分管副检察长明显违法的决定的，应当承担相应的司法责任。

参见 《中华人民共和国宪法》第134条；《中华人民共和国人民检察院组织法》第10条、第20条；《中华人民共和国刑法》第238条、第245条、第247条、第248条、第397条、第399条、第400条、第401条；《中华人民共和国刑事诉讼法》；《中华人民共和国民事诉讼法》第14条、第58条；《中华人民共和国行政诉讼法》第11条、第25条；《中华人民共和国监狱法》第6条；《中华人民共和国检察官法》第9条

第八条　【担任特定职务的检察官的相应职责】 人民检察院检察长、副检察长、检察委员会委员除履行检察职责外，还应当履行与其职务相适应的职责。

参见 《中华人民共和国人民法院组织法》第38条；《中华人民共和国人民检察院组织法》第26条、第29－38条；《中华人民共和国检察官法》第2条、第7条；《最高人民检察院关于完善人民检察院司法责任制的若干意见》；《最高人民检察院关于完善检察官权力清单的指导意见》

第九条　【检察长领导检察官开展工作】 检察官在检察长领导下开展工作，重大办案事项由检察长决定。检察长可以将部分职权委托检察官行使，可以授权检察官签发法律文书。

第十条　【检察官的义务】 检察官应当履行下列义务：

（一）严格遵守宪法和法律；

（二）秉公办案，不得徇私枉法；

（三）依法保障当事人和其他诉讼参与人的诉讼权利；

（四）维护国家利益、社会公共利益，维护个人和组织的合法权益；

（五）保守国家秘密和检察工作秘密，对履行职责中知悉的商业秘密和个人隐私予以保密；

（六）依法接受法律监督和人民群众监督；

（七）通过依法办理案件以案释法，增强全民法治观念，推进法治社会建设；

（八）法律规定的其他义务。

参见 《中华人民共和国宪法》第134－140条；《中华人民共和国公务员法》第14条；《中华人民共和国刑事诉讼法》第8条、第14条、第54条；《中共中央关于全面推进依法治国若干重大问题的决定》；《关于实行国家机关“谁执法谁普法”普法责任制的意见》

第十一条　【检察官的权利】检察官享有下列权利：

（一）履行检察官职责应当具有的职权和工作条件；

（二）非因法定事由、非经法定程序，不被调离、免职、降职、辞退或者处分；

（三）履行检察官职责应当享有的职业保障和福利待遇；

（四）人身、财产和住所安全受法律保护；

（五）提出申诉或者控告；

（六）法律规定的其他权利。

第三章　检察官的条件和遴选

第十二条　【担任检察官的条件】担任检察官必须具备下列条件：

（一）具有中华人民共和国国籍；

（二）拥护中华人民共和国宪法，拥护中国共产党领导和社会主义制度；

（三）具有良好的政治、业务素质和道德品行；

（四）具有正常履行职责的身体条件；

（五）具备普通高等学校法学类本科学历并获得学士及以上学位；或者普通高等学校非法学类本科及以上学历并获得法律硕士、法学硕士及以上学位；或者普通高等学校非法学类本科及以上学历，获得其他相应学位，并具有法律专业知识；

（六）从事法律工作满五年。其中获得法律硕士、法学硕士学位，或者获得法学博士学位的，从事法律工作的年限可以分别放宽至四年、三年；

（七）初任检察官应当通过国家统一法律职业资格考试取得法律职业资格。

适用前款第五项规定的学历条件确有困难的地方，经最高人民检察院审核确定，在一定期限内，可以将担任检察官的学历条件放宽为高等学校本科毕业。

注释 具有良好的政治、业务素质和道德品行。检察官是行使国家检察权的国家机关工作人员，检察官必须拥护宪法所规定的国家的政治制度和基本原则，必须有较高的政治觉悟和敏锐的洞察力，较强的政治责任感，只有这样才能完成宪法和法律赋予检察官的职责和使命。良好的业务素质，是指检察官必须精通业务，熟悉检察工作，能够正确运用法律手段解决案件中的问题。良好的道德品行，是对检察官的道德修养的要求。检察官作为行使检察权的检察人员，更应当具备良好的品德和言行，自觉维护社会公德、遵守职业道德，举止文明等，只有这样才能担负神圣的职责，坚守法律底线，严格公正廉洁办案，努力让人民群众在每一个案件中感受到公平正义，维护国家安全和社会和谐稳定。

本条“正常履行职责的身体条件”要求，是针对检察官职位的要求而言的，也即检察官的身心健康状况应当能够胜任他所担任的检察工作。实践中要综合检察官职位的实际情况，客观确定正常履职的身体条件标准。

参见 《中华人民共和国宪法》第1条、第33条；《中华人民共和国人民检察院组织法》第42条；《中华人民共和国公务员法》第13条、第25条；《中华人民共和国国籍法》第3条、第5条、第6条、第7条；《中华人民共和国高等教育法》第15条、第16条、第21条、第22条；《普通高等学校设置暂行条例》；《中共中央关于全面推进依法治国若干重大问题的决定》；《中共中央办公厅、国务院办公厅关于完善国家统一法律职业资格制度的意见》；《国家统一法律职业资格考试实施办法》

第十三条　【不得担任检察官的情形】下列人员不得担任检察官：

（一）因犯罪受过刑事处罚的；

（二）被开除公职的；

（三）被吊销律师、公证员执业证书或者被仲裁委员会除名的；

（四）有法律规定的其他情形的。

注释　本条规定的犯罪既包括故意犯罪也包括过失犯罪。刑事处罚包括刑法规定的主刑，即管制、拘役、有期徒刑、无期徒刑、死刑，也包括附加刑，即罚金、剥夺政治权利、没收财产。只要是被法院生效判决宣告有罪并判处刑罚的，无论是怎样的罪行，无论判处什么样的刑罚，无论是否适用附加刑以及是否适用缓刑都不得担任检察官。

被开除公职是指公务员以及参照公务员法管理的人员，法律、法规授权或者受国家机关依法委托管理公共事务的组织中从事公务的人员，国有企业管理人员，公办的教育、科研、文化、医疗卫生、体育等单位中从事管理的人员以及其他依法履行公职的人员，因有违法犯罪行为或者有影响履职的不当行为被用人单位开除。

第十四条　【检察官的选任方式和范围】初任检察官采用考试、考核的办法，按照德才兼备的标准，从具备检察官条件的人员中择优提出人选。

人民检察院的检察长应当具有法学专业知识和法律职业经历。副检察长、检察委员会委员应当从检察官、法官或者其他具备检察官条件的人员中产生。

注释 本条第一款中规定的“初任检察官”，是指第一次担任检察官职务的。本法施行后，对于初次担任检察官的人员，应当按照修改后法律的规定执行，需要符合本法第十二条的规定，同时不具有本法第十三条规定的情形。特别需要指出的是，根据有关规定，原通过国家司法考试取得的法律职业资格继续有效。

根据本条第二款的规定，人民检察院的副检察长和检察委员会委员人选除从检察官、法官人员中产生外，还可以从其他具备检察官条件的人员中产生。如果这些人员是初次担任检察官，在本法施行后，根据本法第十二条的规定，需要满足通过国家统一法律职业资格考试取得法律职业资格的条件。

参见 《中华人民共和国检察官法》第 12 条、第 13 条；《中华人民共和国公务员法》第 7 条；《中华人民共和国人民检察院组织法》第 36 条

第十五条 【公开选拔检察官的范围和条件】 人民检察院可以根据检察工作需要，从律师或者法学教学、研究人员等从事法律职业的人员中公开选拔检察官。

除应当具备检察官任职条件外，参加公开选拔的律师应当实际执业不少于五年，执业经验丰富，从业声誉良好，参加公开选拔的法学教学、研究人员应当具有中级以上职称，从事教学、研究工作五年以上，有突出研究能力和相应研究成果。

注释 第一，本法第十七条规定，初任检察官一般到基层人民检察院任职。本条规定属于第十七条中“一般”以外的情形。第二，律师、法学专家公开选拔为检察官后，成为公务员，应当遵守有关公务员管理的规定，特别是有关禁止性规定，如不得持有非上市公司的股份，不得在企业或者其他营利性组织中兼任职务等。同时，应当遵守有关检察官任职回避规定。律师、法学专家被选拔为检察官的，应当按照本法第二十五条任职回避的要求，其父母、配偶、子女在拟任职人民检察院开办律师事务所或者从事司法鉴定、司法拍卖等与司法活动利益相关职业的，应当不再担任律师事务所设立人、合伙人。根据有关规定，在一年试用期内未能按照规定进

行任职回避的，视为试用不合格，不予录用。

参见 《从律师和法学专家中公开选拔立法工作者、法官、检察官办法》第8条、第13条

第十六条 【检察官遴选委员会】省、自治区、直辖市设立检察官遴选委员会，负责初任检察官人选专业能力的审核。

省级检察官遴选委员会的组成人员应当包括地方各级人民检察院检察官代表、其他从事法律职业的人员和有关方面代表，其中检察官代表不少于三分之一。

省级检察官遴选委员会的日常工作由省级人民检察院的内设职能部门承担。

遴选最高人民检察院检察官应当设立最高人民检察院检察官遴选委员会，负责检察官人选专业能力的审核。

第十七条 【检察官的初任与逐级遴选】初任检察官一般到基层人民检察院任职。上级人民检察院检察官一般逐级遴选；最高人民检察院和省级人民检察院检察官可以从下两级人民检察院遴选。参加上级人民检察院遴选的检察官应当在下级人民检察院担任检察官一定年限，并具有遴选职位相关工作经历。

第四章 检察官的任免

第十八条 【检察官的任免权限和程序】检察官的任免，依照宪法和法律规定的任免权限和程序办理。

最高人民检察院检察长由全国人民代表大会选举和罢免，副检察长、检察委员会委员和检察员，由检察长提请全国人民代表大会常务委员会任免。

地方各级人民检察院检察长由本级人民代表大会选举和罢免，副检察长、检察委员会委员和检察员，由检察长提请本级人民代表大会常务委员会任免。

地方各级人民检察院检察长的任免，须报上一级人民检察院检察长提请本级人民代表大会常务委员会批准。

省、自治区、直辖市人民检察院分院检察长、副检察长、检察委员会委员和检察员，由省、自治区、直辖市人民检察院检察长提请本级人民代表大会常务委员会任免。

省级人民检察院和设区的市级人民检察院依法设立作为派出机构的人民检察院的检察长、副检察长、检察委员会委员和检察员，由派出的人民检察院检察长提请本级人民代表大会常务委员会任免。

新疆生产建设兵团各级人民检察院、专门人民检察院的检察长、副检察长、检察委员会委员和检察员，依照全国人民代表大会常务委员会的有关规定任免。

第十九条　【检察官就职宪法宣誓】检察官在依照法定程序产生后，在就职时应当公开进行宪法宣誓。

第二十条　【应当免除检察官职务的情形】检察官有下列情形之一的，应当依法提请免除其检察官职务：

（一）丧失中华人民共和国国籍的；

（二）调出所任职人民检察院的；

（三）职务变动不需要保留检察官职务的，或者本人申请免除检察官职务经批准的；

（四）经考核不能胜任检察官职务的；

（五）因健康原因长期不能履行职务的；

（六）退休的；

（七）辞职或者依法应当予以辞退的；

（八）因违纪违法不宜继续任职的。

注释　第一，这里所说“丧失中华人民共和国国籍”，既包括定居外国的中国公民，自愿加入或者取得外国国籍的情形，也包括中国公民是外国人的近亲属、定居在外国或者有其他正当理由，向我国有关部门申请退出中国国籍并获得批准的情况。

第二，调出所任职检察院的检察官可能是到其他检察院继续担任检察官，这种情况下，按照现有法律规定，也应当依法免除其原任职的检察院的检察官职务。如果要到所调往的检察院担任检察官，需要调往检察院所在地相应的人民代表大会及其常务委员会依照相关法律规定重新任命。

第三，职务变动，主要是指该检察官因职务调整，到本检察院其他岗位任职，不再担任检察职务，不承担检察职责的情况，如调任到本院行政管理岗位等。除上述职务变动原因外，在有些情况下，检察官本人因健康、家庭、工作等个人原因，不愿意继续担任检察官职务，自己申请免除职务。如果申请获得批准，就应当相应免除其检察官职务。

第四，实践中，检察工作实绩是检察官业绩考核的核心内容，主要包括办案数量、办案质量、办案效率和办案效果等方面。如果检察官经考核不能胜任检察官职务的，就应当依法免除其检察官职务。

第五，关于辞退检察官，具有哪些情形的可以予以辞退，本法未作具体规定。对此，需要按照公务员法的规定执行。

第六，“违纪违法”是广义的，既包括违反党纪、政纪及违反其他相关法律的行为，也包括违反检察官法所规定的对检察官的禁止性规定。

在本条的理解适用中，还需要注意以下两个方面的问题：

一是，本条第四项规定的考核主要是针对检察官作为行使检察权的检察人员的考核，考核内容是其检察业绩，目的是考核其是否能够胜任检察官工作。而本法第六章规定的年度考核，是针对检察官作为公务员的年度考核，考核内容更为全面，除了检察工作实绩外，还包括职业道德、检察作风等，考核结果分为优秀、称职、基本称职和不称职。二是，实践中有的检察院或者相关部门为了干部交流培养等，可能会安排检察官进行短时间的轮岗、挂职，或者安排检察官承担临时性重要工作等，这种短期内暂时离开检察岗位的情况，检察官职务可能还需要保留，则可以暂不免去检察官职务。

参见 《中华人民共和国公务员法》第 88 条、第 92 条、第 93 条；《中华人民共和国检察官法》第 41 条、第 42 条

第二十一条 【提请不批准违规选举的检察长】 对于不具备本

法规定条件或者违反法定程序被选举为人民检察院检察长的，上一级人民检察院检察长有权提请本级人民代表大会常务委员会不批准。

注释 “不具备本法规定的条件”，主要是指本法第十二条规定的担任检察官的条件和第十四条人民检察院的检察长应当具有法学专业知识和法律职业经历的条件。“违反法定程序”主要是指法律关于选举检察长的有关程序的规定。根据地方各级人民代表大会和地方各级人民政府组织法的相关规定，选举地方各级检察长需按照以下程序进行：（1）提名；（2）差额选举；（3）投票和当选；（4）补选。

值得注意的是，本条是在地方各级人民检察院检察长已经选举产生，且上报至上一级人民检察院后，上一级人民检察院发现该检察长存在不具备本法规定的条件或者违反法定程序被选举情形的，而由上一级人民检察院检察长提请本级人大常委会不批准的规定。若此时任命该检察长的行为尚未生效，待上一级人大常委会关于不批准的决定作出后，下一级人大常委会按照法律规定重新选举本级人民检察院检察长即可。而对地方各级人民检察院检察长的罢免、撤职、撤换等行为，针对的是已经生效的检察长任命决定，应按照地方组织法和人民检察院组织法的相关规定进行。上述几种情形的针对对象与带来的法律后果较为不同，要注意加以区分。

参见 《中华人民共和国宪法》第 137 条、第 138 条；《中华人民共和国人民检察院组织法》第 10 条、第 38 条、第 39 条；《中华人民共和国检察官法》第 12 条、第 14 条、第 18 条；《中华人民共和国地方各级人民代表大会和地方各级人民政府组织法》第 8 条、第 10 条、第 25 条

第二十二条 【撤销检察官的任命】发现违反本法规定的条件任命检察官的，任命机关应当撤销该项任命；上级人民检察院发现下级人民检察院检察官的任命违反本法规定的条件的，应当要求下级人民检察院依法提请任命机关撤销该项任命。

注释 对发现违反本法规定的条件任命检察官的，除由任命

机关撤销任命外，还应当查明原因，对因徇私情或私利，或严重不负责任，导致错误任命的责任人员，以及在个人材料和履历上隐瞒真相、弄虚作假的相关人员，都应当依照相关规定予以法律党纪政纪处理。

参见 《中华人民共和国人民检察院组织法》第10条、第37条、第38条；《中华人民共和国各级人民代表大会常务委员会监督法》第44条

第二十三条 【不得兼任职务的情形】检察官不得兼任人民代表大会常务委员会的组成人员，不得兼任行政机关、监察机关、审判机关的职务，不得兼任企业或者其他营利性组织、事业单位的职务，不得兼任律师、仲裁员和公证员。

注释 需要注意的是，除本条规定的检察官不得兼任特定职务外，检察官兼职还应当遵守公务员法及国家关于公务员兼职的有关规定。检察官属于公务员的一种，本法第六十九条规定，有关检察官的权利、义务和管理制度，本法已有规定的，适用本法的规定；本法未作规定的，适用公务员管理的相关法律法规。《中华人民共和国公务员法》第四十四条规定，公务员因工作需要在机关外兼职，应当经有关机关批准，并不得领取兼职报酬。除公务员法外，国家还有一些关于公务员兼职的规定，检察官也应当遵守。

实践中，需要注意本条与本法第三十八条的关系。本法第三十八条规定，检察官因工作需要，经单位选派或者批准，可以在高等学校、科研院所协助开展实践性教学、研究工作，并遵守国家有关规定。《中共中央关于全面推进依法治国若干重大问题的决定》六、(三)“创新法治人才培养机制”中提出，健全政法部门和法学院校、法学研究机构人员双向交流机制，实施高校和法治工作部门人员互聘计划，重点打造一支政治立场坚定、理论功底深厚、熟悉中国国情的高水平法学家和专家团队，建设高素质学术带头人、骨干教师、专兼职教师队伍。本法第三十八条是为落实上述决定的规定而作出的专门规定，据此，检察官在高等学校、科研院所协助开展实践性教学、研究工作是可以的，但同时应遵守本条不得兼职的

规定。

参见 《中华人民共和国宪法》第65条；《中华人民共和国全国人民代表大会组织法》第23条；《中华人民共和国地方各级人民代表大会和地方各级人民政府组织法》第41条；《中华人民共和国律师法》第11条；《中共中央关于全面推进依法治国若干重大问题的决定》六、(三)

第二十四条 【亲属间不得同时担任职务的情形】 检察官之间有夫妻关系、直系血亲关系、三代以内旁系血亲以及近姻亲关系的，不得同时担任下列职务：

（一）同一人民检察院的检察长、副检察长、检察委员会委员；

（二）同一人民检察院的检察长、副检察长和检察员；

（三）同一业务部门的检察员；

（四）上下相邻两级人民检察院的检察长、副检察长。

注释 根据《党政领导干部任职回避暂行规定》和最高人民检察院制定的有关办法，检察官职务回避，由本人提出回避申请或者所在人民检察院的人事管理部门提出回避要求，按照有关管理权限进行审核，需要回避的，对其职务予以调整，并按照法律及有关规定办理任免手续。检察官在录用、晋升、调配过程中应当如实地向人民检察院申报应回避的亲属情况。各级人民检察院在检察官录用、晋升、调配过程中应当按照任职回避的规定严格审查。

参见 《中华人民共和国公务员法》第74条；《中华人民共和国人民检察院组织法》第4条、第43条；《中共中央关于全面推进依法治国若干重大问题的决定》四；《党政领导干部任职回避暂行规定》第3条

第二十五条 【任职回避的情形】 检察官的配偶、父母、子女有下列情形之一的，检察官应当实行任职回避：

（一）担任该检察官所任职人民检察院辖区内律师事务所的合伙人或者设立人的；

（二）在该检察官所任职人民检察院辖区内以律师身份担任诉

讼代理人、辩护人，或者为诉讼案件当事人提供其他有偿法律服务的。

注释 “所任职人民检察院辖区”，是指所任职人民检察院管辖案件的地域范围。对于最高人民检察院的检察官来说，辖区是全国范围；对于省级人民检察院的检察官来说，辖区是所在省、自治区、直辖市的范围；对于设区的市级人民检察院的检察官来说，辖区是所在的地区；对于基层人民检察院的检察官来说，辖区是所在县（市）区。这里规定的“配偶”，包括检察官的丈夫或者妻子，“父母”包括生父母、养父母和有扶养关系的继父母，“子女”包括检察官的婚生子女、非婚生子女、养子女或者继子女。

参见 《中华人民共和国刑事诉讼法》第 29 条、第 33 条；《从律师和法学专家中公开选拔立法工作者、法官、检察官办法》；《关于对配偶父母子女从事律师职业的法院领导干部和审判执行人员实行任职回避的规定》

第五章　检察官的管理

第二十六条　【检察官员额制】检察官实行员额制管理。检察官员额根据案件数量、经济社会发展情况、人口数量和人民检察院层级等因素确定，在省、自治区、直辖市内实行总量控制、动态管理，优先考虑基层人民检察院和案件数量多的人民检察院办案需要。

检察官员额出现空缺的，应当按照程序及时补充。

最高人民检察院检察官员额由最高人民检察院商有关部门确定。

第二十七条　【检察官单独职务序列管理】检察官实行单独职务序列管理。

检察官等级分为十二级，依次为首席大检察官、一级大检察官、二级大检察官、一级高级检察官、二级高级检察官、三级高级检察官、四级高级检察官、一级检察官、二级检察官、三级检察官、四级检察官、五级检察官。

第二十八条　【首席大检察官】 最高人民检察院检察长为首席大检察官。

第二十九条　【检察官等级确定和晋升】 检察官等级的确定，以检察官德才表现、业务水平、检察工作实绩和工作年限等为依据。

检察官等级晋升采取按期晋升和择优选升相结合的方式，特别优秀或者工作特殊需要的一线办案岗位检察官可以特别选升。

注释 一是德才表现。“德”是指检察官的思想品德状况。包括政治表现，也包括个人品德，遵守社会公德、家庭美德的情况等。“才”是指检察官的才能、能力，包括检察官的法学理论专业水平、办案能力、处理复杂局面化解矛盾的能力、做群众工作的能力等。检察官的德才表现同时也是检察官年度考核的重要内容。

二是业务水平。检察官的业务水平主要是指检察官的检察业务水平，主要包括依法查明案件事实，准确适用法律，按照法定程序和时限要求完成检察工作任务的业务水平，也包括与检察业务相关的总结检察工作规律、调查研究等业务水平。对于担任院领导职务的检察官来说，该检察官对所任职检察院的工作指导水平和管理水平也是业务水平中的重要内容。考察检察官的业务水平，主要是看检察官办理案件的质量和对所任职检察院的管理能力，而不能仅仅看工作量的大小。

三是检察工作实绩。检察官的检察工作实绩是指检察官实际从事检察工作的成绩，包括检察官的办案工作量，完成检察工作的质量情况等。对于检察官检察工作实绩的考察，离不开一些数字和比率，如办案数量、胜诉率、抗诉成功率等，但不能简单地以数字评判检察官的办案质量，而应当根据具体情况作出客观全面的评价。检察官的检察工作实绩是检察官年度考核的重点。

四是工作年限。检察官的工作年限，体现了工作经验的积累和资历的成长，也是确定检察官等级的重要依据。

第三十条　【检察官等级管理的具体办法另行规定】 检察官的等级设置、确定和晋升的具体办法，由国家另行规定。

第三十一条 【初任检察官统一职前培训】初任检察官实行统一职前培训制度。

第三十二条 【检察官培训的内容和原则】对检察官应当有计划地进行政治、理论和业务培训。

检察官的培训应当理论联系实际、按需施教、讲求实效。

注释 按照《检察官培训条例》等相关文件的规定，我国检察院的检察官培训主要分为领导素能培训、任职资格培训、专项业务培训和岗位技能培训等。领导素能培训的对象为地方各级人民检察院正副检察长及其他领导班子成员、检察委员会专职委员和业务部门负责人，内容包括政治理论与形势任务、法学前沿理论、检察改革理论与实践、检察领导与检察管理等；任职资格培训包括初任检察官培训、晋升高级检察官培训。初任检察官培训是指对已通过法律职业资格考试并拟任检察官的人员的培训，注重检察官职业道德和职业规范、检察制度、检察实务和办案技能等方面；晋升高级检察官培训的对象为拟晋升高级检察官的人员，培训内容包括法学前沿理论、检察管理、司法改革理论与实践、高级检察官实务和重大疑难案件分析处理技能等，重点是使其具备高级检察官履职能力；专项业务培训的对象为检察业务部门的检察官，内容包括最新法律和政策、检察业务专题与实务技能等，重点是提高检察官履行本职工作的能力和水平；岗位技能培训的对象为检察业务部门的检察官，内容包括计算机应用技术、电子检务、工作方法与技巧、公文写作与文书处理、外语等，重点是增强检察官岗位通用技能和岗位专门技能。

参见 《中华人民共和国人民检察院组织法》第49条；《检察官培训条例》

第三十三条 【培训作为任职晋升依据】检察官培训情况，作为检察官任职、等级晋升的依据之一。

第三十四条 【检察官培训机构】检察官培训机构按照有关规定承担培训检察官的任务。

第三十五条 【检察官辞职】检察官申请辞职，应当由本人书面提出，经批准后，依照法律规定的程序免除其职务。

第三十六条 【辞退检察官的程序】 辞退检察官应当依照法律规定的程序免除其职务。

辞退检察官应当按照管理权限决定。辞退决定应当以书面形式通知被辞退的检察官，并列明作出决定的理由和依据。

第三十七条 【离任检察官担任诉讼代理人、辩护人的限制】 检察官从人民检察院离任后两年内，不得以律师身份担任诉讼代理人或者辩护人。

检察官从人民检察院离任后，不得担任原任职检察院办理案件的诉讼代理人或者辩护人，但是作为当事人的监护人或者近亲属代理诉讼或者进行辩护的除外。

检察官被开除后，不得担任诉讼代理人或者辩护人，但是作为当事人的监护人或者近亲属代理诉讼或者进行辩护的除外。

注释 这里所规定的“离任”，具体包括退休、辞职、辞退和调离等离开人民检察院，不再担任检察官的情况。检察官在离任后两年内，如果符合刑事诉讼法、民事诉讼法、行政诉讼法关于辩护人、诉讼代理人在律师以外的人员范围的规定，同时所受理案件不属于其原任职检察院办理的案件，而以律师身份以外的其他身份担任辩护人、诉讼代理人是可以的。当然，如果是不再担任检察官，但也没有取得律师执业证书的，还应当遵守《中华人民共和国律师法》第十三条的规定，即没有取得律师执业证书的人员，不得以律师名义从事法律服务业务；除法律另有规定外，不得从事诉讼代理或者辩护业务。

本条第三款规定是2019年检察官法修订新增加的内容。《中共中央关于全面推进依法治国若干重大问题的决定》四、（六）“加强对司法活动的监督”中规定，对因违法违纪被开除公职的司法人员、吊销执业证书的律师和公证员，终身禁止从事法律职业，构成犯罪的要依法追究刑事责任。近年来，实践中一些被开除的检察官，继续以各种名义从事法律服务活动，扰乱法律服务的秩序，损害当事人合法权益，损害法律权威。担任诉讼代理人、辩护人的，应当模范遵守法律，因违法违纪被开除公职的人员也不适宜再担任诉讼代理人、辩护人。本条的规定是落实决定的要求，并与刑事诉讼法等法律规定衔接，从法律上禁止被开除公职的检察官担任诉讼代理人或者辩护人。

参见 《中华人民共和国刑事诉讼法》第33条；《中华人民共和国律师法》第41条；《中共中央关于全面推进依法治国若干重大问题的决定》四、（六）

第三十八条 【协助开展实践性教学、研究工作】 检察官因工作需要，经单位选派或者批准，可以在高等学校、科研院所协助开展实践性教学、研究工作，并遵守国家有关规定。

注释 "遵守国家有关规定"，一方面，要遵守国家有关公务员管理的规定。如不得影响本职工作、不得领取兼职报酬、不得超过一定兼职数量等。另一方面，要遵守有关检察官职业道德、行为规范的规定，维护人民群众对司法公正和权威的信赖。在高校、科研院所不得从事教学、研究之外的工作，更不能有影响司法公正的言行和利益输送。

参见 《中华人民共和国公务员法》第44条；《中共中央关于全面推进依法治国若干重大问题的决定》；《教育部、中央政法委关于坚持德法兼修实施卓越法治人才教育培养计划2.0的意见》；《教育部、中央政法委、最高人民法院、最高人民检察院、公安部、司法部关于实施高等学校与法律实务部门人员互聘"双千计划"的通知》

第六章 检察官的考核、奖励和惩戒

第三十九条 【设立检察官考评委员会】 人民检察院设立检察官考评委员会，负责对本院检察官的考核工作。

第四十条 【检察官考评委员会的组成】 检察官考评委员会的组成人员为五至九人。

检察官考评委员会主任由本院检察长担任。

第四十一条 【检察官考核原则】 对检察官的考核，应当全面、客观、公正，实行平时考核和年度考核相结合。

第四十二条　【检察官考核内容】对检察官的考核内容包括：检察工作实绩、职业道德、专业水平、工作能力、工作作风。重点考核检察工作实绩。

注释　“检察工作实绩”，是指检察官从事检察工作中所取得的成绩，包括检察工作的质量、数量、效率以及所产生的社会效益、受奖励的情况等。“职业道德”，核心是忠诚、公正、清廉、严明。“专业水平”，是指对法学理论学习、掌握和运用的程度。“工作能力”，是指检察官从事检察工作所需的能力，包括办理刑事案件以及其他检察业务的能力。“工作作风”，是指检察官在审理案件的过程中，能否作到勤勉尽责、清正廉明。

参见　《中华人民共和国公务员法》第3条、第35条；《中共中央关于全面推进依法治国若干重大问题的决定》；《关于开展检察官业绩考评工作的若干规定》；《检察人员考核工作指引》

第四十三条　【检察官考核结果】年度考核结果分为优秀、称职、基本称职和不称职四个等次。

考核结果作为调整检察官等级、工资以及检察官奖惩、免职、降职、辞退的依据。

第四十四条　【考核结果的复核】考核结果以书面形式通知检察官本人。检察官对考核结果如果有异议，可以申请复核。

第四十五条　【检察官的奖励】检察官在检察工作中有显著成绩和贡献的，或者有其他突出事迹的，应当给予奖励。

第四十六条　【给予检察官奖励的情形】检察官有下列表现之一的，应当给予奖励：

（一）公正司法，成绩显著的；

（二）总结检察实践经验成果突出，对检察工作有指导作用的；

（三）在办理重大案件、处理突发事件和承担专项重要工作中，做出显著成绩和贡献的；

（四）对检察工作提出改革建议被采纳，效果显著的；

（五）提出检察建议被采纳或者开展法治宣传、解决各类纠纷，效果显著的；

（六）有其他功绩的。

检察官的奖励按照有关规定办理。

第四十七条　【给予检察官处分的情形】检察官有下列行为之一的，应当给予处分；构成犯罪的，依法追究刑事责任：

（一）贪污受贿、徇私枉法、刑讯逼供的；

（二）隐瞒、伪造、变造、故意损毁证据、案件材料的；

（三）泄露国家秘密、检察工作秘密、商业秘密或者个人隐私的；

（四）故意违反法律法规办理案件的；

（五）因重大过失导致案件错误并造成严重后果的；

（六）拖延办案，贻误工作的；

（七）利用职权为自己或者他人谋取私利的；

（八）接受当事人及其代理人利益输送，或者违反有关规定会见当事人及其代理人的；

（九）违反有关规定从事或者参与营利性活动，在企业或者其他营利性组织中兼任职务的；

（十）有其他违纪违法行为的。

检察官的处分按照有关规定办理。

注释　本条第一款第一项规定的“刑讯逼供”，主要是指在办理案件过程中，为了获得当事人的口供或者有关证人的证言，而对当事人或者证人使用暴力或者进行肉体折磨、精神折磨。《中华人民共和国刑法》第二百四十七条规定，司法工作人员对犯罪嫌疑人、被告人实行刑讯逼供或者使用暴力逼取证人证言的，处三年以下有期徒刑或者拘役。致人伤残、死亡的，依照刑法第二百三十四条规定的伤害罪、第二百三十二条规定的杀人罪定罪从重处罚。

本条第一款第四项规定的故意违反法律法规办理案件，既包括违反程序法律法规，也包括违反实体法律法规。需要说明的是，认定检察官故意违反法律法规办理案件，需要检察官惩戒委员会提出审查意见。本法第四十九条中规定，最高人民检察院和省、自治区、直辖市设立检察官惩戒委员会，负责从专业角度审查认定检察官是否存在本法第四十七条第四项、第五项规定的违反检察职责的行为，提出构成故意违反职责、存在重大过失、存在一般过失或者没有违反职责等审查意见。非经检察官惩戒委员会审查认定，不能以“故意违反法律法规办理案件”规定追究检察官责任。

本条第一款第五项规定的“因重大过失导致案件错误并造成严重后果的”，是指由于重大疏忽或者对工作缺乏责任心而导致案件错误，并造成公共财产、国家和人民利益遭受重大损失，或者导致当事人利益遭受重大损失等严重后果的。认定检察官“因重大过失导致案件错误并造成严重后果的”，也需要检察官惩戒委员会提出审查意见。

参见 《中华人民共和国公务员法》第59条；《中华人民共和国刑法》第382条、第385条、第398条；《中华人民共和国保守国家秘密法》第3条；《保护司法人员依法履行法定职责规定》第11条；《中华人民共和国公职人员政务处分法》

第四十八条 【暂停检察官履行职务】 检察官涉嫌违纪违法，已经被立案调查、侦查，不宜继续履行职责的，按照管理权限和规定的程序暂时停止其履行职务。

第四十九条 【检察官惩戒委员会】 最高人民检察院和省、自治区、直辖市设立检察官惩戒委员会，负责从专业角度审查认定检察官是否存在本法第四十七条第四项、第五项规定的违反检察职责的行为，提出构成故意违反职责、存在重大过失、存在一般过失或者没有违反职责等审查意见。检察官惩戒委员会提出审查意见后，人民检察院依照有关规定作出是否予以惩戒的决定，并给予相应处理。

检察官惩戒委员会由检察官代表、其他从事法律职业的人员和有关方面代表组成，其中检察官代表不少于半数。

最高人民检察院检察官惩戒委员会、省级检察官惩戒委员会的日常工作，由相关人民检察院的内设职能部门承担。

第五十条 【检察官在惩戒审议中的权利】 检察官惩戒委员会

审议惩戒事项时，当事检察官有权申请有关人员回避，有权进行陈述、举证、辩解。

第五十一条　【对惩戒审查意见的异议及处理】检察官惩戒委员会作出的审查意见应当送达当事检察官。当事检察官对审查意见有异议的，可以向惩戒委员会提出，惩戒委员会应当对异议及其理由进行审查，作出决定。

第五十二条　【惩戒审议具体程序的制度】检察官惩戒委员会审议惩戒事项的具体程序，由最高人民检察院商有关部门确定。

第七章　检察官的职业保障

第五十三条　【检察官权益保障委员会】人民检察院设立检察官权益保障委员会，维护检察官合法权益，保障检察官依法履行职责。

第五十四条　【非因法定事由不得调离检察业务岗位】除下列情形外，不得将检察官调离检察业务岗位：

（一）按规定需要任职回避的；

（二）按规定实行任职交流的；

（三）因机构调整、撤销、合并或者缩减编制员额需要调整工作的；

（四）因违纪违法不适合在检察业务岗位工作的；

（五）法律规定的其他情形。

第五十五条　【禁止干涉检察官履职】任何单位或者个人不得要求检察官从事超出法定职责范围的事务。

对任何干涉检察官办理案件的行为，检察官有权拒绝并予以全面如实记录和报告；有违纪违法情形的，由有关机关根据情节轻重追究有关责任人员、行为人的责任。

第五十六条　【检察官的职业尊严和人身安全保护】检察官的职业尊严和人身安全受法律保护。

任何单位和个人不得对检察官及其近亲属打击报复。

对检察官及其近亲属实施报复陷害、侮辱诽谤、暴力侵害、威胁恐吓、滋事骚扰等违法犯罪行为的，应当依法从严惩治。

第五十七条　【检察官名誉保障】检察官因依法履行职责遭受不实举报、诬告陷害、侮辱诽谤，致使名誉受到损害的，人民检察院应当会同有关部门及时澄清事实，消除不良影响，并依法追究相关单位或者个人的责任。

第五十八条　【检察官及其近亲属人身安全保障】检察官因依法履行职责，本人及其近亲属人身安全面临危险的，人民检察院、公安机关应当对检察官及其近亲属采取人身保护、禁止特定人员接触等必要保护措施。

第五十九条　【检察官的工资制度】检察官实行与其职责相适应的工资制度，按照检察官等级享有国家规定的工资待遇，并建立与公务员工资同步调整机制。

检察官的工资制度，根据检察工作特点，由国家另行规定。

第六十条　【检察官定期增资制度】检察官实行定期增资制度。

经年度考核确定为优秀、称职的，可以按照规定晋升工资档次。

第六十一条　【津贴、补贴、奖金、保险和福利待遇】检察官享受国家规定的津贴、补贴、奖金、保险和福利待遇。

第六十二条　【伤残待遇、抚恤和优待】检察官因公致残的，享受国家规定的伤残待遇。检察官因公牺牲、因公死亡或者病故的，其亲属享受国家规定的抚恤和优待。

第六十三条　【检察官退休制度另行规定】检察官的退休制度，根据检察工作特点，由国家另行规定。

第六十四条　【检察官退休后的待遇】检察官退休后，享受国家规定的养老金和其他待遇。

第六十五条　【检察官的控告权】对于国家机关及其工作人员侵犯本法第十一条规定的检察官权利的行为，检察官有权提出控告。

第六十六条　【对检察官处分或人事处理错误的纠正措施】对检察官处分或者人事处理错误的，应当及时予以纠正；造成名誉损害的，应当恢复名誉、消除影响、赔礼道歉；造成经济损失的，应当赔偿。对打击报复的直接责任人员，应当依法追究其责任。

第八章　附　则

第六十七条　【统一法律职业资格考试】国家对初任检察官实行统一法律职业资格考试制度，由国务院司法行政部门商最高人民检察院等有关部门组织实施。

第六十八条　【加强检察官助理队伍建设】人民检察院的检察官助理在检察官指导下负责审查案件材料、草拟法律文书等检察辅助事务。

人民检察院应当加强检察官助理队伍建设，为检察官遴选储备人才。

注释　人民检察院的检察官助理在检察官指导下负责审查案件材料、草拟法律文书等检察辅助事务。检察官助理工作具有辅助性、专业性的特点，不享有签发法律文书、出庭支持公诉的权利。按照权利义务相一致的原则，在其职权范围内承担相应的法律责任。在追究司法责任时，应当正确区分责任。

第六十九条　【检察官法和公务员法的衔接适用】有关检察官的权利、义务和管理制度，本法已有规定的，适用本法的规定；本法未作规定的，适用公务员管理的相关法律法规。

参见　《中华人民共和国公务员法》第3条、第53条、第55条、第59条、第62条、第64条、第86条、第88条、第89条、第95条

第七十条　【施行日期】本法自2019年10月1日起施行。

中华人民共和国人民检察院组织法

（1979年7月1日第五届全国人民代表大会第二次会议通过　根据1983年9月2日第六届全国人民代表大会常务委员会第二次会议《关于修改〈中华人民共和国人民检察院组织法〉的决定》第一次修正　根据1986年12月2日第六届全国人民代表大会常务委员会第十八次会议《关于修改〈中华人民共和国地方各级人民代表大会和地方各级人民政府组织法〉的决定》第二次修正　2018年10月26日第十三届全国人民代表大会常务委员会第六次会议修订）

第一章　总　　则

第一条　为了规范人民检察院的设置、组织和职权，保障人民检察院依法履行职责，根据宪法，制定本法。

第二条　人民检察院是国家的法律监督机关。

人民检察院通过行使检察权，追诉犯罪，维护国家安全和社会秩序，维护个人和组织的合法权益，维护国家利益和社会公共利益，保障法律正确实施，维护社会公平正义，维护国家法制统一、尊严和权威，保障中国特色社会主义建设的顺利进行。

第三条　人民检察院依照宪法、法律和全国人民代表大会常务委员会的决定设置。

第四条　人民检察院依照法律规定独立行使检察权，不受行政机关、社会团体和个人的干涉。

第五条　人民检察院行使检察权在适用法律上一律平等，不允许任何组织和个人有超越法律的特权，禁止任何形式的歧视。

第六条　人民检察院坚持司法公正，以事实为根据，以法律为准绳，遵守法定程序，尊重和保障人权。

第七条 人民检察院实行司法公开，法律另有规定的除外。

第八条 人民检察院实行司法责任制，建立健全权责统一的司法权力运行机制。

第九条 最高人民检察院对全国人民代表大会及其常务委员会负责并报告工作。地方各级人民检察院对本级人民代表大会及其常务委员会负责并报告工作。

各级人民代表大会及其常务委员会对本级人民检察院的工作实施监督。

第十条 最高人民检察院是最高检察机关。

最高人民检察院领导地方各级人民检察院和专门人民检察院的工作，上级人民检察院领导下级人民检察院的工作。

第十一条 人民检察院应当接受人民群众监督，保障人民群众对人民检察院工作依法享有知情权、参与权和监督权。

第二章 人民检察院的设置和职权

第十二条 人民检察院分为：

（一）最高人民检察院；

（二）地方各级人民检察院；

（三）军事检察院等专门人民检察院。

第十三条 地方各级人民检察院分为：

（一）省级人民检察院，包括省、自治区、直辖市人民检察院；

（二）设区的市级人民检察院，包括省、自治区辖市人民检察院，自治州人民检察院，省、自治区、直辖市人民检察院分院；

（三）基层人民检察院，包括县、自治县、不设区的市、市辖区人民检察院。

第十四条 在新疆生产建设兵团设立的人民检察院的组织、案件管辖范围和检察官任免，依照全国人民代表大会常务委员会的有关规定。

第十五条 专门人民检察院的设置、组织、职权和检察官任免，由全国人民代表大会常务委员会规定。

第十六条 省级人民检察院和设区的市级人民检察院根据检察工作需要，经最高人民检察院和省级有关部门同意，并提请本级人民代表大会常务委员会批准，可以在辖区内特定区域设立人民检察院，作为派出机构。

第十七条 人民检察院根据检察工作需要，可以在监狱、看守所等场所设立检察室，行使派出它的人民检察院的部分职权，也可以对上述场所进行巡回检察。

省级人民检察院设立检察室，应当经最高人民检察院和省级有关部门同意。设区的市级人民检察院、基层人民检察院设立检察室，应当经省级人民检察院和省级有关部门同意。

第十八条 人民检察院根据检察工作需要，设必要的业务机构。检察官员额较少的设区的市级人民检察院和基层人民检察院，可以设综合业务机构。

第十九条 人民检察院根据工作需要，可以设必要的检察辅助机构和行政管理机构。

第二十条 人民检察院行使下列职权：

（一）依照法律规定对有关刑事案件行使侦查权；

（二）对刑事案件进行审查，批准或者决定是否逮捕犯罪嫌疑人；

（三）对刑事案件进行审查，决定是否提起公诉，对决定提起公诉的案件支持公诉；

（四）依照法律规定提起公益诉讼；

（五）对诉讼活动实行法律监督；

（六）对判决、裁定等生效法律文书的执行工作实行法律监督；

（七）对监狱、看守所的执法活动实行法律监督；

（八）法律规定的其他职权。

第二十一条 人民检察院行使本法第二十条规定的法律监督职权，可以进行调查核实，并依法提出抗诉、纠正意见、检察建议。有关单位应当予以配合，并及时将采纳纠正意见、检察建议的情况书面回复人民检察院。

抗诉、纠正意见、检察建议的适用范围及其程序，依照法律有关规定。

第二十二条 最高人民检察院对最高人民法院的死刑复核活动实行监督；对报请核准追诉的案件进行审查，决定是否追诉。

第二十三条 最高人民检察院可以对属于检察工作中具体应用法律的问题进行解释。

最高人民检察院可以发布指导性案例。

第二十四条 上级人民检察院对下级人民检察院行使下列职权：

(一) 认为下级人民检察院的决定错误的，指令下级人民检察院纠正，或者依法撤销、变更；

(二) 可以对下级人民检察院管辖的案件指定管辖；

(三) 可以办理下级人民检察院管辖的案件；

(四) 可以统一调用辖区的检察人员办理案件。

上级人民检察院的决定，应当以书面形式作出。

第二十五条 下级人民检察院应当执行上级人民检察院的决定；有不同意见的，可以在执行的同时向上级人民检察院报告。

第二十六条 人民检察院检察长或者检察长委托的副检察长，可以列席同级人民法院审判委员会会议。

第二十七条 人民监督员依照规定对人民检察院的办案活动实行监督。

第三章 人民检察院的办案组织

第二十八条 人民检察院办理案件，根据案件情况可以由一名检察官独任办理，也可以由两名以上检察官组成办案组办理。

由检察官办案组办理的，检察长应当指定一名检察官担任主办检察官，组织、指挥办案组办理案件。

第二十九条 检察官在检察长领导下开展工作，重大办案事项由检察长决定。检察长可以将部分职权委托检察官行使，可以授权检察官签发法律文书。

第三十条 各级人民检察院设检察委员会。检察委员会由检察长、副检察长和若干资深检察官组成，成员应当为单数。

第三十一条 检察委员会履行下列职能：

（一）总结检察工作经验；

（二）讨论决定重大、疑难、复杂案件；

（三）讨论决定其他有关检察工作的重大问题。

最高人民检察院对属于检察工作中具体应用法律的问题进行解释、发布指导性案例，应当由检察委员会讨论通过。

第三十二条 检察委员会召开会议，应当有其组成人员的过半数出席。

检察委员会会议由检察长或者检察长委托的副检察长主持。检察委员会实行民主集中制。

地方各级人民检察院的检察长不同意本院检察委员会多数人的意见，属于办理案件的，可以报请上一级人民检察院决定；属于重大事项的，可以报请上一级人民检察院或者本级人民代表大会常务委员会决定。

第三十三条 检察官可以就重大案件和其他重大问题，提请检察长决定。检察长可以根据案件情况，提交检察委员会讨论决定。

检察委员会讨论案件，检察官对其汇报的事实负责，检察委员会委员对本人发表的意见和表决负责。检察委员会的决定，检察官应当执行。

第三十四条 人民检察院实行检察官办案责任制。检察官对其职权范围内就案件作出的决定负责。检察长、检察委员会对案件作出决定的，承担相应责任。

第四章 人民检察院的人员组成

第三十五条 人民检察院的检察人员由检察长、副检察长、检察委员会委员和检察员等人员组成。

第三十六条 人民检察院检察长领导本院检察工作，管理本院行政事务。人民检察院副检察长协助检察长工作。

第三十七条 最高人民检察院检察长由全国人民代表大会选举和罢免，副检察长、检察委员会委员和检察员由检察长提请全国人民代表大会常务委员会任免。

第三十八条 地方各级人民检察院检察长由本级人民代表大会选举和罢免，副检察长、检察委员会委员和检察员由检察长提请本级人民代表大会常务委员会任免。

地方各级人民检察院检察长的任免，须报上一级人民检察院检察长提请本级人民代表大会常务委员会批准。

省、自治区、直辖市人民检察院分院检察长、副检察长、检察委员会委员和检察员，由省、自治区、直辖市人民检察院检察长提请本级人民代表大会常务委员会任免。

第三十九条 人民检察院检察长任期与产生它的人民代表大会每届任期相同。

全国人民代表大会常务委员会和省、自治区、直辖市人民代表大会常务委员会根据本级人民检察院检察长的建议，可以撤换下级人民检察院检察长、副检察长和检察委员会委员。

第四十条 人民检察院的检察官、检察辅助人员和司法行政人员实行分类管理。

第四十一条 检察官实行员额制。检察官员额根据案件数量、经济社会发展情况、人口数量和人民检察院层级等因素确定。

最高人民检察院检察官员额由最高人民检察院商有关部门确定。地方各级人民检察院检察官员额，在省、自治区、直辖市内实行总量控制、动态管理。

第四十二条 检察官从取得法律职业资格并且具备法律规定的其他条件的人员中选任。初任检察官应当由检察官遴选委员会进行专业能力审核。上级人民检察院的检察官一般从下级人民检察院的检察官中择优遴选。

检察长应当具有法学专业知识和法律职业经历。副检察长、检察委员会委员应当从检察官、法官或者其他具备检察官、法官条件的人员中产生。

检察官的职责、管理和保障，依照《中华人民共和国检察官法》的规定。

第四十三条 人民检察院的检察官助理在检察官指导下负责审查案件材料、草拟法律文书等检察辅助事务。

符合检察官任职条件的检察官助理，经遴选后可以按照检察官任免程序任命为检察官。

第四十四条 人民检察院的书记员负责案件记录等检察辅助事务。

第四十五条 人民检察院的司法警察负责办案场所警戒、人员押解和看管等警务事项。

司法警察依照《中华人民共和国人民警察法》管理。

第四十六条 人民检察院根据检察工作需要，可以设检察技术人员，负责与检察工作有关的事项。

第五章 人民检察院行使职权的保障

第四十七条 任何单位或者个人不得要求检察官从事超出法定职责范围的事务。

对于领导干部等干预司法活动、插手具体案件处理，或者人民检察院内部人员过问案件情况的，办案人员应当全面如实记录并报告；有违法违纪情形的，由有关机关根据情节轻重追究行为人的责任。

第四十八条 人民检察院采取必要措施，维护办案安全。对妨碍人民检察院依法行使职权的违法犯罪行为，依法追究法律责任。

第四十九条 人民检察院实行培训制度，检察官、检察辅助人员和司法行政人员应当接受理论和业务培训。

第五十条 人民检察院人员编制实行专项管理。

第五十一条 人民检察院的经费按照事权划分的原则列入财政预算，保障检察工作需要。

第五十二条 人民检察院应当加强信息化建设，运用现代信息技术，促进司法公开，提高工作效率。

第六章　附　则

第五十三条　本法自2019年1月1日起施行。

中华人民共和国检察官职业道德基本准则

（2016年11月4日最高人民检察院第十二届检察委员会第五十七次会议通过）

第一条　坚持忠诚品格，永葆政治本色。

第二条　坚持为民宗旨，保障人民权益。

第三条　坚持担当精神，强化法律监督。

第四条　坚持公正理念，维护法制统一。

第五条　坚持廉洁操守，自觉接受监督。

《准则》从印发之日起实施，《中华人民共和国检察官职业道德基本准则（试行）》同时废止。

最高人民检察院关于完善人民检察院司法责任制的若干意见

（2015年9月25日）

为更好地保障人民检察院依法独立公正行使检察权，提高司法公信力，现就完善人民检察院司法责任制提出如下意见。

一、目标和基本原则

1. 完善人民检察院司法责任制的目标是：健全司法办案组织，科学界定内部司法办案权限，完善司法办案责任体系，构建公正高效的检察权运行机制和公平合理的司法责任认定、追究机制，做到谁办案谁负责、谁决定谁负责。

2. 完善人民检察院司法责任制的基本原则是：坚持遵循司法规律，符合检察职业特点；坚持突出检察官办案主体地位与加强监督制约相结合；坚持权责明晰，权责相当；坚持主观过错与客观行为相一致，责任与处罚相适应。

二、健全司法办案组织及运行机制

3. 推行检察官办案责任制。实行检察人员分类管理，落实检察官员额制。检察官必须在司法一线办案，并对办案质量终身负责。担任院领导职务的检察官办案要达到一定数量。业务部门负责人须由检察官担任。

4. 健全司法办案组织形式。根据履行职能需要、案件类型及复杂难易程度，实行独任检察官或检察官办案组的办案组织形式。

独任检察官承办案件，配备必要的检察辅助人员。

检察官办案组由两名以上检察官组成，配备必要的检察辅助人员。检察官办案组可以相对固定设置，也可以根据司法办案需要临时组成，办案组负责人为主任检察官。

5. 审查逮捕、审查起诉案件，一般由独任检察官承办，重大、疑难、复杂案件也可以由检察官办案组承办。独任检察官、主任检察官对检察长（分管副检察长）负责，在职权范围内对办案事项作出决定。

6. 人民检察院直接受理立案侦查的案件，一般由检察官办案组承办，简单案件也可以由独任检察官承办。决定初查、立案、侦查终结等事项，由主任检察官或独任检察官提出意见，经职务犯罪侦查部门负责人审核后报检察长（分管副检察长）决定。

7. 诉讼监督等其他法律监督案件，可以由独任检察官承办，也可以由检察官办案组承办。独任检察官、主任检察官对检察长（分管副检察长）负责，在职权范围内对办案事项作出决定。以人民检察院名义提出纠正违法意见、检察建议、终结审查、不支持监督申请或提出（提请）抗诉的，由检察长（分管副检察长）或检察委员会决定。

8. 检察长（分管副检察长）参加检察官办案组或独任承办案件的，可以在职权范围内对办案事项作出决定。

9. 以人民检察院名义制发的法律文书，由检察长（分管副检察长）签发。

10. 检察长（分管副检察长）有权对独任检察官、检察官办案组承办的案件进行审核。检察长（分管副检察长）不同意检察官处理意见，可以要求检察官复核或提请检察委员会讨论决定，也可以直接作出决定。要求复核的意见、决定应当以书面形式作出，归入案件卷宗。

检察官执行检察长（分管副检察长）决定时，认为决定错误的，可以提出异议；检察长（分管副检察长）不改变该决定，或要求立即执行的，检察官应当执行，执行的后果由检察长（分管副检察长）负责，检察官不承担司法责任。检察官执行检察长（分管副检察长）明显违法的决定的，应当承担相应的司法责任。

三、健全检察委员会运行机制

11. 提高检察委员会工作法治化、民主化、科学化水平，发挥检察委员会对重大案件和其他重大问题的决策、指导和监督功能。检察委员会讨论决定的案件，主要是本院办理的重大、疑难、复杂案件，涉及国家安全、外交、社会稳定的案件，下一级人民检察院提请复议的案件。

12. 检察委员会由检察长、副检察长、专职委员和部分资深检察员组成。

13. 检察官可以就承办的案件提出提请检察委员会讨论的请求，依程序报检察长决定。

14. 检察委员会对案件进行表决前，应当进行充分讨论。表决实行主持人末位表态制。检察委员会会议由专门人员如实记录，并按照规定存档备查。

15. 完善检察委员会决策咨询机制。建立健全专家咨询委员会、专业研究小组等检察委员会决策辅助机构。检察委员会讨论案件，可以邀请有关专家到场发表咨询意见。

四、明确检察人员职责权限

16. 检察长统一领导人民检察院的工作，依照法律和有关规定履行以下职责：

（一）决定是否逮捕或是否批准逮捕犯罪嫌疑人；

（二）决定是否起诉；

（三）决定是否提出抗诉、检察建议、纠正违法意见或提请抗诉，决定终结审查、不支持监督申请；

（四）对人民检察院直接受理立案侦查的案件，决定立案、不立案、撤销案件以及复议、复核、复查；

（五）对人民检察院直接受理立案侦查的案件，决定采取强制措施，决定采取查封、扣押、冻结财产等重要侦查措施；

（六）决定将案件提请检察委员会讨论，主持检察委员会会议；

（七）决定检察人员的回避；

（八）主持检察官考评委员会对检察官进行考评；

（九）组织研究检察工作中的重大问题；

（十）法律规定应当由检察长履行的其他职责。

副检察长、检察委员会专职委员受检察长委托，可以履行前款规定的相关职责。

17. 检察官依照法律规定和检察长委托履行职责。

检察官承办案件，依法应当讯问犯罪嫌疑人、被告人的，至少亲自讯问一次。

下列办案事项应当由检察官亲自承担：

（一）询问关键证人和对诉讼活动具有重要影响的其他诉讼参与人；

（二）对重大案件组织现场勘验、检查，组织实施搜查，组织实施查封、扣押物证、书证，决定进行鉴定；

（三）组织收集、调取、审核证据；

（四）主持公开审查、宣布处理决定；

（五）代表检察机关当面提出监督意见；

（六）出席法庭；

（七）其他应当由检察官亲自承担的事项。

18. 主任检察官除履行检察官职责外，还应当履行以下职责：

（一）负责办案组承办案件的组织、指挥、协调以及对办案组成员的管理工作；

（二）在职权范围内对办案事项作出处理决定或提出处理意见。

19. 业务部门负责人除作为检察官承办案件外，还应当履行以下职责：

（一）组织研究涉及本部门业务的法律政策问题；

（二）组织对下级人民检察院相关业务部门办案工作的指导；

（三）召集检察官联席会议，对重大、疑难、复杂案件进行讨论，为承办案件的检察官或检察官办案组提供参考意见；

（四）负责本部门司法行政管理工作；

（五）应当由业务部门负责人履行的其他职责。

20. 检察官助理在检察官的指导下履行以下职责：

（一）讯问犯罪嫌疑人、被告人，询问证人和其他诉讼参与人；

（二）接待律师及案件相关人员；

（三）现场勘验、检查，实施搜查，实施查封、扣押物证、书证；

（四）收集、调取、核实证据；

（五）草拟案件审查报告，草拟法律文书；

（六）协助检察官出席法庭；

（七）完成检察官交办的其他办案事项。

21. 省级人民检察院结合本地实际，根据检察业务类别、办案组织形式，制定辖区内各级人民检察院检察官权力清单，可以将检察长的部分职权委托检察官行使。各省级人民检察院制定的权力清单报最高人民检察院备案。

五、健全检察管理与监督机制

22. 加强上级人民检察院对下级人民检察院司法办案工作的领导。上级人民检察院可以指令下级人民检察院纠正错误决定，或依法撤销、变更下级人民检察院对案件的决定；可以对下级人民检察院管辖的案件指定异地管辖；可以在辖区内人民检察院之间调配检察官异地履行职务。

上级人民检察院对下级人民检察院司法办案工作的指令，应当由检察长决定或由检察委员会讨论决定，以人民检察院的名义作出。

23. 下级人民检察院就本院正在办理的案件的处理或检察工作中的重大问题请示上级人民检察院的，应当经本院检察委员会讨论。在请示中应当载明检察委员会讨论情况，包括各种意见及其理由以及检察长意见。

24. 司法办案工作应当在统一业务应用系统上运行，实现办案信息网上录入、办案流程网上管理、办案活动网上监督。检察长（分管副检察长）和业务部门负责人对办案工作审核、审批，应当在统一业务应用系统上进行。

25. 人民检察院案件管理部门对司法办案工作实行统一集中管理，全面记录办案流程信息，全程、同步、动态监督办案活动，对办结后的案件质量进行评查。

26. 建立随机分案为主、指定分案为辅的案件承办确定机制。重大、疑难、复杂案件可以由检察长指定检察官办案组或独任检察官承办。

27. 当事人举报投诉检察官违法办案，律师申诉、控告检察官阻碍其依法行使诉讼权利，或有迹象表明检察官违法办案的，检察长可以要求检察官报告办案情况。检察长认为确有必要的，可以更换承办案件的检察官，并将相关情况记录在案。

28. 建立以履职情况、办案数量、办案质效、司法技能、外部评价等为主要内容的检察官业绩评价体系。评价结果作为检察官任职和晋职晋级的重要依据。

29. 建立办案质量评价机制，以常规抽查、重点评查、专项评查等方式对办案质量进行专业评价。评价结果应当在一定范围内公开。

30. 构建开放动态透明便民的阳光司法机制。建立健全案件程序性信息查询平台、重要案件信息发布平台、法律文书公开平台、辩护与代理预约平台，推进新媒体公开平台建设。

31. 自觉接受人大、政协、社会各界、新闻媒体以及人民监督员的监督，依法保障律师执业权利。进一步完善内部制约机制，加强纪检监察机构的监督。

六、严格司法责任认定和追究

32. 检察人员应当对其履行检察职责的行为承担司法责任，在职责范围内对办案质量终身负责。

司法责任包括故意违反法律法规责任、重大过失责任和监督管理责任。检察人员与司法办案活动无关的其他违纪违法行为，依照法律及《检察人员纪律处分条例（试行)》等有关规定处理。

33. 司法办案工作中虽有错案发生，但检察人员履行职责中尽到必要注意义务，没有故意或重大过失的，不承担司法责任。

检察人员在事实认定、证据采信、法律适用、办案程序、文书制作以及司法作风等方面不符合法律和有关规定，但不影响案件结论的正确性和效力的，属司法瑕疵，依照相关纪律规定处理。

34. 检察人员在司法办案工作中，故意实施下列行为之一的，应当承担司法责任：

（一）包庇、放纵被举报人、犯罪嫌疑人、被告人，或使无罪的人受到刑事追究的；

（二）毁灭、伪造、变造或隐匿证据的；

（三）刑讯逼供、暴力取证或以其他非法方法获取证据的；

（四）违反规定剥夺、限制当事人、证人人身自由的；

（五）违反规定限制诉讼参与人行使诉讼权利，造成严重后果或恶劣影响的；

（六）超越刑事案件管辖范围初查、立案的；

（七）非法搜查或损毁当事人财物的；

（八）违法违规查封、扣押、冻结、保管、处理涉案财物的；

（九）对已经决定给予刑事赔偿的案件拒不赔偿或拖延赔偿的；

（十）违法违规使用武器、警械的；

（十一）其他违反诉讼程序或司法办案规定，造成严重后果或恶劣影响的。

35. 检察人员在司法办案工作中有重大过失，怠于履行或不正确履行职责，造成下列后果之一的，应当承担司法责任：

（一）认定事实、适用法律出现重大错误，或案件被错误处理的；

（二）遗漏重要犯罪嫌疑人或重大罪行的；

（三）错误羁押或超期羁押犯罪嫌疑人、被告人的；

（四）涉案人员自杀、自伤、行凶的；

（五）犯罪嫌疑人、被告人串供、毁证、逃跑的；

（六）举报控告材料或其他案件材料、扣押财物遗失、严重损毁的；

（七）举报控告材料内容或其他案件秘密泄露的；

（八）其他严重后果或恶劣影响的。

36. 负有监督管理职责的检察人员因故意或重大过失怠于行使或不当行使监督管理权，导致司法办案工作出现严重错误的，应当承担相应的司法责任。

37. 独任检察官承办并作出决定的案件，由独任检察官承担责任。

检察官办案组承办的案件，由其负责人和其他检察官共同承担责任。办案组负责人对职权范围内决定的事项承担责任，其他检察官对自己的行为承担责任。

属于检察长（副检察长）或检察委员会决定的事项，检察官对事实和证据负责，检察长（副检察长）或检察委员会对决定事项负责。

38. 检察辅助人员参与司法办案工作的，根据职权和分工承担相应的责任。检察官有审核把关责任的，应当承担相应的责任。

39. 检察长（副检察长）除承担监督管理的司法责任外，对在职权范围内作出的有关办案事项决定承担完全责任。对于检察官在职权范围内作出决定的事项，检察长（副检察长）不因签发法律文书承担司法责任。检察官根据检察长（副检察长）的要求进行复核并改变原处理意见的，由检察长（副检察长）与检察官共同承担责任。检察长（副检察长）改变检察官决定的，对改变部分承担责任。

40. 检察官向检察委员会汇报案件时，故意隐瞒、歪曲事实，遗漏重要事实、证据或情节，导致检察委员会作出错误决定的，由检察官承担责任；检察委员会委员根据错误决定形成的具体原因和主观过错情况承担部分责任或不承担责任。

41. 上级人民检察院不采纳或改变下级人民检察院正确意见的，应当由上级人民检察院有关人员承担相应的责任。

下级人民检察院有关人员故意隐瞒、歪曲事实，遗漏重要事实、证据或情节，导致上级人民检察院作出错误命令、决定的，由下级人民检察院有关人员承担责任；上级人民检察院有关人员有过错的，应当承担相应的责任。

42. 人民检察院纪检监察机构受理对检察人员在司法办案工作中违纪违法行为和司法过错行为的检举控告，并进行调查核实。

对检察人员承办的案件发生被告人被宣告无罪，国家承担赔偿责任，确认发生冤假错案，犯罪嫌疑人、被告人逃跑或死亡、伤残等情形的，应当核查是否存在应予追究司法责任的情形。

43. 人民检察院纪检监察机构经调查后认为应当追究检察官故意违反法律法规责任或重大过失责任的，应当报请检察长决定后，移送省、自治区、直辖市检察官惩戒委员会审议。

人民检察院纪检监察机构应当及时向检察官惩戒委员会通报当事检察官的故意违反法律法规或重大过失事实及拟处理建议、依据，并就其故意违反法律法规或重大过失承担举证责任。当事检察官有权进行陈述、辩解、申请复议。

检察官惩戒委员会根据查明的事实和法律规定作出无责、免责或给予惩戒处分的建议。

检察官惩戒委员会工作章程另行制定。

44. 对经调查属实应当承担司法责任的人员，根据《检察官法》《检察人员纪律处分条例（试行）》《检察人员执法过错责任追究条例》等有关规定，分别按照下列程序作出相应处理：

（一）应当给予停职、延期晋升、调离司法办案工作岗位以及免职、责令辞职、辞退等处理的，由组织人事部门按照干部管理权限和程序办理；

（二）应当给予纪律处分的，由人民检察院纪检监察机构依照有关规定和程序办理；

（三）涉嫌犯罪的，由人民检察院纪检监察机构将犯罪线索移送司法机关处理。

45. 检察人员不服处理决定的，有权依照《人民检察院监察工作条例》等有关规定提出申诉。

46. 检察官依法履职受法律保护。非因法定事由、非经法定程序，不得将检察官调离、辞退或作出免职、降级等处分。检察官依法办理案件不受行政机关、社会团体和个人的干涉。检察官对法定职责范围之外的事务有权拒绝执行。

七、其他

47. 本意见适用于中央确定的司法体制改革综合试点地区确定的试点检察院，其他检察院可以参照执行。

48. 本意见由最高人民检察院负责解释。

检察官惩戒工作程序规定（试行）

（2022年3月5日）

第一条 为了严格落实司法责任制，健全检察官惩戒制度，规范检察官惩戒工作，促进和保障检察官依法履职，根据《中华人民共和国公务员法》《中华人民共和国公职人员政务处分法》《中华人民共和国人民检察院组织法》《中华人民共和国检察官法》等法律法规及有关文件规定，制定本规定。

第二条 检察官惩戒工作应当坚持党管干部原则；坚持遵循司法规律，体现检察职业特点；坚持实事求是、客观公正；坚持严肃追责与依法保护有机统一；坚持责任与过错相适应，惩戒与教育相结合。

第三条 人民检察院对检察官司法履职中实施违反检察职责的行为，应当追究司法责任予以惩戒的，依照本规定办理。

第四条 检察官惩戒工作由人民检察院与检察官惩戒委员会分工负责。

人民检察院依照《人民检察院司法责任追究条例》的规定，按照干部管理权限对检察官涉嫌违反检察职责的行为进行调查核实，并根据检察官惩戒委员会的审查意见，依照有关规定作出是否予以惩戒的决定，并给予相应处理。

检察官惩戒委员会负责从专业角度审查认定检察官是否存在《中华人民共和国检察官法》第四十七条第四项、第五项规定的违反检察职责的行为，提出构成故意违反职责、存在重大过失、存在一般过失或者没有违反职责等审查意见。

第五条 最高人民检察院和省、自治区、直辖市设立检察官惩戒委员会。

检察官惩戒委员会委员应当从政治素质高、专业能力强、职业操守好的人大代表、政协委员、法学专家、律师、检察官和法官等专业人员中选任。其中，委员总人数应为单数，检察官委员不少于半数。

第六条 最高人民检察院和省、自治区、直辖市检察官惩戒委员会的日常工作，由相关人民检察院检务督察部门承担。

第七条 检察官惩戒委员会审议惩戒事项实行分级负责制。最高人民检察院检察官惩戒委员会负责审议最高人民检察院检察官的惩戒事项，省、自治区、直辖市检察官惩戒委员会负责审议辖区内检察官的惩戒事项。

第八条 检察官惩戒委员会委员、惩戒案件审查调查人员有下列情形之一的，应当自行回避，当事检察官也有权要求其回避：

（一）本人是当事检察官或检察官的近亲属；

（二）本人或者其近亲属与办理的惩戒事项有利害关系；

（三）担任过调查事项的证人，以及当事检察官办理案件的辩护人、诉讼代理人；

（四）有可能影响惩戒事项公正处理的其他情形。

惩戒委员会副主任和委员的回避，由惩戒委员会主任决定；主任的回避，由惩戒委员会全体委员会议决定。惩戒案件审查调查人员的回避由检察长决定。

第九条 人民检察院承担检务督察工作的部门依据《人民检察院检务督察工作条例》《人民检察院司法责任追究条例》等规定，负责受理检察官司法责任追究的线索，调查核实检察官涉嫌违反检察职责行为。

第十条 人民检察院承担检务督察工作的部门经调查终结，认为当事检察官存在违反检察职责的行为，相关事实已经查清，应当追究司法责任予以惩戒的，制作提请惩戒审议意见书，报检察长批准后，提请检察官惩戒委员会审议。

提请惩戒审议意见书应当列明：案件来源、受理依据、当事检察官的基本情况、反映涉嫌违反检察职责的主要问题、调查认定的事实及依据、当事检察官的陈述和申辩、调查结论及意见建议、承担检务督察工作的部门审查意见等。

第十一条 最高人民检察院和省级人民检察院检察官的惩戒事项由本院提请同级检察官惩戒委员会审议。

省级以下各级人民检察院检察官惩戒事项，应当层报省级人民检察院检察长批准，由省级人民检察院提请本省、自治区、直辖市检察官惩戒委员会审议。

第十二条 检察官惩戒委员会审议惩戒事项，应当有全体委员五分之四以上出席方可召开。

委员因故无法出席的，须经惩戒委员会主任批准。

第十三条 检察官惩戒委员会应当在收到提请审议意见书及相关案件材料六十日内完成组织听证、审议惩戒事项、作出审查意见等工作。

检察官惩戒委员会受理提请审议事项后，应当在五日内将提请审议意见书送达当事检察官。当事检察官有权申请回避。对人民检察院调查认定的事实和证据存在异议的，检察官惩戒委员会应当组织当事检察官、调查人员及其他相关人员进行听证，当事检察官有权进行陈述、举证和辩解。

人民检察院承担检务督察工作的部门应当提前三日将听证的时间、地点通知当事检察官、调查人员和其他相关人员。

第十四条 听证由检察官惩戒委员会主任主持，或者由主任委托的副主任主持，按照下列程序进行：

（一）主持人宣布听证开始，宣布审议事项；

（二）询问当事检察官是否申请回避，并作出决定；

（三）人民检察院承担检务督察工作的部门派员宣读提请审议意见书；

（四）当事检察官陈述；

（五）调查人员与当事检察官分别举证、质证；

（六）检察官惩戒委员会委员询问；

（七）调查人员、当事检察官分别发表意见；

（八）当事检察官最后陈述。

调查组和当事检察官可以向惩戒委员会申请相关人员到听证现场作证或说明情况，是否同意，由惩戒委员会主任决定，或者由主任委托的副主任决定。

第十五条 检察官惩戒委员会对当事检察官是否存在违反检察职责行为进行审议，认为惩戒事项事实清楚、证据确凿的，应当在审议后作出决议；认为事实不清、证据存疑的，可以退回人民检察院，由承担检务督察工作的部门负责补充调查。人民检察院承担检务督察工作的部门应当在三十日以内补充调查完毕。补充调查以二次为限。

第十六条 检察官惩戒委员会经过审议，应当根据查明的事实、情节和相关规定，经全体委员三分之二以上的多数表决通过，认定检察官是否存在违反检察职责的行为，提出构成故意违反职责、存在重大过失、存在一般过失或者没有违反职责等审查意见。

经审议未能形成三分之二以上多数意见的，由人民检察院根据审议情况进行补充调查后重新提请审议，或者撤回提请审议事项。

第十七条 检察官惩戒委员会审议形成审查意见后，应当在十日内制作审查意见书，送达当事检察官、相关人民检察院以及有关单位、部门。

第十八条 当事检察官对审查意见有异议的，应当在收到审查意见十日内以书面形式向检察官惩戒委员会提出。检察官惩戒委员会审查异议期间，相关人民检察院应当暂缓对当事检察官作出惩戒决定。

检察官惩戒委员会应当在收到当事检察官异议申请的六十日内对异议及其理由进行审议并作出决定。认为异议不成立的，作出维持原审查意见的决定；认为异议成立的，应当变更原审查意见。

第十九条 检察官惩戒委员会提出审查意见后，人民检察院应当依照《人民检察院司法责任追究条例》等规定作出是否予以惩戒的决定，并给予相应处理。

第二十条 人民检察院作出惩戒决定和相应处理，应当制作惩戒决定书，列明惩戒决定和处理意见的相关依据并阐释理由，在十日内送达当事检察官，并将惩戒决定及执行情况通报检察官惩戒委员会。

第二十一条 当事检察官对惩戒决定及处理不服的，可以提出复核和申诉，按照《人民检察院司法责任追究条例》规定程序办理。

第二十二条 检察官惩戒程序与纪检监察机关对检察官涉嫌违反检察职责行为调查处理程序的衔接，按照有关规定办理。

第二十三条 本规定由最高人民检察院负责解释。

第二十四条 本规定自发布之日起施行。

中华人民共和国律师法

（1996 年 5 月 15 日第八届全国人民代表大会常务委员会第十九次会议通过　根据 2001 年 12 月 29 日第九届全国人民代表大会常务委员会第二十五次会议《关于修改〈中华人民共和国律师法〉的决定》第一次修正　2007 年 10 月 28 日第十届全国人民代表大会常务委员会第三十次会议修订　根据 2012 年 10 月 26 日第十一届全国人民代表大会常务委员会第二十九次会议《关于修改〈中华人民共和国律师法〉的决定》第二次修正　根据 2017 年 9 月 1 日第十二届全国人民代表大会常务委员会第二十九次会议《关于修改〈中华人民共和国法官法〉等八部法律的决定》第三次修正）

第一章　总　　则

第一条　为了完善律师制度，规范律师执业行为，保障律师依法执业，发挥律师在社会主义法制建设中的作用，制定本法。

第二条　本法所称律师，是指依法取得律师执业证书，接受委托或者指定，为当事人提供法律服务的执业人员。

律师应当维护当事人合法权益，维护法律正确实施，维护社会公平和正义。

第三条　律师执业必须遵守宪法和法律，恪守律师职业道德和执业纪律。

律师执业必须以事实为根据，以法律为准绳。

律师执业应当接受国家、社会和当事人的监督。

律师依法执业受法律保护，任何组织和个人不得侵害律师的合法权益。

第四条　司法行政部门依照本法对律师、律师事务所和律师协会进行监督、指导。

第二章　律师执业许可

第五条　申请律师执业，应当具备下列条件：

（一）拥护中华人民共和国宪法；

（二）通过国家统一法律职业资格考试取得法律职业资格；

（三）在律师事务所实习满一年；

（四）品行良好。

实行国家统一法律职业资格考试前取得的国家统一司法考试合格证书、律师资格凭证，与国家统一法律职业资格证书具有同等效力。

第六条　申请律师执业，应当向设区的市级或者直辖市的区人民政府司法行政部门提出申请，并提交下列材料：

（一）国家统一法律职业资格证书；

（二）律师协会出具的申请人实习考核合格的材料；

（三）申请人的身份证明；

（四）律师事务所出具的同意接收申请人的证明。

申请兼职律师执业的，还应当提交所在单位同意申请人兼职从事律师职业的证明。

受理申请的部门应当自受理之日起二十日内予以审查，并将审查意见和全部申请材料报送省、自治区、直辖市人民政府司法行政部门。省、自治区、直辖市人民政府司法行政部门应当自收到报送材料之日起十日内予以审核，作出是否准予执业的决定。准予执业的，向申请人颁发律师执业证书；不准予执业的，向申请人书面说明理由。

第七条　申请人有下列情形之一的，不予颁发律师执业证书：

（一）无民事行为能力或者限制民事行为能力的；

（二）受过刑事处罚的，但过失犯罪的除外；

（三）被开除公职或者被吊销律师、公证员执业证书的。

第八条　具有高等院校本科以上学历，在法律服务人员紧缺领域从事专业工作满十五年，具有高级职称或者同等专业水平并具有相应的专业法律知识的人员，申请专职律师执业的，经国务院司法行政部门考核合格，准予执业。具体办法由国务院规定。

第九条 有下列情形之一的，由省、自治区、直辖市人民政府司法行政部门撤销准予执业的决定，并注销被准予执业人员的律师执业证书：

（一）申请人以欺诈、贿赂等不正当手段取得律师执业证书的；

（二）对不符合本法规定条件的申请人准予执业的。

第十条 律师只能在一个律师事务所执业。律师变更执业机构的，应当申请换发律师执业证书。

律师执业不受地域限制。

第十一条 公务员不得兼任执业律师。

律师担任各级人民代表大会常务委员会组成人员的，任职期间不得从事诉讼代理或者辩护业务。

第十二条 高等院校、科研机构中从事法学教育、研究工作的人员，符合本法第五条规定条件的，经所在单位同意，依照本法第六条规定的程序，可以申请兼职律师执业。

第十三条 没有取得律师执业证书的人员，不得以律师名义从事法律服务业务；除法律另有规定外，不得从事诉讼代理或者辩护业务。

第三章　律师事务所

第十四条 律师事务所是律师的执业机构。设立律师事务所应当具备下列条件：

（一）有自己的名称、住所和章程；

（二）有符合本法规定的律师；

（三）设立人应当是具有一定的执业经历，且三年内未受过停止执业处罚的律师；

（四）有符合国务院司法行政部门规定数额的资产。

第十五条 设立合伙律师事务所，除应当符合本法第十四条规定的条件外，还应当有三名以上合伙人，设立人应当是具有三年以上执业经历的律师。

合伙律师事务所可以采用普通合伙或者特殊的普通合伙形式设立。合伙律师事务所的合伙人按照合伙形式对该律师事务所的债务依法承担责任。

第十六条 设立个人律师事务所，除应当符合本法第十四条规定的条件外，设立人还应当是具有五年以上执业经历的律师。设立人对律师事务所的债务承担无限责任。

第十七条 申请设立律师事务所，应当提交下列材料：

（一）申请书；

（二）律师事务所的名称、章程；

（三）律师的名单、简历、身份证明、律师执业证书；

（四）住所证明；

（五）资产证明。

设立合伙律师事务所，还应当提交合伙协议。

第十八条 设立律师事务所，应当向设区的市级或者直辖市的区人民政府司法行政部门提出申请，受理申请的部门应当自受理之日起二十日内予以审查，并将审查意见和全部申请材料报送省、自治区、直辖市人民政府司法行政部门。省、自治区、直辖市人民政府司法行政部门应当自收到报送材料之日起十日内予以审核，作出是否准予设立的决定。准予设立的，向申请人颁发律师事务所执业证书；不准予设立的，向申请人书面说明理由。

第十九条 成立三年以上并具有二十名以上执业律师的合伙律师事务所，可以设立分所。设立分所，须经拟设立分所所在地的省、自治区、直辖市人民政府司法行政部门审核。申请设立分所的，依照本法第十八条规定的程序办理。

合伙律师事务所对其分所的债务承担责任。

第二十条 国家出资设立的律师事务所，依法自主开展律师业务，以该律师事务所的全部资产对其债务承担责任。

第二十一条 律师事务所变更名称、负责人、章程、合伙协议的，应当报原审核部门批准。

律师事务所变更住所、合伙人的，应当自变更之日起十五日内报原审核部门备案。

第二十二条 律师事务所有下列情形之一的，应当终止：

（一）不能保持法定设立条件，经限期整改仍不符合条件的；

（二）律师事务所执业证书被依法吊销的；

（三）自行决定解散的；

（四）法律、行政法规规定应当终止的其他情形。

律师事务所终止的，由颁发执业证书的部门注销该律师事务所的执业证书。

第二十三条 律师事务所应当建立健全执业管理、利益冲突审查、收费与财务管理、投诉查处、年度考核、档案管理等制度，对律师在执业活动中遵守职业道德、执业纪律的情况进行监督。

第二十四条 律师事务所应当于每年的年度考核后，向设区的市级或者直辖市的区人民政府司法行政部门提交本所的年度执业情况报告和律师执业考核结果。

第二十五条 律师承办业务，由律师事务所统一接受委托，与委托人签订书面委托合同，按照国家规定统一收取费用并如实入账。

律师事务所和律师应当依法纳税。

第二十六条 律师事务所和律师不得以诋毁其他律师事务所、律师或者支付介绍费等不正当手段承揽业务。

第二十七条 律师事务所不得从事法律服务以外的经营活动。

第四章 律师的业务和权利、义务

第二十八条 律师可以从事下列业务：

（一）接受自然人、法人或者其他组织的委托，担任法律顾问；

（二）接受民事案件、行政案件当事人的委托，担任代理人，参加诉讼；

（三）接受刑事案件犯罪嫌疑人、被告人的委托或者依法接受法律援助机构的指派，担任辩护人，接受自诉案件自诉人、公诉案件被害人或者其近亲属的委托，担任代理人，参加诉讼；

（四）接受委托，代理各类诉讼案件的申诉；

（五）接受委托，参加调解、仲裁活动；

（六）接受委托，提供非诉讼法律服务；

（七）解答有关法律的询问、代写诉讼文书和有关法律事务的其他文书。

第二十九条 律师担任法律顾问的，应当按照约定为委托人就有关法律问题提供意见，草拟、审查法律文书，代理参加诉讼、调解或者仲裁活动，办理委托的其他法律事务，维护委托人的合法权益。

第三十条 律师担任诉讼法律事务代理人或者非诉讼法律事务代理人的，应当在受委托的权限内，维护委托人的合法权益。

第三十一条 律师担任辩护人的，应当根据事实和法律，提出犯罪嫌疑人、被告人无罪、罪轻或者减轻、免除其刑事责任的材料和意见，维护犯罪嫌疑人、被告人的诉讼权利和其他合法权益。

第三十二条 委托人可以拒绝已委托的律师为其继续辩护或者代理，同时可以另行委托律师担任辩护人或者代理人。

律师接受委托后，无正当理由的，不得拒绝辩护或者代理。但是，委托事项违法、委托人利用律师提供的服务从事违法活动或者委托人故意隐瞒与案件有关的重要事实的，律师有权拒绝辩护或者代理。

第三十三条 律师担任辩护人的，有权持律师执业证书、律师事务所证明和委托书或者法律援助公函，依照刑事诉讼法的规定会见在押或者被监视居住的犯罪嫌疑人、被告人。辩护律师会见犯罪嫌疑人、被告人时不被监听。

第三十四条 律师担任辩护人的，自人民检察院对案件审查起诉之日起，有权查阅、摘抄、复制本案的案卷材料。

第三十五条 受委托的律师根据案情的需要，可以申请人民检察院、人民法院收集、调取证据或者申请人民法院通知证人出庭作证。

律师自行调查取证的，凭律师执业证书和律师事务所证明，可以向有关单位或者个人调查与承办法律事务有关的情况。

第三十六条 律师担任诉讼代理人或者辩护人的，其辩论或者辩护的权利依法受到保障。

第三十七条 律师在执业活动中的人身权利不受侵犯。

律师在法庭上发表的代理、辩护意见不受法律追究。但是，发表危害国家安全、恶意诽谤他人、严重扰乱法庭秩序的言论除外。

律师在参与诉讼活动中涉嫌犯罪的，侦查机关应当及时通知其所在的律师事务所或者所属的律师协会；被依法拘留、逮捕的，侦查机关应当依照刑事诉讼法的规定通知该律师的家属。

第三十八条 律师应当保守在执业活动中知悉的国家秘密、商业秘密，不得泄露当事人的隐私。

律师对在执业活动中知悉的委托人和其他人不愿泄露的有关情况和信息，应当予以保密。但是，委托人或者其他人准备或者正在实施危害国家安全、公共安全以及严重危害他人人身安全的犯罪事实和信息除外。

第三十九条 律师不得在同一案件中为双方当事人担任代理人，不得代理与本人或者其近亲属有利益冲突的法律事务。

第四十条 律师在执业活动中不得有下列行为：

（一）私自接受委托、收取费用，接受委托人的财物或者其他利益；

（二）利用提供法律服务的便利牟取当事人争议的权益；

（三）接受对方当事人的财物或者其他利益，与对方当事人或者第三人恶意串通，侵害委托人的权益；

（四）违反规定会见法官、检察官、仲裁员以及其他有关工作人员；

（五）向法官、检察官、仲裁员以及其他有关工作人员行贿，介绍贿赂或者指使、诱导当事人行贿，或者以其他不正当方式影响法官、检察官、仲裁员以及其他有关工作人员依法办理案件；

（六）故意提供虚假证据或者威胁、利诱他人提供虚假证据，妨碍对方当事人合法取得证据；

（七）煽动、教唆当事人采取扰乱公共秩序、危害公共安全等非法手段解决争议；

（八）扰乱法庭、仲裁庭秩序，干扰诉讼、仲裁活动的正常进行。

第四十一条 曾经担任法官、检察官的律师，从人民法院、人民检察院离任后二年内，不得担任诉讼代理人或者辩护人。

第四十二条 律师、律师事务所应当按照国家规定履行法律援助义务，为受援人提供符合标准的法律服务，维护受援人的合法权益。

第五章 律师协会

第四十三条 律师协会是社会团体法人，是律师的自律性组织。

全国设立中华全国律师协会，省、自治区、直辖市设立地方律师协会，设区的市根据需要可以设立地方律师协会。

第四十四条 全国律师协会章程由全国会员代表大会制定，报国务院司法行政部门备案。

地方律师协会章程由地方会员代表大会制定，报同级司法行政部门备案。地方律师协会章程不得与全国律师协会章程相抵触。

第四十五条 律师、律师事务所应当加入所在地的地方律师协会。加入地方律师协会的律师、律师事务所，同时是全国律师协会的会员。

律师协会会员享有律师协会章程规定的权利，履行律师协会章程规定的义务。

第四十六条 律师协会应当履行下列职责：

（一）保障律师依法执业，维护律师的合法权益；

（二）总结、交流律师工作经验；

（三）制定行业规范和惩戒规则；

（四）组织律师业务培训和职业道德、执业纪律教育，对律师的执业活动进行考核；

（五）组织管理申请律师执业人员的实习活动，对实习人员进行考核；

（六）对律师、律师事务所实施奖励和惩戒；

（七）受理对律师的投诉或者举报，调解律师执业活动中发生的纠纷，受理律师的申诉；

（八）法律、行政法规、规章以及律师协会章程规定的其他职责。

律师协会制定的行业规范和惩戒规则，不得与有关法律、行政法规、规章相抵触。

第六章　法律责任

第四十七条　律师有下列行为之一的，由设区的市级或者直辖市的区人民政府司法行政部门给予警告，可以处五千元以下的罚款；有违法所得的，没收违法所得；情节严重的，给予停止执业三个月以下的处罚：

（一）同时在两个以上律师事务所执业的；

（二）以不正当手段承揽业务的；

（三）在同一案件中为双方当事人担任代理人，或者代理与本人及其近亲属有利益冲突的法律事务的；

（四）从人民法院、人民检察院离任后二年内担任诉讼代理人或者辩护人的；

（五）拒绝履行法律援助义务的。

第四十八条　律师有下列行为之一的，由设区的市级或者直辖市的区人民政府司法行政部门给予警告，可以处一万元以下的罚款；有违法所得的，没收违法所得；情节严重的，给予停止执业三个月以上六个月以下的处罚：

（一）私自接受委托、收取费用，接受委托人财物或者其他利益的；

（二）接受委托后，无正当理由，拒绝辩护或者代理，不按时出庭参加诉讼或者仲裁的；

（三）利用提供法律服务的便利牟取当事人争议的权益的；

（四）泄露商业秘密或者个人隐私的。

第四十九条 律师有下列行为之一的，由设区的市级或者直辖市的区人民政府司法行政部门给予停止执业六个月以上一年以下的处罚，可以处五万元以下的罚款；有违法所得的，没收违法所得；情节严重的，由省、自治区、直辖市人民政府司法行政部门吊销其律师执业证书；构成犯罪的，依法追究刑事责任：

（一）违反规定会见法官、检察官、仲裁员以及其他有关工作人员，或者以其他不正当方式影响依法办理案件的；

（二）向法官、检察官、仲裁员以及其他有关工作人员行贿，介绍贿赂或者指使、诱导当事人行贿的；

（三）向司法行政部门提供虚假材料或者有其他弄虚作假行为的；

（四）故意提供虚假证据或者威胁、利诱他人提供虚假证据，妨碍对方当事人合法取得证据的；

（五）接受对方当事人财物或者其他利益，与对方当事人或者第三人恶意串通，侵害委托人权益的；

（六）扰乱法庭、仲裁庭秩序，干扰诉讼、仲裁活动的正常进行的；

（七）煽动、教唆当事人采取扰乱公共秩序、危害公共安全等非法手段解决争议的；

（八）发表危害国家安全、恶意诽谤他人、严重扰乱法庭秩序的言论的；

（九）泄露国家秘密的。

律师因故意犯罪受到刑事处罚的，由省、自治区、直辖市人民政府司法行政部门吊销其律师执业证书。

第五十条 律师事务所有下列行为之一的，由设区的市级或者直辖市的区人民政府司法行政部门视其情节给予警告、停业整顿一个月以上六个月以下的处罚，可以处十万元以下的罚款；有违法所得的，没收违法所得；情节特别严重的，由省、自治区、直辖市人民政府司法行政部门吊销律师事务所执业证书：

（一）违反规定接受委托、收取费用的；

（二）违反法定程序办理变更名称、负责人、章程、合伙协议、住所、合伙人等重大事项的；

（三）从事法律服务以外的经营活动的；

（四）以诋毁其他律师事务所、律师或者支付介绍费等不正当手段承揽业务的；

（五）违反规定接受有利益冲突的案件的；

（六）拒绝履行法律援助义务的；

（七）向司法行政部门提供虚假材料或者有其他弄虚作假行为的；

（八）对本所律师疏于管理，造成严重后果的。

律师事务所因前款违法行为受到处罚的，对其负责人视情节轻重，给予警告或者处二万元以下的罚款。

第五十一条 律师因违反本法规定，在受到警告处罚后一年内又发生应当给予警告处罚情形的，由设区的市级或者直辖市的区人民政府司法行政部门给予停止执业三个月以上一年以下的处罚；在受到停止执业处罚期满后二年内又发生应当给予停止执业处罚情形的，由省、自治区、直辖市人民政府司法行政部门吊销其律师执业证书。

律师事务所因违反本法规定，在受到停业整顿处罚期满后二年内又发生应当给予停业整顿处罚情形的，由省、自治区、直辖市人民政府司法行政部门吊销律师事务所执业证书。

第五十二条 县级人民政府司法行政部门对律师和律师事务所的执业活动实施日常监督管理，对检查发现的问题，责令改正；对当事人的投诉，应当及时进行调查。县级人民政府司法行政部门认为律师和律师事务所的违法行为应当给予行政处罚的，应当向上级司法行政部门提出处罚建议。

第五十三条　受到六个月以上停止执业处罚的律师，处罚期满未逾三年的，不得担任合伙人。

被吊销律师执业证书的，不得担任辩护人、诉讼代理人，但系刑事诉讼、民事诉讼、行政诉讼当事人的监护人、近亲属的除外。

第五十四条　律师违法执业或者因过错给当事人造成损失的，由其所在的律师事务所承担赔偿责任。律师事务所赔偿后，可以向有故意或者重大过失行为的律师追偿。

第五十五条　没有取得律师执业证书的人员以律师名义从事法律服务业务的，由所在地的县级以上地方人民政府司法行政部门责令停止非法执业，没收违法所得，处违法所得一倍以上五倍以下的罚款。

第五十六条　司法行政部门工作人员违反本法规定，滥用职权、玩忽职守，构成犯罪的，依法追究刑事责任；尚不构成犯罪的，依法给予处分。

第七章　附　　则

第五十七条　为军队提供法律服务的军队律师，其律师资格的取得和权利、义务及行为准则，适用本法规定。军队律师的具体管理办法，由国务院和中央军事委员会制定。

第五十八条　外国律师事务所在中华人民共和国境内设立机构从事法律服务活动的管理办法，由国务院制定。

第五十九条　律师收费办法，由国务院价格主管部门会同国务院司法行政部门制定。

第六十条　本法自2008年6月1日起施行。

律师事务所管理办法（节录）

（2008 年 7 月 18 日司法部令第 111 号发布　2012 年 11 月 30 日司法部令第 125 号第一次修订　2016 年 9 月 6 日司法部令第 133 号第二次修订　2018 年 12 月 5 日司法部令第 142 号第三次修订）

……

第六章　律师事务所执业和管理规则

第四十条　律师事务所应当建立健全执业管理和其他各项内部管理制度，规范本所律师执业行为，履行监管职责，对本所律师遵守法律、法规、规章及行业规范，遵守职业道德和执业纪律的情况进行监督，发现问题及时予以纠正。

第四十一条　律师事务所应当保障本所律师和辅助人员享有下列权利：

（一）获得本所提供的必要工作条件和劳动保障；

（二）获得劳动报酬及享受有关福利待遇；

（三）向本所提出意见和建议；

（四）法律、法规、规章及行业规范规定的其他权利。

第四十二条　律师事务所应当监督本所律师和辅助人员履行下列义务：

（一）遵守宪法和法律，遵守职业道德和执业纪律；

（二）依法、诚信、规范执业；

（三）接受本所监督管理，遵守本所章程和规章制度，维护本所的形象和声誉；

（四）法律、法规、规章及行业规范规定的其他义务。

第四十三条　律师事务所应当建立违规律师辞退和除名制度，

对违法违规执业、违反本所章程及管理制度或者年度考核不称职的律师，可以将其辞退或者经合伙人会议通过将其除名，有关处理结果报所在地县级司法行政机关和律师协会备案。

第四十四条 律师事务所应当在法定业务范围内开展业务活动，不得以独资、与他人合资或者委托持股方式兴办企业，并委派律师担任企业法定代表人、总经理职务，不得从事与法律服务无关的其他经营性活动。

第四十五条 律师事务所应当与其他律师事务所公平竞争，不得以诋毁其他律师事务所、律师或者支付介绍费等不正当手段承揽业务。

第四十六条 律师承办业务，由律师事务所统一接受委托，与委托人签订书面委托合同。

律师事务所受理业务，应当进行利益冲突审查，不得违反规定受理与本所承办业务及其委托人有利益冲突的业务。

第四十七条 律师事务所应当按照有关规定统一收取服务费用并如实入账，建立健全收费管理制度，及时查处有关违规收费的举报和投诉，不得在实行政府指导价的业务领域违反规定标准收取费用，或者违反风险代理管理规定收取费用。

律师事务所应当按照规定建立健全财务管理制度，建立和实行合理的分配制度及激励机制。

律师事务所应当依法纳税。

第四十八条 律师事务所应当依法履行法律援助义务，及时安排本所律师承办法律援助案件，为办理法律援助案件提供条件和便利，无正当理由不得拒绝接受法律援助机构指派的法律援助案件。

第四十九条 律师事务所应当建立健全重大疑难案件的请示报告、集体研究和检查督导制度，规范受理程序，指导监督律师依法办理重大疑难案件。

第五十条 律师事务所应当依法履行管理职责，教育管理本所律师依法、规范承办业务，加强对本所律师执业活动的监督管理，不得放任、纵容本所律师有下列行为：

（一）采取煽动、教唆和组织当事人或者其他人员到司法机关或者其他国家机关静坐、举牌、打横幅、喊口号、声援、围观等扰乱公共秩序、危害公共安全的非法手段，聚众滋事，制造影响，向有关部门施加压力；

（二）对本人或者其他律师正在办理的案件进行歪曲、有误导性的宣传和评论，恶意炒作案件；

（三）以串联组团、联署签名、发表公开信、组织网上聚集、声援等方式或者借个案研讨之名，制造舆论压力，攻击、诋毁司法机关和司法制度；

（四）无正当理由，拒不按照人民法院通知出庭参与诉讼，或者违反法庭规则，擅自退庭；

（五）聚众哄闹、冲击法庭，侮辱、诽谤、威胁、殴打司法工作人员或者诉讼参与人，否定国家认定的邪教组织的性质，或者有其他严重扰乱法庭秩序的行为；

（六）发表、散布否定宪法确立的根本政治制度、基本原则和危害国家安全的言论，利用网络、媒体挑动对党和政府的不满，发起、参与危害国家安全的组织或者支持、参与、实施危害国家安全的活动；以歪曲事实真相、明显违背社会公序良俗等方式，发表恶意诽谤他人的言论，或者发表严重扰乱法庭秩序的言论。

第五十一条　合伙律师事务所和国家出资设立的律师事务所应当按照规定为聘用的律师和辅助人员办理失业、养老、医疗等社会保险。

个人律师事务所聘用律师和辅助人员的，应当按前款规定为其办理社会保险。

第五十二条　律师事务所应当按照规定，建立执业风险、事业发展、社会保障等基金。

律师参加执业责任保险的具体办法另行规定。

第五十三条　律师违法执业或者因过错给当事人造成损失的，由其所在的律师事务所承担赔偿责任。律师事务所赔偿后，可以向有故意或者重大过失行为的律师追偿。

普通合伙律师事务所的合伙人对律师事务所的债务承担无限连

带责任。特殊的普通合伙律师事务所一个合伙人或者数个合伙人在执业活动中因故意或者重大过失造成律师事务所债务的，应当承担无限责任或者无限连带责任，其他合伙人以其在律师事务所中的财产份额为限承担责任；合伙人在执业活动中非因故意或者重大过失造成的律师事务所债务，由全体合伙人承担无限连带责任。个人律师事务所的设立人对律师事务所的债务承担无限责任。国家出资设立的律师事务所以其全部资产对其债务承担责任。

第五十四条　律师事务所的负责人负责对律师事务所的业务活动和内部事务进行管理，对外代表律师事务所，依法承担对律师事务所违法行为的管理责任。

合伙人会议或者律师会议为合伙律师事务所或者国家出资设立的律师事务所的决策机构；个人律师事务所的重大决策应当充分听取聘用律师的意见。

律师事务所根据本所章程可以设立相关管理机构或者配备专职管理人员，协助本所负责人开展日常管理工作。

第五十五条　律师事务所应当加强对本所律师的职业道德和执业纪律教育，组织开展业务学习和经验交流活动，为律师参加业务培训和继续教育提供条件。

第五十六条　律师事务所应当建立律师表彰奖励制度，对依法、诚信、规范执业表现突出的律师予以表彰奖励。

第五十七条　律师事务所应当建立投诉查处制度，及时查处、纠正本所律师在执业活动中的违法违规行为，调处在执业中与委托人之间的纠纷；认为需要对被投诉律师给予行政处罚或者行业惩戒的，应当及时向所在地县级司法行政机关或者律师协会报告。

已担任合伙人的律师受到六个月以上停止执业处罚的，自处罚决定生效之日起至处罚期满后三年内，不得担任合伙人。

第五十八条　律师事务所应当建立律师执业年度考核制度，按照规定对本所律师的执业表现和遵守职业道德、执业纪律的情况进行考核，评定等次，实施奖惩，建立律师执业档案和诚信档案。

……

律师执业管理办法（节录）

（2008 年 7 月 18 日司法部令第 112 号公布　2016 年 9 月 18 日司法部令第 134 号修订）

……

第四章　律师执业行为规范

第二十四条　律师执业必须遵守宪法和法律，恪守律师职业道德和执业纪律，做到依法执业、诚信执业、规范执业。

律师执业必须以事实为根据，以法律为准绳。

律师执业应当接受国家、社会和当事人的监督。

第二十五条　律师可以从事下列业务：

（一）接受自然人、法人或者其他组织的委托，担任法律顾问；

（二）接受民事案件、行政案件当事人的委托，担任代理人，参加诉讼；

（三）接受刑事案件犯罪嫌疑人、被告人的委托或者依法接受法律援助机构的指派，担任辩护人，接受自诉案件自诉人、公诉案件被害人或者其近亲属的委托，担任代理人，参加诉讼；

（四）接受委托，代理各类诉讼案件的申诉；

（五）接受委托，参加调解、仲裁活动；

（六）接受委托，提供非诉讼法律服务；

（七）解答有关法律的询问、代写诉讼文书和有关法律事务的其他文书。

第二十六条　律师承办业务，应当由律师事务所统一接受委托，与委托人签订书面委托合同，并服从律师事务所对受理业务进行的利益冲突审查及其决定。

第二十七条　律师担任各级人民代表大会常务委员会组成人员

的，任职期间不得从事诉讼代理或者辩护业务。

律师明知当事人已经委托两名诉讼代理人、辩护人的，不得再接受委托担任诉讼代理人、辩护人。

第二十八条 律师不得在同一案件中为双方当事人担任代理人，或者代理与本人及其近亲属有利益冲突的法律事务。律师接受犯罪嫌疑人、被告人委托后，不得接受同一案件或者未同案处理但实施的犯罪存在关联的其他犯罪嫌疑人、被告人的委托担任辩护人。

曾经担任法官、检察官的律师从人民法院、人民检察院离任后，二年内不得以律师身份担任诉讼代理人或者辩护人；不得担任原任职人民法院、人民检察院办理案件的诉讼代理人或者辩护人，但法律另有规定的除外。

律师不得担任所在律师事务所其他律师担任仲裁员的案件的代理人。曾经或者仍在担任仲裁员的律师，不得承办与本人担任仲裁员办理过的案件有利益冲突的法律事务。

第二十九条 律师担任法律顾问的，应当按照约定为委托人就有关法律问题提供意见，草拟、审查法律文书，代理参加诉讼、调解或者仲裁活动，办理委托的其他法律事务，维护委托人的合法权益。

第三十条 律师担任诉讼法律事务代理人或者非诉讼法律事务代理人的，应当在受委托的权限内代理法律事务，维护委托人的合法权益。

第三十一条 律师担任辩护人的，应当根据事实和法律，提出犯罪嫌疑人、被告人无罪、罪轻或者减轻、免除其刑事责任的材料和意见，维护犯罪嫌疑人、被告人的诉讼权利和其他合法权益。

律师担任辩护人的，其所在律师事务所应当在接受委托后三日以内，向办案机关提交接受委托告知函，告知委托事项、承办律师及联系方式。

第三十二条 律师出具法律意见，应当严格依法履行职责，保证其所出具意见的真实性、合法性。

律师提供法律咨询、代写法律文书，应当以事实为根据，以法律为准绳，并符合法律咨询规则和法律文书体例、格式的要求。

第三十三条 律师承办业务，应当告知委托人该委托事项办理可能出现的法律风险，不得用明示或者暗示方式对办理结果向委托人作出不当承诺。

律师承办业务，应当及时向委托人通报委托事项办理进展情况；需要变更委托事项、权限的，应当征得委托人的同意和授权。

律师接受委托后，无正当理由的，不得拒绝辩护或者代理，但是，委托事项违法，委托人利用律师提供的服务从事违法活动或者委托人故意隐瞒与案件有关的重要事实的，律师有权拒绝辩护或者代理。

第三十四条 律师承办业务，应当维护当事人合法权益，不得利用提供法律服务的便利牟取当事人争议的权益或者不当利益。

第三十五条 律师承办业务，应当诚实守信，不得接受对方当事人的财物及其他利益，与对方当事人、第三人恶意串通，向对方当事人、第三人提供不利于委托人的信息、证据材料，侵害委托人的权益。

第三十六条 律师与法官、检察官、仲裁员以及其他有关工作人员接触交往，应当遵守法律及相关规定，不得违反规定会见法官、检察官、仲裁员以及其他有关工作人员，向其行贿、许诺提供利益、介绍贿赂，指使、诱导当事人行贿，或者向法官、检察官、仲裁员以及其他工作人员打探办案机关内部对案件的办理意见、承办其介绍的案件，利用与法官、检察官、仲裁员以及其他有关工作人员的特殊关系，影响依法办理案件。

第三十七条 律师承办业务，应当引导当事人通过合法的途径、方式解决争议，不得采取煽动、教唆和组织当事人或者其他人员到司法机关或者其他国家机关静坐、举牌、打横幅、喊口号、声援、围观等扰乱公共秩序、危害公共安全的非法手段，聚众滋事，制造影响，向有关部门施加压力。

第三十八条 律师应当依照法定程序履行职责，不得以下列不正当方式影响依法办理案件：

（一）未经当事人委托或者法律援助机构指派，以律师名义为当事人提供法律服务、介入案件，干扰依法办理案件；

（二）对本人或者其他律师正在办理的案件进行歪曲、有误导性的宣传和评论，恶意炒作案件；

（三）以串联组团、联署签名、发表公开信、组织网上聚集、声援等方式或者借个案研讨之名，制造舆论压力，攻击、诋毁司法机关和司法制度；

（四）违反规定披露、散布不公开审理案件的信息、材料，或者本人、其他律师在办案过程中获悉的有关案件重要信息、证据材料。

第三十九条　律师代理参与诉讼、仲裁或者行政处理活动，应当遵守法庭、仲裁庭纪律和监管场所规定、行政处理规则，不得有下列妨碍、干扰诉讼、仲裁或者行政处理活动正常进行的行为：

（一）会见在押犯罪嫌疑人、被告人时，违反有关规定，携带犯罪嫌疑人、被告人的近亲属或者其他利害关系人会见，将通讯工具提供给在押犯罪嫌疑人、被告人使用，或者传递物品、文件；

（二）无正当理由，拒不按照人民法院通知出庭参与诉讼，或者违反法庭规则，擅自退庭；

（三）聚众哄闹、冲击法庭，侮辱、诽谤、威胁、殴打司法工作人员或者诉讼参与人，否定国家认定的邪教组织的性质，或者有其他严重扰乱法庭秩序的行为；

（四）故意向司法机关、仲裁机构或者行政机关提供虚假证据或者威胁、利诱他人提供虚假证据，妨碍对方当事人合法取得证据；

（五）法律规定的妨碍、干扰诉讼、仲裁或者行政处理活动正常进行的其他行为。

第四十条　律师对案件公开发表言论，应当依法、客观、公正、审慎，不得发表、散布否定宪法确立的根本政治制度、基本原则和危害国家安全的言论，不得利用网络、媒体挑动对党和政府的不满，发起、参与危害国家安全的组织或者支持、参与、实施危害国家安全的活动，不得以歪曲事实真相、明显违背社会公序良俗等方式，发表恶意诽谤他人的言论，或者发表严重扰乱法庭秩序的言论。

第四十一条 律师应当按照有关规定接受业务，不得为争揽业务哄骗、唆使当事人提起诉讼，制造、扩大矛盾，影响社会稳定。

第四十二条 律师应当尊重同行，公平竞争，不得以诋毁其他律师事务所、律师，支付介绍费，向当事人明示或者暗示与办案机关、政府部门及其工作人员有特殊关系，或者在司法机关、监管场所周边违规设立办公场所、散发广告、举牌等不正当手段承揽业务。

第四十三条 律师应当保守在执业活动中知悉的国家秘密、商业秘密，不得泄露当事人和其他人的个人隐私。

律师对在执业活动中知悉的委托人和其他人不愿泄露的有关情况和信息，应当予以保密。但是，委托人或者其他人准备或者正在实施危害国家安全、公共安全以及严重危害他人人身安全的犯罪事实和信息除外。

第四十四条 律师承办业务，应当按照规定由律师事务所向委托人统一收取律师费和有关办案费用，不得私自收费，不得接受委托人的财物或者其他利益。

第四十五条 律师应当按照国家规定履行法律援助义务，为受援人提供符合标准的法律服务，维护受援人的合法权益，不得拖延、懈怠履行或者擅自停止履行法律援助职责，或者未经律师事务所、法律援助机构同意，擅自将法律援助案件转交其他人员办理。

第四十六条 律师承办业务，应当妥善保管与承办事项有关的法律文书、证据材料、业务文件和工作记录。在法律事务办结后，按照有关规定立卷建档，上交律师事务所保管。

第四十七条 律师只能在一个律师事务所执业。

律师在从业期间应当专职执业，但兼职律师或者法律、行政法规另有规定的除外。

律师执业，应当遵守所在律师事务所的执业管理制度，接受律师事务所的指导和监督，参加律师执业年度考核。

第四十八条 律师应当妥善使用和保管律师执业证书，不得变造、抵押、出借、出租。如有遗失或者损毁的，应当及时报告所在地县级司法行政机关，经所在地设区的市级或者直辖市区（县）司法行政机关向原审核颁证机关申请补发或者换发。律师执业证书遗失的，应当在省级以上报刊或者发证机关指定网站上刊登遗失声明。

律师受到停止执业处罚的，应当自处罚决定生效后至处罚期限届满前，将律师执业证书缴存其执业机构所在地县级司法行政机关。

第四十九条 律师应当按照规定参加司法行政机关和律师协会组织的职业培训。

第五章 司法行政机关的监督管理

第五十条 县级司法行政机关对其执业机构在本行政区域的律师的执业活动进行日常监督管理，履行下列职责：

（一）检查、监督律师在执业活动中遵守法律、法规、规章和职业道德、执业纪律的情况；

（二）受理对律师的举报和投诉；

（三）监督律师履行行政处罚和实行整改的情况；

（四）掌握律师事务所对律师执业年度考核的情况；

（五）司法部和省、自治区、直辖市司法行政机关规定的其他职责。

县级司法行政机关在开展日常监督管理过程中，发现、查实律师在执业活动中存在问题的，应当对其进行警示谈话，责令改正，并对其整改情况进行监督；对律师的违法行为认为依法应当给予行政处罚的，应当向上一级司法行政机关提出处罚建议；认为需要给予行业惩戒的，移送律师协会处理。

第五十一条 设区的市级司法行政机关履行下列监督管理职责：

（一）掌握本行政区域律师队伍建设和发展情况，制定加强律师队伍建设的措施和办法。

（二）指导、监督下一级司法行政机关对律师执业的日常监督管理工作，组织开展对律师执业的专项检查或者专项考核工作，指导对律师重大投诉案件的查处工作。

（三）对律师进行表彰。

（四）依法定职权对律师的违法行为实施行政处罚；对依法应当给予吊销律师执业证书处罚的，向上一级司法行政机关提出处罚建议。

（五）对律师事务所的律师执业年度考核结果实行备案监督。

（六）受理、审查律师执业、变更执业机构、执业证书注销申请事项。

（七）建立律师执业档案，负责有关律师执业许可、变更、注销等信息的公开工作。

（八）法律、法规、规章规定的其他职责。

直辖市的区（县）司法行政机关负有前款规定的有关职责。

第五十二条 省、自治区、直辖市司法行政机关履行下列监督管理职责：

（一）掌握、评估本行政区域律师队伍建设情况和总体执业水平，制定律师队伍的发展规划和有关政策，制定加强律师执业管理的规范性文件；

（二）监督、指导下级司法行政机关对律师执业的监督管理工作，组织、指导对律师执业的专项检查或者专项考核工作；

（三）组织对律师的表彰活动；

（四）依法对律师的严重违法行为实施吊销律师执业证书的处罚，监督、指导下一级司法行政机关的行政处罚工作，办理有关行政复议和申诉案件；

（五）办理律师执业核准、变更执业机构核准和执业证书注销事项；

（六）负责有关本行政区域律师队伍、执业情况、管理事务等重大信息的公开工作；

（七）法律、法规、规章规定的其他职责。

第五十三条 律师违反本办法有关规定的，依照《律师法》和有关法规、规章规定追究法律责任。

律师违反本办法第二十八条、第四十一条、第四十二条规定的，司法行政机关应当依照《律师法》第四十七条相关规定予以行政处罚；违反第三十四条规定的，依照《律师法》第四十八条相关规定予以行政处罚；违反第三十五条至第四十条规定的，依照《律师法》第四十九条相关规定予以行政处罚。

第五十四条 各级司法行政机关及其工作人员对律师执业实施监督管理，不得妨碍律师依法执业，不得侵害律师的合法权益，不得索取或者收受律师的财物，不得谋取其他利益。

第五十五条 司法行政机关应当加强对实施律师执业许可和日常监督管理活动的层级监督，按照规定建立有关工作的统计、请示、报告、督办等制度。

负责律师执业许可实施、律师执业年度考核结果备案或者奖励、处罚的司法行政机关，应当及时将有关许可决定、备案情况、奖惩情况通报下级司法行政机关，并报送上一级司法行政机关。

第五十六条 司法行政机关、律师协会应当建立律师和律师事务所信息管理系统，按照有关规定向社会公开律师基本信息和年度考核结果、奖惩情况。

第五十七条 司法行政机关应当加强对律师协会的指导、监督，支持律师协会依照《律师法》和协会章程、行业规范对律师执业活动实行行业自律，建立健全行政管理与行业自律相结合的协调、协作机制。

第五十八条 各级司法行政机关应当定期将本行政区域律师队伍建设、执业活动情况的统计资料、年度管理工作总结报送上一级司法行政机关。

第五十九条 人民法院、人民检察院、公安机关、国家安全机关或者其他有关部门对律师的违法违规行为向司法行政机关、律师协会提出予以处罚、处分建议的，司法行政机关、律师协会应当自作出处理决定之日起七日内通报建议机关。

第六十条 司法行政机关工作人员在律师执业许可和实施监督管理活动中，滥用职权、玩忽职守，构成犯罪的，依法追究刑事责任；尚不构成犯罪的，依法给予行政处分。

第六章　附　　则

第六十一条　军队律师的执业管理，按照国务院和中央军事委员会有关规定执行。

第六十二条　本办法自2016年11月1日起施行。此前司法部制定的有关律师执业管理的规章、规范性文件与本办法相抵触的，以本办法为准。

最高人民法院、司法部关于依法保障律师诉讼权利和规范律师参与庭审活动的通知

（2018年4月21日　司发通〔2018〕36号）

各省、自治区、直辖市高级人民法院、司法厅（局），新疆维吾尔自治区高级人民法院生产建设兵团分院、新疆生产建设兵团司法局：

为进一步保障律师诉讼权利，规范律师参与庭审活动，充分发挥律师维护当事人合法权益、维护法律正确实施和司法公正的职能作用，现就有关事项通知如下。

一、各级人民法院及其工作人员要尊重和保障律师诉讼权利，严格执行法定程序，平等对待诉讼各方，合理分配各方发问、质证、陈述和辩论、辩护的时间，充分听取律师意见。对于律师在法庭上就案件事实认定和法律适用的正常发问、质证和发表的辩护代理意见，法官不随意打断或者制止；但是，攻击党和国家政治制度、法律制度的，发表的意见已在庭前会议达成一致、与案件无关或者侮辱、诽谤、威胁他人，故意扰乱法庭秩序的，审判长或者独任审判员可以根据情况予以制止。律师明显以诱导方式发问，公诉人提出异议的，审判长或者独任审判员审查确认后，可以制止。

二、律师参加庭审不得对庭审活动进行录音、录像、拍照或使用移动通信工具等传播庭审活动，不得进行其他违反法庭规则和不服从法庭指令的行为。律师对庭审活动进行录音、录像、拍照或使用移动通信工具等传播庭审活动的，人民法院可以暂扣其使用的设备及存储介质，删除相关内容。

三、法庭审理过程中，法官应当尊重律师，不得侮辱、嘲讽律师。审判长或者独任审判员认为律师在法庭审理过程中违反法庭规则、法庭纪律的，应当依法给予警告、训诫等，确有必要时可以休庭处置，除当庭攻击党和国家政治制度、法律制度等严重扰乱法庭秩序的，不采取责令律师退出法庭或者强行带出法庭措施。确需司法警察当庭对律师采取措施维持法庭秩序的，有关执法行为要规范、文明，保持必要、合理限度。律师被依法责令退出法庭、强行带出法庭或者被处以罚款后，具结保证书，保证服从法庭指令、不再扰乱法庭秩序的，经法庭许可，可以继续担任同一案件的辩护人、诉讼代理人；具有擅自退庭、无正当理由不按时出庭参加诉讼、被拘留或者具结保证书后再次被依法责令退出法庭、强行带出法庭的，不得继续担任同一案件的辩护人、诉讼代理人。人民法院应当对庭审活动进行全程录像或录音，对律师在庭审活动中违反法定程序的情形应当记录在案。

四、律师认为法官在审判过程中有违法违规行为的，可以向相关人民法院或其上一级人民法院监察部门投诉、举报，人民法院应当依法作出处理并及时将处理情况答复律师本人，同时通报当地司法行政机关、律师协会。对社会高度关注的，应当公布结果。律师认为法官侵犯其诉讼权利的，应当在庭审结束后，向司法行政机关、律师协会申请维护执业权利，不得以维权为由干扰庭审的正常进行，不得通过网络以自己名义或通过其他人、媒体发表声明、公开信、敦促书等炒作案件。

五、人民法院认为律师有违法违规行为的，应当向司法行政机关、律师协会提出司法建议，并移交庭审录音录像、庭审记录等相关证据材料。对需要进一步调查核实的，应配合、协助司法行政机关、律师协会有关调查取证工作。司法行政机关、律师协会接到当事人投诉举报、人民法院司法建议书的，应当及时立案调查，对违法违规的要依法依规作出行政处罚或行业惩戒。处理结果应当及时书面告知当事人、人民法院。对公开谴责以上行业惩戒和行政处罚的决定一律向社会公开披露。各地司法行政机关、律师协会主动发现律师违法违规行为的，要及时立案查处。

六、司法行政机关应当会同人民法院、律师协会建立分级分类处理机制。对于发生在当地的律师维权和违法违规事件，由所在地人民法院、司法行政机关按有关要求依法及时作出处理，能即时纠正的应当依法立即纠正。对于跨区域的律师维权和违法违规事件，行为发生地司法行政机关发现律师涉嫌违法违规执业的，应当向注册地司法行政机关提出处罚意见和建议，注册地司法行政机关收到意见建议后应当立案调查，并将查处结果反馈行为发生地司法行政机关。行为发生地司法行政机关不同意处罚意见的，应当报共同上级司法行政机关审查。上级司法行政机关应当对两地司法行政机关意见和相关证据材料进行审查，提出处理意见。跨省（区、市）的律师维权与违规交织等重大复杂事件，可以由司法部会同最高人民法院、全国律协，必要时商请事件发生地的省（区、市）党委政法委牵头组成联合调查组，负责事件调查处理工作。省（区、市）内跨区域重大复杂事件参照上述做法办理。

七、重大敏感复杂案件开庭审理时，根据人民法院通知，对律师具有管理监督职责的司法行政机关或律师协会应当派员旁听，进行现场指导监督。

八、各级人民法院、司法行政机关要注重发现宣传人民法院依法尊重、保障律师诉讼权利和律师尊重法庭权威、遵守庭审纪律的典型，大力表彰先进，发挥正面引领作用。同时，要通报人民法院、司法行政机关侵犯律师正当权利、处置律师违法违规行为不当以及律师违法违规执业受到处罚处分的典型，教育引导法官和律师自觉树立正确观念，彼此尊重、相互支持、相互监督，为法院依法审判、律师依法履职营造良好环境。

最高人民法院、最高人民检察院、公安部、国家安全部、司法部关于依法保障律师执业权利的规定

（2015 年 9 月 16 日　司发〔2015〕14 号）

第一条　为切实保障律师执业权利，充分发挥律师维护当事人合法权益、维护法律正确实施、维护社会公平和正义的作用，促进司法公正，根据有关法律法规，制定本规定。

第二条　人民法院、人民检察院、公安机关、国家安全机关、司法行政机关应当尊重律师，健全律师执业权利保障制度，依照刑事诉讼法、民事诉讼法、行政诉讼法及律师法的规定，在各自职责范围内依法保障律师知情权、申请权、申诉权，以及会见、阅卷、收集证据和发问、质证、辩论等方面的执业权利，不得阻碍律师依法履行辩护、代理职责，不得侵害律师合法权利。

第三条　人民法院、人民检察院、公安机关、国家安全机关、司法行政机关和律师协会应当建立健全律师执业权利救济机制。

律师因依法执业受到侮辱、诽谤、威胁、报复、人身伤害的，有关机关应当及时制止并依法处理，必要时对律师采取保护措施。

第四条　人民法院、人民检察院、公安机关、国家安全机关、司法行政机关应当建立和完善诉讼服务中心、立案或受案场所、律师会见室、阅卷室，规范工作流程，方便律师办理立案、会见、阅卷、参与庭审、申请执行等事务。探索建立网络信息系统和律师服务平台，提高案件办理效率。

第五条　办案机关在办理案件中应当依法告知当事人有权委托辩护人、诉讼代理人。对于符合法律援助条件而没有委托辩护人或者诉讼代理人的，办案机关应当及时告知当事人有权申请法律援助，

并按照相关规定向法律援助机构转交申请材料。办案机关发现犯罪嫌疑人、被告人属于依法应当提供法律援助的情形的，应当及时通知法律援助机构指派律师为其提供辩护。

第六条 辩护律师接受犯罪嫌疑人、被告人委托或者法律援助机构的指派后，应当告知办案机关，并可以依法向办案机关了解犯罪嫌疑人、被告人涉嫌或者被指控的罪名及当时已查明的该罪的主要事实，犯罪嫌疑人、被告人被采取、变更、解除强制措施的情况，侦查机关延长侦查羁押期限等情况，办案机关应当依法及时告知辩护律师。

办案机关作出移送审查起诉、退回补充侦查、提起公诉、延期审理、二审不开庭审理、宣告判决等重大程序性决定的，以及人民检察院将直接受理立案侦查案件报请上一级人民检察院审查决定逮捕的，应当依法及时告知辩护律师。

第七条 辩护律师到看守所会见在押的犯罪嫌疑人、被告人，看守所在查验律师执业证书、律师事务所证明和委托书或者法律援助公函后，应当及时安排会见。能当时安排的，应当当时安排；不能当时安排的，看守所应当向辩护律师说明情况，并保证辩护律师在四十八小时以内会见到在押的犯罪嫌疑人、被告人。

看守所安排会见不得附加其他条件或者变相要求辩护律师提交法律规定以外的其他文件、材料，不得以未收到办案机关通知为由拒绝安排辩护律师会见。

看守所应当设立会见预约平台，采取网上预约、电话预约等方式为辩护律师会见提供便利，但不得以未预约会见为由拒绝安排辩护律师会见。

辩护律师会见在押的犯罪嫌疑人、被告人时，看守所应当采取必要措施，保障会见顺利和安全进行。律师会见在押的犯罪嫌疑人、被告人的，看守所应当保障律师履行辩护职责需要的时间和次数，并与看守所工作安排和办案机关侦查工作相协调。辩护律师会见犯罪嫌疑人、被告人时不被监听，办案机关不得派员在场。在律师会见室不足的情况下，看守所经辩护律师书面同意，可以安排在讯问室会见，但应当关闭录音、监听设备。犯罪嫌疑人、被告人委托两名律师担任辩护人的，两名辩护律师可以共同会见，也可以单独会见。辩护律师可以带一名律师助理协助会见。助理人员随同辩护律师参加会见的，应当出示律师事务所证明和律师执业证书或申请律师执业人员实习证。办案机关应当核实律师助理的身份。

第八条 在押的犯罪嫌疑人、被告人提出解除委托关系的，办案机关应当要求其出具或签署书面文件，并在三日以内转交受委托的律师或者律师事务所。辩护律师可以要求会见在押的犯罪嫌疑人、被告人，当面向其确认解除委托关系，看守所应当安排会见；但犯罪嫌疑人、被告人书面拒绝会见的，看守所应当将有关书面材料转交辩护律师，不予安排会见。

在押的犯罪嫌疑人、被告人的监护人、近亲属解除代为委托辩护律师关系的，经犯罪嫌疑人、被告人同意的，看守所应当允许新代为委托的辩护律师会见，由犯罪嫌疑人、被告人确认新的委托关系；犯罪嫌疑人、被告人不同意解除原辩护律师的委托关系的，看守所应当终止新代为委托的辩护律师会见。

第九条 辩护律师在侦查期间要求会见危害国家安全犯罪、恐怖活动犯罪、特别重大贿赂犯罪案件在押的犯罪嫌疑人的，应当向侦查机关提出申请。侦查机关应当依法及时审查辩护律师提出的会见申请，在三日以内将是否许可的决定书面答复辩护律师，并明确告知负责与辩护律师联系的部门及工作人员的联系方式。对许可会见的，应当向辩护律师出具许可决定文书；因有碍侦查或者可能泄露国家秘密而不许可会见的，应当向辩护律师说明理由。有碍侦查或者可能泄露国家秘密的情形消失后，应当许可会见，并及时通知看守所和辩护律师。对特别重大贿赂案件在侦查终结前，侦查机关应当许可辩护律师至少会见一次犯罪嫌疑人。

侦查机关不得随意解释和扩大前款所述三类案件的范围，限制律师会见。

第十条 自案件移送审查起诉之日起，辩护律师会见犯罪嫌疑人、被告人，可以向其核实有关证据。

第十一条 辩护律师会见在押的犯罪嫌疑人、被告人，可以根据需要制作会见笔录，并要求犯罪嫌疑人、被告人确认无误后在笔录上签名。

第十二条 辩护律师会见在押的犯罪嫌疑人、被告人需要翻译人员随同参加的，应当提前向办案机关提出申请，并提交翻译人员身份证明及其所在单位出具的证明。办案机关应当及时审查并在三日以内作出是否许可的决定。许可翻译人员参加会见的，应当向辩护律师出具许可决定文书，并通知看守所。不许可的，应当向辩护律师书面说明理由，并通知其更换。

翻译人员应当持办案机关许可决定文书和本人身份证明，随同辩护律师参加会见。

第十三条 看守所应当及时传递辩护律师同犯罪嫌疑人、被告人的往来信件。看守所可以对信件进行必要的检查，但不得截留、复制、删改信件，不得向办案机关提供信件内容，但信件内容涉及危害国家安全、公共安全、严重危害他人人身安全以及涉嫌串供、毁灭证据等情形的除外。

第十四条 辩护律师自人民检察院对案件审查起诉之日起，可以查阅、摘抄、复制本案的案卷材料，人民检察院检察委员会的讨论记录、人民法院合议庭、审判委员会的讨论记录以及其他依法不能公开的材料除外。人民检察院、人民法院应当为辩护律师查阅、摘抄、复制案卷材料提供便利，有条件的地方可以推行电子化阅卷，允许刻录、下载材料。侦查机关应当在案件移送审查起诉后三日以内，人民检察院应当在提起公诉后三日以内，将案件移送情况告知辩护律师。案件提起公诉后，人民检察院对案卷所附证据材料有调整或者补充的，应当及时告知辩护律师。辩护律师对调整或者补充的证据材料，有权查阅、摘抄、复制。辩护律师办理申诉、抗诉案件，在人民检察院、人民法院经审查决定立案后，可以持律师执业证书、律师事务所证明和委托书或者法律援助公函到案卷档案管理部门、持有案卷档案的办案部门查阅、摘抄、复制已经审理终结案件的案卷材料。

辩护律师提出阅卷要求的，人民检察院、人民法院应当当时安排辩护律师阅卷，无法当时安排的，应当向辩护律师说明并安排其在三个工作日以内阅卷，不得限制辩护律师阅卷的次数和时间。有条件的地方可以设立阅卷预约平台。

人民检察院、人民法院应当为辩护律师阅卷提供场所和便利，配备必要的设备。因复制材料发生费用的，只收取工本费用。律师办理法律援助案件复制材料发生的费用，应当予以免收或者减收。辩护律师可以采用复印、拍照、扫描、电子数据拷贝等方式复制案卷材料，可以根据需要带律师助理协助阅卷。办案机关应当核实律师助理的身份。

辩护律师查阅、摘抄、复制的案卷材料属于国家秘密的，应当经过人民检察院、人民法院同意并遵守国家保密规定。律师不得违反规定，披露、散布案件重要信息和案卷材料，或者将其用于本案辩护、代理以外的其他用途。

第十五条 辩护律师提交与案件有关材料的，办案机关应当在工作时间和办公场所予以接待，当面了解辩护律师提交材料的目的、材料的来源和主要内容等有关情况并记录在案，与相关材料一并附卷，并出具回执。辩护律师应当提交原件，提交原件确有困难的，经办案机关准许，也可以提交复印件，经与原件核对无误后由辩护律师签名确认。辩护律师通过服务平台网上提交相关材料的，办案机关应当在网上出具回执。辩护律师应当及时向办案机关提供原件核对，并签名确认。

第十六条 在刑事诉讼审查起诉、审理期间，辩护律师书面申请调取公安机关、人民检察院在侦查、审查起诉期间收集但未提交的证明犯罪嫌疑人、被告人无罪或者罪轻的证据材料的，人民检察院、人民法院应当依法及时审查。经审查，认为辩护律师申请调取的证据材料已收集并且与案件事实有联系的，应当及时调取。相关证据材料提交后，人民检察院、人民法院应当及时通知辩护律师查阅、摘抄、复制。经审查决定不予调取的，应当书面说明理由。

第十七条 辩护律师申请向被害人或者其近亲属、被害人提供的证人收集与本案有关的材料的，人民检察院、人民法院应当在七日以内作出是否许可的决定，并通知辩护律师。辩护律师书面提出有关申请时，办案机关不许可的，应当书面说明理由；辩护律师口头提出申请的，办案机关可以口头答复。

第十八条 辩护律师申请人民检察院、人民法院收集、调取证据的，人民检察院、人民法院应当在三日以内作出是否同意的决定，并通知辩护律师。辩护律师书面提出有关申请时，办案机关不同意的，应当书面说明理由；辩护律师口头提出申请的，办案机关可以口头答复。

第十九条 辩护律师申请向正在服刑的罪犯收集与案件有关的材料的，监狱和其他监管机关在查验律师执业证书、律师事务所证明和犯罪嫌疑人、被告人委托书或法律援助公函后，应当及时安排并提供合适的场所和便利。

正在服刑的罪犯属于辩护律师所承办案件的被害人或者其近亲属、被害人提供的证人的，应当经人民检察院或者人民法院许可。

第二十条 在民事诉讼、行政诉讼过程中，律师因客观原因无法自行收集证据的，可以依法向人民法院申请调取。经审查符合规定的，人民法院应当予以调取。

第二十一条 侦查机关在案件侦查终结前，人民检察院、人民法院在审查批准、决定逮捕期间，最高人民法院在复核死刑案件期间，辩护律师提出要求的，办案机关应当听取辩护律师的意见。人民检察院审查起诉、第二审人民法院决定不开庭审理的，应当充分听取辩护律师的意见。

辩护律师要求当面反映意见或者提交证据材料的，办案机关应当依法办理，并制作笔录附卷。辩护律师提出的书面意见和证据材料，应当附卷。

第二十二条 辩护律师书面申请变更或者解除强制措施的，办案机关应当在三日以内作出处理决定。辩护律师的申请符合法律规定的，办案机关应当及时变更或者解除强制措施；经审查认为不应当变更或者解除强制措施的，应当告知辩护律师，并书面说明理由。

第二十三条 辩护律师在侦查、审查起诉、审判期间发现案件有关证据存在刑事诉讼法第五十四条规定的情形的，可以向办案机关申请排除非法证据。

辩护律师在开庭以前申请排除非法证据，人民法院对证据收集合法性有疑问的，应当依照刑事诉讼法第一百八十二条第二款的规定召开庭前会议，就非法证据排除问题了解情况，听取意见。

辩护律师申请排除非法证据的，办案机关应当听取辩护律师的意见，按照法定程序审查核实相关证据，并依法决定是否予以排除。

第二十四条 辩护律师在开庭以前提出召开庭前会议、回避、补充鉴定或者重新鉴定以及证人、鉴定人出庭等申请的，人民法院应当及时审查作出处理决定，并告知辩护律师。

第二十五条 人民法院确定案件开庭日期时，应当为律师出庭预留必要的准备时间并书面通知律师。律师因开庭日期冲突等正当理由申请变更开庭日期的，人民法院应当在不影响案件审理期限的情况下，予以考虑并调整日期，决定调整日期的，应当及时通知律师。

律师可以根据需要，向人民法院申请带律师助理参加庭审。律师助理参加庭审仅能从事相关辅助工作，不得发表辩护、代理意见。

第二十六条 有条件的人民法院应当建立律师参与诉讼专门通道，律师进入人民法院参与诉讼确需安全检查的，应当与出庭履行职务的检察人员同等对待。有条件的人民法院应当设置专门的律师更衣室、休息室或者休息区域，并配备必要的桌椅、饮水及上网设施等，为律师参与诉讼提供便利。

第二十七条 法庭审理过程中，律师对审判人员、检察人员提出回避申请的，人民法院、人民检察院应当依法作出处理。

第二十八条 法庭审理过程中，经审判长准许，律师可以向当事人、证人、鉴定人和有专门知识的人发问。

第二十九条 法庭审理过程中，律师可以就证据的真实性、合法性、关联性，从证明目的、证明效果、证明标准、证明过程等方面，进行法庭质证和相关辩论。

第三十条 法庭审理过程中，律师可以就案件事实、证据和适用法律等问题，进行法庭辩论。

第三十一条 法庭审理过程中，法官应当注重诉讼权利平等和控辩平衡。对于律师发问、质证、辩论的内容、方式、时间等，法庭应当依法公正保障，以便律师充分发表意见，查清案件事实。

法庭审理过程中，法官可以对律师的发问、辩论进行引导，除发言过于重复、相关问题已在庭前会议达成一致、与案件无关或者侮辱、诽谤、威胁他人，故意扰乱法庭秩序的情况外，法官不得随意打断或者制止律师按程序进行的发言。

第三十二条 法庭审理过程中，律师可以提出证据材料，申请通知新的证人、有专门知识的人出庭，申请调取新的证据，申请重新鉴定或者勘验、检查。在民事诉讼中，申请有专门知识的人出庭，应当在举证期限届满前向人民法院申请，经法庭许可后才可以出庭。

第三十三条 法庭审理过程中，遇有被告人供述发生重大变化、拒绝辩护等重大情形，经审判长许可，辩护律师可以与被告人进行交流。

第三十四条 法庭审理过程中，有下列情形之一的，律师可以向法庭申请休庭：

（一）辩护律师因法定情形拒绝为被告人辩护的；

（二）被告人拒绝辩护律师为其辩护的；

（三）需要对新的证据作辩护准备的；

（四）其他严重影响庭审正常进行的情形。

第三十五条 辩护律师作无罪辩护的，可以当庭就量刑问题发表辩护意见，也可以庭后提交量刑辩护意见。

第三十六条 人民法院适用普通程序审理案件，应当在裁判文书中写明律师依法提出的辩护、代理意见，以及是否采纳的情况，并说明理由。

第三十七条 对于诉讼中的重大程序信息和送达当事人的诉讼文书，办案机关应当通知辩护、代理律师。

第三十八条 法庭审理过程中，律师就回避，案件管辖，非法证据排除，申请通知证人、鉴定人、有专门知识的人出庭，申请通知新的证人到庭，调取新的证据，申请重新鉴定、勘验等问题当庭提出申请，或者对法庭审理程序提出异议的，法庭原则上应当休庭进行审查，依照法定程序作出决定。其他律师有相同异议的，应一并提出，法庭一并休庭审查。法庭决定驳回申请或者异议的，律师可当庭提出复议。经复议后，律师应当尊重法庭的决定，服从法庭的安排。

律师不服法庭决定保留意见的内容应当详细记入法庭笔录，可以作为上诉理由，或者向同级或者上一级人民检察院申诉、控告。

第三十九条 律师申请查阅人民法院录制的庭审过程的录音、录像的，人民法院应当准许。

第四十条 侦查机关依法对在诉讼活动中涉嫌犯罪的律师采取强制措施后，应当在四十八小时以内通知其所在的律师事务所或者所属的律师协会。

第四十一条 律师认为办案机关及其工作人员明显违反法律规定，阻碍律师依法履行辩护、代理职责，侵犯律师执业权利的，可以向该办案机关或者其上一级机关投诉。

办案机关应当畅通律师反映问题和投诉的渠道，明确专门部门负责处理律师投诉，并公开联系方式。

办案机关应当对律师的投诉及时调查，律师要求当面反映情况的，应当当面听取律师的意见。经调查情况属实的，应当依法立即纠正，及时答复律师，做好说明解释工作，并将处理情况通报其所在地司法行政机关或者所属的律师协会。

第四十二条 在刑事诉讼中，律师认为办案机关及其工作人员的下列行为阻碍律师依法行使诉讼权利的，可以向同级或者上一级人民检察院申诉、控告：

（一）未依法向律师履行告知、转达、通知和送达义务的；

（二）办案机关认定律师不得担任辩护人、代理人的情形有误的；

（三）对律师依法提出的申请，不接收、不答复的；

（四）依法应当许可律师提出的申请未许可的；

（五）依法应当听取律师的意见未听取的；

（六）其他阻碍律师依法行使诉讼权利的行为。

律师依照前款规定提出申诉、控告的，人民检察院应当在受理后十日以内进行审查，并将处理情况书面答复律师。情况属实的，通知有关机关予以纠正。情况不属实的，做好说明解释工作。

人民检察院应当依法严格履行保障律师依法执业的法律监督职责，处理律师申诉控告。在办案过程中发现有阻碍律师依法行使诉讼权利行为的，应当依法、及时提出纠正意见。

第四十三条 办案机关或者其上一级机关、人民检察院对律师提出的投诉、申诉、控告，经调查核实后要求有关机关予以纠正，有关机关拒不纠正或者累纠累犯的，应当由相关机关的纪检监察部门依照有关规定调查处理，相关责任人构成违纪的，给予纪律处分。

第四十四条 律师认为办案机关及其工作人员阻碍其依法行使执业权利的，可以向其所执业律师事务所所在地的市级司法行政机关、所属的律师协会申请维护执业权利。情况紧急的，可以向事发地的司法行政机关、律师协会申请维护执业权利。事发地的司法行政机关、律师协会应当给予协助。

司法行政机关、律师协会应当建立维护律师执业权利快速处置机制和联动机制，及时安排专人负责协调处理。律师的维权申请合法有据的，司法行政机关、律师协会应当建议有关办案机关依法处理，有关办案机关应当将处理情况及时反馈司法行政机关、律师协会。

司法行政机关、律师协会持有关证明调查核实律师权益保障或者违纪有关情况的，办案机关应当予以配合、协助，提供相关材料。

第四十五条 人民法院、人民检察院、公安机关、国家安全机关、司法行政机关和律师协会应当建立联席会议制度，定期沟通保障律师执业权利工作情况，及时调查处理侵犯律师执业权利的突发事件。

第四十六条 依法规范法律服务秩序，严肃查处假冒律师执业和非法从事法律服务的行为。对未取得律师执业证书或者已经被注销、吊销执业证书的人员以律师名义提供法律服务或者从事相关活动的，或者利用相关法律关于公民代理的规定从事诉讼代理或者辩护业务非法牟利的，依法追究责任，造成严重后果的，依法追究刑事责任。

第四十七条 本规定所称“办案机关”，是指负责侦查、审查逮捕、审查起诉和审判工作的公安机关、国家安全机关、人民检察院和人民法院。

第四十八条 本规定所称“律师助理”，是指辩护、代理律师所在律师事务所的其他律师和申请律师执业实习人员。

第四十九条 本规定自发布之日起施行。

最高人民法院关于依法切实保障律师诉讼权利的规定

（2015 年 12 月 29 日 法发〔2015〕16 号）

为深入贯彻落实全面推进依法治国战略，充分发挥律师维护当事人合法权益、促进司法公正的积极作用，切实保障律师诉讼权利，根据中华人民共和国刑事诉讼法、民事诉讼法、行政诉讼法、律师法和《最高人民法院、最高人民检察院、公安部、国家安全部、司法部关于依法保障律师执业权利的规定》，作出如下规定：

一、依法保障律师知情权。人民法院要不断完善审判流程公开、裁判文书公开、执行信息公开“三大平台”建设，方便律师及时获取诉讼信息。对诉讼程序、诉权保障、调解和解、裁判文书等重要事项及相关进展情况，应当依法及时告知律师。

二、依法保障律师阅卷权。对律师申请阅卷的，应当在合理时间内安排。案卷材料被其他诉讼主体查阅的，应当协调安排各方阅卷时间。律师依法查阅、摘抄、复制有关卷宗材料或者查看庭审录音录像的，应当提供场所和设施。有条件的法院，可提供网上卷宗查阅服务。

三、依法保障律师出庭权。确定开庭日期时，应当为律师预留必要的出庭准备时间。因特殊情况更改开庭日期的，应当提前三日告知律师。律师因正当理由请求变更开庭日期的，法官可在征询其他当事人意见后准许。律师带助理出庭的，应当准许。

四、依法保障律师辩论、辩护权。法官在庭审过程中应合理分配诉讼各方发问、质证、陈述和辩论、辩护的时间，充分听取律师意见。除律师发言过于重复、与案件无关或者相关问题已在庭前达成一致等情况外，不应打断律师发言。

五、依法保障律师申请排除非法证据的权利。律师申请排除非法证据并提供相关线索或者材料，法官经审查对证据收集合法性有疑问的，应当召开庭前会议或者进行法庭调查。经审查确认存在法律规定的以非法方法收集证据情形的，对有关证据应当予以排除。

六、依法保障律师申请调取证据的权利。律师因客观原因无法自行收集证据的，可以依法向人民法院书面申请调取证据。律师申请调取证据符合法定条件的，法官应当准许。

七、依法保障律师的人身安全。案件审理过程中出现当事人矛盾激化，可能危及律师人身安全情形的，应当及时采取必要措施。对在法庭上发生的殴打、威胁、侮辱、诽谤律师等行为，法官应当及时制止，依法处置。

八、依法保障律师代理申诉的权利。对律师代理当事人对案件提出申诉的，要依照法律规定的程序认真处理。认为原案件处理正确的，要支持律师向申诉人做好释法析理、息诉息访工作。

九、为律师依法履职提供便利。要进一步完善网上立案、缴费、查询、阅卷、申请保全、提交代理词、开庭排期、文书送达等功能。有条件的法院要为参加庭审的律师提供休息场所，配备桌椅、饮水及其他必要设施。

十、完善保障律师诉讼权利的救济机制。要指定专门机构负责处理律师投诉，公开联系方式，畅通投诉渠道。对投诉要及时调查，依法处理，并将结果及时告知律师。对司法行政机关、律师协会就维护律师执业权利提出的建议，要及时予以答复。

最高人民检察院
关于依法保障律师执业权利的规定

（2014 年 12 月 23 日　高检发〔2014〕21 号）

第一条　为了切实保障律师依法行使执业权利，严肃检察人员违法行使职权行为的责任追究，促进人民检察院规范司法，维护司法公正，根据《中华人民共和国刑事诉讼法》、《中华人民共和国民事诉讼法》、《中华人民共和国行政诉讼法》和《中华人民共和国律师法》等有关法律规定，结合工作实际，制定本规定。

第二条　各级人民检察院和全体检察人员应当充分认识律师在法治建设中的重要作用，认真贯彻落实各项法律规定，尊重和支持律师依法履行职责，依法为当事人委托律师和律师履职提供相关协助和便利，切实保障律师依法行使执业权利，共同维护国家法律统一、正确实施，维护社会公平正义。

第三条　人民检察院应当依法保障当事人委托权的行使。人民检察院在办理案件中应当依法告知当事人有权委托辩护人、诉讼代理人。对于在押或者被指定居所监视居住的犯罪嫌疑人提出委托辩护人要求的，人民检察院应当及时转达其要求。犯罪嫌疑人的监护人、近亲属代为委托辩护律师的，应当由犯罪嫌疑人确认委托关系。

人民检察院应当及时查验接受委托的律师是否具有辩护资格，发现有不得担任辩护人情形的，应当及时告知当事人、律师或者律师事务所解除委托关系。

第四条 人民检察院应当依法保障当事人获得法律援助的权利。对于符合法律援助情形而没有委托辩护人或者诉讼代理人的，人民检察院应当及时告知当事人有权申请法律援助，并依照相关规定向法律援助机构转交申请材料。人民检察院发现犯罪嫌疑人属于法定通知辩护情形的，应当及时通知法律援助机构指派律师为其提供辩护，对于犯罪嫌疑人拒绝法律援助的，应当查明原因，依照相关规定处理。

第五条 人民检察院应当依法保障律师在刑事诉讼中的会见权。人民检察院办理直接受理立案侦查案件，除特别重大贿赂犯罪案件外，其他案件依法不需要经许可会见。律师在侦查阶段提出会见特别重大贿赂案件犯罪嫌疑人的，人民检察院应当严格按照法律和相关规定及时审查决定是否许可，并在三日以内答复；有碍侦查的情形消失后，应当通知律师，可以不经许可会见犯罪嫌疑人；侦查终结前，应当许可律师会见犯罪嫌疑人。人民检察院在会见时不得派员在场，不得通过任何方式监听律师会见的谈话内容。

第六条 人民检察院应当依法保障律师的阅卷权。自案件移送审查起诉之日起，人民检察院应当允许辩护律师查阅、摘抄、复制本案的案卷材料；经人民检察院许可，诉讼代理人也可以查阅、摘抄、复制本案的案卷材料。人民检察院应当及时受理并安排律师阅卷，无法及时安排的，应当向律师说明并安排其在三个工作日以内阅卷。人民检察院应当依照检务公开的相关规定，完善互联网等律师服务平台，并配备必要的速拍、复印、刻录等设施，为律师阅卷提供尽可能的便利。律师查阅、摘抄、复制案卷材料应当在人民检察院设置的专门场所进行。必要时，人民检察院可以派员在场协助。

第七条 人民检察院应当依法保障律师在刑事诉讼中的申请收集、调取证据权。律师收集到有关犯罪嫌疑人不在犯罪现场、未达到刑事责任年龄、属于依法不负刑事责任的精神病人的证据，告知人民检察院的，人民检察院相关办案部门应当及时进行审查。

案件移送审查逮捕或者审查起诉后，律师依据刑事诉讼法第三十九条申请人民检察院调取侦查部门收集但未提交的证明犯罪嫌疑人无罪或者罪轻的证据材料的，人民检察院应当及时进行审查，决定是否调取。经审查，认为律师申请调取的证据未收集或者与案件事实没有联系决定不予调取的，人民检察院应当向律师说明理由。人民检察院决定调取后，侦查机关移送相关证据材料的，人民检察院应当在三日以内告知律师。

案件移送审查起诉后，律师依据刑事诉讼法第四十一条第一款的规定申请人民检察院收集、调取证据，人民检察院认为需要收集、调取证据的，应当决定收集、调取并制作笔录附卷；决定不予收集、调取的，应当书面说明理由。人民检察院根据律师的申请收集、调取证据时，律师可以在场。

律师向被害人或者其近亲属、被害人提供的证人收集与本案有关的材料，向人民检察院提出申请的，人民检察院应当在七日以内作出是否许可的决定。人民检察院没有许可的，应当书面说明理由。

第八条 人民检察院应当依法保障律师在诉讼中提出意见的权利。人民检察院应当主动听取并高度重视律师意见。法律未作规定但律师要求听取意见的，也应当及时安排听取。听取律师意见应当制作笔录，律师提出的书面意见应当附卷。对于律师提出不构成犯罪，罪轻或者减轻、免除刑事责任，无社会危险性，不适宜羁押，侦查活动有违法情形等书面意见的，办案人员必须进行审查，在相关工作文书中叙明律师提出的意见并说明是否采纳的情况和理由。

第九条 人民检察院应当依法保障律师在刑事诉讼中的知情权。律师在侦查期间向人民检察院了解犯罪嫌疑人涉嫌的罪名以及当时已查明的涉嫌犯罪的主要事实，犯罪嫌疑人被采取、变更、解除强制措施等情况的，人民检察院应当依法及时告知。办理直接受理立案侦查案件报请上一级人民检察院审查逮捕时，人民检察院应当将报请情况告知律师。案件侦查终结移送审查起诉时，人民检察院应当将案件移送情况告知律师。

第十条 人民检察院应当依法保障律师在民事、行政诉讼中的代理权。在民事行政检察工作中，当事人委托律师代理的，人民检察院应当尊重律师的权利，依法听取律师意见，认真审查律师提交的证据材料。律师根据当事人的委托要求参加人民检察院案件听证的，人民检察院应当允许。

第十一条 人民检察院应当切实履行对妨碍律师依法执业的法律监督职责。律师根据刑事诉讼法第四十七条的规定，认为公安机关、人民检察院、人民法院及其工作人员阻碍其依法行使诉讼权利，向同级或者上一级人民检察院申诉或者控告的，接受申诉或者控告的人民检察院控告检察部门应当在受理后十日以内进行审查，情况属实的，通知有关机关或者本院有关部门、下级人民检察院予以纠正，并将处理情况书面答复律师；情况不属实的，应当将办理情况书面答复律师，并做好说明解释工作。人民检察院在办案过程中发现有阻碍律师依法行使诉讼权利行为的，应当依法提出纠正意见。

第十二条 建立完善检察机关办案部门和检察人员违法行使职权行为记录、通报和责任追究制度。对检察机关办案部门或者检察人员在诉讼活动中阻碍律师依法行使会见权、阅卷权等诉讼权利的申诉或者控告，接受申诉或者控告的人民检察院控告检察部门应当立即进行调查核实，情节较轻的，应当提出纠正意见；具有违反规定扩大经许可会见案件的范围、不按规定时间答复是否许可会见等严重情节的，应当发出纠正通知书。通知后仍不纠正或者屡纠屡犯的，应当向纪检监察部门通报并报告检察长，由纪检监察部门依照有关规定调查处理，相关责任人构成违纪的给予纪律处分，并记入执法档案，予以通报。

第十三条 人民检察院应当主动加强与司法行政机关、律师协会和广大律师的工作联系，通过业务研讨、情况通报、交流会商、定期听取意见等形式，分析律师依法行使执业权利中存在的问题，共同研究解决办法，共同提高业务素质。

第十四条 本规定自发布之日起施行。2004 年 2 月 10 日最高人民检察院发布的《关于人民检察院保障律师在刑事诉讼中依法执业的规定》、2006年2月23日最高人民检察院发布的《关于进一步加强律师执业权利保障工作的通知》同时废止。最高人民检察院以前发布的有关规定与本规定不一致的，以本规定为准。

关于进一步规范法院、检察院离任人员从事律师职业的意见

（2021年9月30日　司发通〔2021〕61号）

第一条　为深入贯彻习近平法治思想，认真贯彻落实防止干预司法“三个规定”，进一步规范法院、检察院离任人员从事律师职业，防止利益输送和利益勾连，切实维护司法廉洁和司法公正，依据《中华人民共和国公务员法》《中华人民共和国法官法》《中华人民共和国检察官法》《中华人民共和国律师法》等有关规定，结合实际情况，制定本意见。

第二条　本意见适用于从各级人民法院、人民检察院离任且在离任时具有公务员身份的工作人员。离任包括退休、辞去公职、开除、辞退、调离等。

本意见所称律师，是指在律师事务所执业的专兼职律师（包括从事非诉讼法律事务的律师）。本意见所称律师事务所“法律顾问”，是指不以律师名义执业，但就相关业务领域或者个案提供法律咨询、法律论证，或者代表律师事务所开展协调、业务拓展等活动的人员。本意见所称律师事务所行政人员，是指律师事务所聘用的从事秘书、财务、行政、人力资源、信息技术、风险管控等工作的人员。

第三条　各级人民法院、人民检察院离任人员从事律师职业或者担任律师事务所“法律顾问”、行政人员，应当严格执行《中华人民共和国法官法》《中华人民共和国检察官法》《中华人民共和国律

师法》和公务员管理相关规定。

各级人民法院、人民检察院离任人员在离任后二年内，不得以律师身份担任诉讼代理人或者辩护人。各级人民法院、人民检察院离任人员终身不得担任原任职人民法院、人民检察院办理案件的诉讼代理人或者辩护人，但是作为当事人的监护人或者近亲属代理诉讼或者进行辩护的除外。

第四条 被人民法院、人民检察院开除人员和从人民法院、人民检察院辞去公职、退休的人员除符合本意见第三条规定外，还应当符合下列规定：

（一）被开除公职的人民法院、人民检察院工作人员不得在律师事务所从事任何工作。

（二）辞去公职或者退休的人民法院、人民检察院领导班子成员，四级高级及以上法官、检察官，四级高级法官助理、检察官助理以上及相当职级层次的审判、检察辅助人员在离职三年内，其他辞去公职或退休的人民法院、人民检察院工作人员在离职二年内，不得到原任职人民法院、人民检察院管辖地区内的律师事务所从事律师职业或者担任“法律顾问”、行政人员等，不得以律师身份从事与原任职人民法院、人民检察院相关的有偿法律服务活动。

（三）人民法院、人民检察院退休人员在不违反前项从业限制规定的情况下，确因工作需要从事律师职业或者担任律师事务所“法律顾问”、行政人员的，应当严格执行中共中央组织部《关于进一步规范党政领导干部在企业兼职（任职）问题的意见》（中组发〔2013〕18号）规定和审批程序，并及时将行政、工资等关系转出人民法院、人民检察院，不再保留机关的各种待遇。

第五条 各级人民法院、人民检察院离任人员不得以任何形式，为法官、检察官与律师不正当接触交往牵线搭桥，充当司法掮客；不得采用隐名代理等方式，规避从业限制规定，违规提供法律服务。

第六条 人民法院、人民检察院工作人员拟在离任后从事律师职业或者担任律师事务所“法律顾问”、行政人员的，应当在离任时向所在人民法院、人民检察院如实报告从业去向，签署承诺书，对遵守从业限制规定、在从业限制期内主动报告从业变动情况等作出承诺。

人民法院、人民检察院离任人员向律师协会申请律师实习登记时，应当主动报告曾在人民法院、人民检察院工作的情况，并作出遵守从业限制的承诺。

第七条 律师协会应当对人民法院、人民检察院离任人员申请实习登记进行严格审核，就申请人是否存在不宜从事律师职业的情形征求原任职人民法院、人民检察院意见，对不符合相关条件的人员不予实习登记。司法行政机关在办理人民法院、人民检察院离任人员申请律师执业核准时，应当严格审核把关，对不符合相关条件的人员不予核准执业。

第八条 各级人民法院、人民检察院应当在离任人员离任前与本人谈话，提醒其严格遵守从业限制规定，告知违规从业应承担的法律责任，对不符合从业限制规定的，劝其调整从业意向。

司法行政机关在作出核准人民法院、人民检察院离任人员从事律师职业决定时，应当与本人谈话，提醒其严格遵守从业限制规定，告知违规从业应承担的法律责任。

第九条 各级人民法院、人民检察院在案件办理过程中，发现担任诉讼代理人、辩护人的律师违反人民法院、人民检察院离任人员从业限制规定情况的，应当通知当事人更换诉讼代理人、辩护人，并及时通报司法行政机关。

司法行政机关应当加强从人民法院、人民检察院离任后在律师事务所从业人员的监督管理，通过投诉举报调查、“双随机一公开”抽查等方式，及时发现离任人员违法违规问题线索并依法作出处理。

第十条 律师事务所应当切实履行对本所律师及工作人员的监督管理责任，不得接收不符合条件的人民法院、人民检察院离任人员到本所执业或者工作，不得指派本所律师违反从业限制规定担任诉讼代理人、辩护人。律师事务所违反上述规定的，由司法行政机关依法依规处理。

第十一条 各级人民法院、人民检察院应当建立离任人员信息库，并实现与律师管理系统的对接。司法行政机关应当依托离任人员信息库，加强对人民法院、人民检察院离任人员申请律师执业的审核把关。

各级司法行政机关应当会同人民法院、人民检察院，建立人民法院、人民检察院离任人员在律师事务所从业信息库和人民法院、人民检察院工作人员近亲属从事律师职业信息库，并实现与人民法院、人民检察院立案、办案系统的对接。人民法院、人民检察院应当依托相关信息库，加强对离任人员违规担任案件诉讼代理人、辩护人的甄别、监管，做好人民法院、人民检察院工作人员回避工作。

第十二条 各级人民法院、人民检察院和司法行政机关应当定期对人民法院、人民检察院离任人员在律师事务所违规从业情况开展核查，并按照相关规定进行清理。

对人民法院、人民检察院离任人员违规从事律师职业或者担任律师事务所"法律顾问"、行政人员的，司法行政机关应当要求其在规定时间内申请注销律师执业证书、与律所解除劳动劳务关系；对在规定时间内没有主动申请注销执业证书或者解除劳动劳务关系的，司法行政机关应当依法注销其执业证书或者责令律所与其解除劳动劳务关系。

本意见印发前，已经在律师事务所从业的人民法院、人民检察院退休人员，按照中共中央组织部《关于进一步规范党政领导干部在企业兼职（任职）问题的意见》（中组发〔2013〕18 号）相关规定处理。

中华全国律师协会关于禁止违规炒作案件的规则（试行）

（2021年10月15日第十届全国律协常务理事会第二次（扩大）会议审议通过）

第一条 为进一步加强律师职业道德和执业纪律建设，防止律师通过违规炒作等方式影响案件依法办理，维护诚信公平的良好执业环境，维护行业形象，维护司法公正，根据《中华人民共和国律师法》《中华全国律师协会章程》等，制定本规则。

第二条 案件承办律师在诉讼过程中发表代理、辩护等意见的权利受法律保护，但发表危害国家安全、恶意诽谤他人、严重扰乱诉讼及法庭秩序的言论除外。

第三条 律师发表代理、辩护等意见的权利受到不当阻碍或不法侵害的，有权要求办案机关予以纠正。办案机关不予纠正的，律师可以向律师协会申请维护执业权利，也可以向办案机关或者其上一级机关投诉。律师协会应当在调查核实基础上，协调有关部门依法依规处理，并将结果及时告知律师。针对妨碍律师依法行使执业权利的情况，律师也可根据相关规定，向负有法律监督职责的人民检察院申诉控告。

第四条 律师及其所在律师事务所应当依法依规履行职责，不得以下列方式违规炒作案件：

（一）通过联署签名、发表公开信、组织网上聚集、声援等方式或借个案研讨之名，制造舆论压力，影响案件依法办理；

（二）通过媒体、自媒体等平台就案件进行歪曲、有误导性的宣传、评论，以转发、评论等方式炒作误导性、虚假性、推测性的信息；

（三）侮辱、诽谤办案人员、对方当事人及其他诉讼参与人，或者通过披露有损办案人员、当事人及其他利害关系人隐私等不正当方式，歪曲、丑化办案人员、当事人及其他诉讼参与人形象；

（四）违规披露未成年人案件中涉案未成年人的个人信息，或者在非未成年人案件中以未成年人案件为噱头进行宣传，煽动舆论，制造影响；

（五）煽动、教唆当事人或其他人员通过网络等传播媒介对案件发表不当评论，制造影响，向办案机关施压；

（六）其他以不正当方式违规炒作案件的情形。

第五条 公开审理的案件，承办律师不得披露、散布通过会见、阅卷、调查取证等执业活动获取的可能影响案件依法办理的重要信息、证据材料。不公开审理的案件，承办律师不得披露、散布案件信息、材料，但法律准许公开的除外。

案件承办律师不得通过当事人、他人变相披露上述信息、材料。

案件承办律师所在律师事务所以及其他知晓案情的律师参照执行。

第六条 未经法庭许可，案件承办律师不得对庭审活动进行录音、录像、摄影，或者对外传（直）播庭审情况；不得通过接受采访、撰写文章、发表评论或者其他方式，对外披露未经公开的庭审细节和情况。

第七条 案件审理终结后，律师、律师事务所如认为生效判决确有错误，应当引导当事人依法通过法定程序解决。不得通过违规炒作案件，为后续可能产生的再审、抗诉、申诉等法律程序制造舆论压力。

第八条 律师、律师事务所对党和国家重大决策部署、公共事件和涉法问题等发表评论，应当依法、客观、公正、审慎，不得通过以下方式进行违规炒作：

（一）散布违背党的路线方针政策、否定中国共产党的领导、否定中国特色社会主义法治的言论，攻击、诋毁党和国家重大决策部署；

（二）制造舆论，煽动对党和政府的不满情绪，激化社会矛盾；

（三）明显违背社会公序良俗；

（四）发表与律师职业身份不符，严重损害律师职业形象的评论。

第九条 律师、律师事务所在媒体、自媒体等平台，以文字、音视频等方式发表评论意见时，应核查信息真实性，确保意见专业合法，不得损害律师职业尊严和律师行业形象。

第十条 律师事务所应当严格履行管理职责，建立健全内部管理制度，禁止本所律师违规炒作案件，发现问题及时予以纠正。

律师协会应当加强律师职业道德和执业纪律培训，教育引导律师明晰执业底线和红线，依法依规诚信执业，自觉抵制违规炒作案件行为。

律师、律师事务所违反本规则的，由其所属的地方律师协会通过主动调查或根据投诉进行调查处理等方式进行监督管理。

律师协会收到人民法院、人民检察院、公安机关等办案机关告知律师存在违规炒作行为的，应当开展调查，并及时反馈结果。

第十一条 律师、律师事务所违反本规则规定的，律师协会应当通知律师和律师事务所限期改正，并根据《律师执业行为规范》《律师协会会员违规行为处分规则（试行）》等行业规范给予相应的纪律处分。

律师、律师事务所有相关违法行为应当予以行政处罚的，律师协会应当书面建议司法行政机关作出相应行政处罚，并移交相关证据材料。

第十二条 本规则由中华全国律师协会常务理事会负责解释。

第十三条 本规则自发布之日起试行。

最高人民法院、司法部关于规范法官和律师相互关系维护司法公正的若干规定

（2004 年 3 月 19 日　法发〔2004〕9 号）

为了加强对法官和律师在诉讼活动中的职业纪律约束，规范法官和律师的相互关系，维护司法公正，根据《中华人民共和国法官法》、《中华人民共和国律师法》等有关法律、法规，制定本规定。

第一条　法官和律师在诉讼活动中应当忠实于宪法和法律，依法履行职责，共同维护法律尊严和司法权威。

第二条　法官应当严格依法办案，不受当事人及其委托的律师利用各种关系、以不正当方式对案件审判进行的干涉或者施加的影响。

律师在代理案件之前及其代理过程中，不得向当事人宣称自己与受理案件法院的法官具有亲朋、同学、师生、曾经同事等关系，并不得利用这种关系或者以法律禁止的其他形式干涉或者影响案件的审判。

第三条　法官不得私自单方面会见当事人及其委托的律师。

律师不得违反规定单方面会见法官。

第四条　法官应当严格执行回避制度，如果与本案当事人委托的律师有亲朋、同学、师生、曾经同事等关系，可能影响案件公正处理的，应当自行申请回避，是否回避由本院院长或者审判委员会决定。

律师因法定事由或者根据相关规定不得担任诉讼代理人或者辩护人的，应当谢绝当事人的委托，或者解除委托代理合同。

第五条　法官应当严格执行公开审判制度，依法告知当事人及其委托的律师本案审判的相关情况，但是不得泄露审判秘密。

律师不得以各种非法手段打听案情，不得违法误导当事人的诉

讼行为。

第六条 法官不得为当事人推荐、介绍律师作为其代理人、辩护人，或者暗示更换承办律师，或者为律师介绍代理、辩护等法律服务业务，并且不得违反规定向当事人及其委托的律师提供咨询意见或者法律意见。

律师不得明示或者暗示法官为其介绍代理、辩护等法律服务业务。

第七条 法官不得向当事人及其委托律师索取或者收取礼品、金钱、有价证券等；不得借婚丧喜庆事宜向律师索取或者收取礼品、礼金；不得接受当事人及其委托律师的宴请；不得要求或者接受当事人及其委托律师出资装修住宅、购买商品或者进行各种娱乐、旅游活动；不得要求当事人及其委托的律师报销任何费用；不得向当事人及其委托的律师借用交通工具、通讯工具或者其他物品。

当事人委托的律师不得借法官或者其近亲属婚丧喜庆事宜馈赠礼品、金钱、有价证券等；不得向法官请客送礼、行贿或者指使、诱导当事人送礼、行贿；不得为法官装修住宅、购买商品或者出资邀请法官进行娱乐、旅游活动；不得为法官报销任何费用；不得向法官出借交通工具、通讯工具或者其他物品。

第八条 法官不得要求或者暗示律师向当事人索取财物或者其他利益。

当事人委托的律师不得假借法官的名义或者以联络、酬谢法官为由，向当事人索取财物或者其他利益。

第九条 法官应当严格遵守法律规定的审理期限，合理安排审判事务，遵守开庭时间。

律师应当严格遵守法律规定的提交诉讼文书的期限及其他相关程序性规定，遵守开庭时间。

法官和律师均不得借故延迟开庭。法官确有正当理由不能按期开庭，或者律师确有正当理由不能按期出庭的，人民法院应当在不影响案件审理期限的情况下，另行安排开庭时间，并及时通知当事人及其委托的律师。

第十条 法官在庭审过程中，应当严格按照法律规定的诉讼程序进行审判活动，尊重律师的执业权利，认真听取诉讼双方的意见。

律师应当自觉遵守法庭规则，尊重法官权威，依法履行辩护、代理职责。

第十一条 法官和律师在诉讼活动中应当严格遵守司法礼仪，保持良好的仪表，举止文明。

第十二条 律师对于法官有违反本规定行为的，可以自行或者通过司法行政部门、律师协会向有关人民法院反映情况，或者署名举报，提出追究违纪法官党纪、政纪或者法律责任的意见。

法官对于律师有违反本规定行为的，可以直接或者通过人民法院向有关司法行政部门、律师协会反映情况，或者提出给予行业处分、行政处罚直至追究法律责任的司法建议。

第十三条 当事人、案外人发现法官或者律师有违反本规定行为的，可以向有关人民法院、司法行政部门、纪检监察部门、律师协会反映情况或者署名举报。

第十四条 人民法院、司法行政部门、律师协会对于法官、律师违反本规定的，应当视其情节，按照有关法律、法规或者规定给予处理；构成犯罪的，依法追究刑事责任。

第十五条 对法官和律师在案件执行过程中的纪律约束，按照本规定执行。

对人民法院其他工作人员和律师辅助人员的纪律约束，参照本规定的有关内容执行。

第十六条 本规定由最高人民法院、司法部负责解释。

第十七条 本规定自公布之日起实施。

关于反对律师行业不正当竞争行为的若干规定

（1995年2月20日司法部令第37号发布　自发布之日起施行）

第一条　为了鼓励和保护律师、律师事务所之间的公平竞争，维护律师行为的正常执业秩序，制定本规定。

第二条　律师及律师事务所的执业行为必须遵循公平、平等、诚实、信用的原则，遵守律师职业道德和执业纪律，遵守律师行业公认的执业准则。

第三条　鼓励和保护一切组织和个人对律师执业不正当竞争行为进行监督。

第四条　律师或律师事务所的下列行为，属不正当竞争行为：

（一）通过招聘启事、律师事务所简介、领导人题写名称或其他方式，对律师或律师事务所进行不符合实际的宣传；

（二）在律师名片上印有律师经历、专业技术职务或其他头衔的；

（三）借助行政机关或行业管理部门的权力，或通过与某机关、部门联合设立某种形式的机构而对某地区、某部门、某行业或某一种类的法律事务进行垄断的；

（四）故意诋毁其他律师或律师事务所声誉，争揽业务的；

（五）无正当理由，以在规定收费标准以下收费为条件吸引客户的；

（六）采用给予客户或介绍人提取“案件介绍费”或其他好处的方式承揽业务的；

（七）故意在当事人与其代理律师之间制造纠纷的；

（八）利用律师兼有的其他身份影响所承办业务正常处理和审理的。

第五条 律师有本规定第四条第一、二项所列行为之一的，应给予警告；情节严重的，应停止执业3至6个月，并责令其消除影响；

律师有本规定第四条第三、四、五、六、七、八项所列行为之一的，给予警告；情节严重的，应停止执业3至12个月。

第六条 律师事务所有本规定第四条第一、二项所列行为之一的，应给予警告；情节严重、责令其公开澄清事实，消除影响；

律师事务所有第四条第三、四、五、六、七、八项所列行为之一的，应给予警告；情节严重的，可以停业整顿。

第七条 对于实施两种或两种以上的不正当竞争行为的律师或律师事务所，应当从重处罚，直至报请司法行政机关取消其律师资格或撤销该律师事务所。

第八条 律师惩戒委员会按照《律师惩戒规则》及本规定，负责对违反本规定的律师或律师事务所进行检查、监督和惩戒。

第九条 地、市（州）的律师惩戒委员会负责对本辖区的律师及律师事务所的不正当竞争行为进行惩戒。

依照本规定应给予停止执业6个月以上或停业整顿以上惩戒的，应报省（自治区、直辖市）律师惩戒委员会批准决定。

第十条 律师惩戒委员会受理投诉后，有权要求投诉人提供被投诉人的名称、地址，提供被投诉事项的书面材料和必要的证据；有权询问被投诉人，以及其他当事人、证人，并要求他们提供有关材料。

第十一条 律师和律师事务所应当互相监督，对于有不正当竞争行为的，应当向司法机关、律师协会和律师惩戒委员会反映。司法行政机关和律师协会接到投诉的，应及时转有管辖权的律师惩戒委员会处理。

第十二条 对律师或律师事务所进行的惩戒处分，应在全国或省级律师报刊上予以公告，所需费用由被惩戒的律师或律师事务所负担。

第十三条 外国律师事务所驻华办事机构及其人员有不正当竞争行为的，参照本规定处罚。

第十四条 本规定由司法部负责解释。

第十五条 本规定自发布之日起施行。

律师和律师事务所违法行为处罚办法

（2010年4月8日司法部令第122号公布 自2010年6月1日起施行）

第一章 总 则

第一条 为了加强对律师、律师事务所执业活动的监督，规范律师执业行为，维护正常的法律服务秩序，根据《中华人民共和国律师法》（以下简称《律师法》）、《中华人民共和国行政处罚法》（以下简称《行政处罚法》）的有关规定，制定本办法。

第二条 律师、律师事务所有违法行为，应当给予行政处罚的，由司法行政机关依照《律师法》、《行政处罚法》和有关法律、法规、规章以及本办法的规定实施行政处罚。

第三条 司法行政机关实施行政处罚，应当遵循公正、公开的原则；应当以事实为依据，与违法行为的性质、情节以及社会危害程度相当；应当坚持处罚与教育相结合，教育引导律师、律师事务所依法执业，恪守职业道德和执业纪律。

第四条 司法行政机关应当建立健全对行政处罚的监督制度。上一级司法行政机关应当加强对下一级司法行政机关实施行政处罚的监督和指导，发现行政处罚违法、不当的，应当及时责令纠正。

司法行政机关工作人员在实施行政处罚活动中，有违法违纪行为的，应当依法给予行政处分；构成犯罪的，依法追究刑事责任。

第二章　律师应予处罚的违法行为

第五条　有下列情形之一的，属于《律师法》第四十七条第一项规定的律师“同时在两个以上律师事务所执业的”违法行为：

（一）在律师事务所执业的同时又在其他律师事务所或者社会法律服务机构执业的；

（二）在获准变更执业机构前以拟变更律师事务所律师的名义承办业务，或者在获准变更后仍以原所在律师事务所律师的名义承办业务的。

第六条　有下列情形之一的，属于《律师法》第四十七条第二项规定的律师“以不正当手段承揽业务的”违法行为：

（一）以误导、利诱、威胁或者作虚假承诺等方式承揽业务的；

（二）以支付介绍费、给予回扣、许诺提供利益等方式承揽业务的；

（三）以对本人及所在律师事务所进行不真实、不适当宣传或者诋毁其他律师、律师事务所声誉等方式承揽业务的；

（四）在律师事务所住所以外设立办公室、接待室承揽业务的。

第七条　有下列情形之一的，属于《律师法》第四十七条第三项规定的律师“在同一案件中为双方当事人担任代理人，或者代理与本人及其近亲属有利益冲突的法律事务的”违法行为：

（一）在同一民事诉讼、行政诉讼或者非诉讼法律事务中同时为有利益冲突的当事人担任代理人或者提供相关法律服务的；

（二）在同一刑事案件中同时为被告人和被害人担任辩护人、代理人，或者同时为二名以上的犯罪嫌疑人、被告人担任辩护人的；

（三）担任法律顾问期间，为与顾问单位有利益冲突的当事人提供法律服务的；

（四）曾担任法官、检察官的律师，以代理人、辩护人的身份承办原任职法院、检察院办理过的案件的；

（五）曾经担任仲裁员或者仍在担任仲裁员的律师，以代理人身份承办本人原任职或者现任职的仲裁机构办理的案件的。

第八条 曾经担任法官、检察官的律师，从人民法院、人民检察院离任后二年内，担任诉讼代理人、辩护人或者以其他方式参与所在律师事务所承办的诉讼法律事务的，属于《律师法》第四十七条第四项规定的“从人民法院、人民检察院离任后二年内担任诉讼代理人或者辩护人的”违法行为。

第九条 有下列情形之一的，属于《律师法》第四十七条第五项规定的律师“拒绝履行法律援助义务的”违法行为：

（一）无正当理由拒绝接受律师事务所或者法律援助机构指派的法律援助案件的；

（二）接受指派后，懈怠履行或者擅自停止履行法律援助职责的。

第十条 有下列情形之一的，属于《律师法》第四十八条第一项规定的律师“私自接受委托、收取费用，接受委托人财物或者其他利益的”违法行为：

（一）违反统一接受委托规定或者在被处以停止执业期间，私自接受委托，承办法律事务的；

（二）违反收费管理规定，私自收取、使用、侵占律师服务费以及律师异地办案差旅费用的；

（三）在律师事务所统一收费外又向委托人索要其他费用、财物或者获取其他利益的；

（四）向法律援助受援人索要费用或者接受受援人的财物或者其他利益的。

第十一条 律师接受委托后，除有下列情形之外，拒绝辩护或者代理，不按时出庭参加诉讼或者仲裁的，属于《律师法》第四十八条第二项规定的违法行为：

（一）委托事项违法，或者委托人利用律师提供的法律服务从事违法活动的；

（二）委托人故意隐瞒与案件有关的重要事实或者提供虚假、伪造的证据材料的；

（三）委托人不履行委托合同约定义务的；

（四）律师因患严重疾病或者受到停止执业以上行政处罚的；

（五）其他依法可以拒绝辩护、代理的。

第十二条 有下列情形之一的，属于《律师法》第四十八条第三项规定的律师“利用提供法律服务的便利牟取当事人争议的权益的”违法行为：

（一）采用诱导、欺骗、胁迫、敲诈等手段获取当事人与他人争议的财物、权益的；

（二）指使、诱导当事人将争议的财物、权益转让、出售、租赁给他人，并从中获取利益的。

第十三条 律师未经委托人或者其他当事人的授权或者同意，在承办案件的过程中或者结束后，擅自披露、散布在执业中知悉的委托人或者其他当事人的商业秘密、个人隐私或者其他不愿泄露的情况和信息的，属于《律师法》第四十八条第四项规定的“泄露商业秘密或者个人隐私的”违法行为。

第十四条 有下列情形之一的，属于《律师法》第四十九条第一项规定的律师“违反规定会见法官、检察官、仲裁员以及其他有关工作人员，或者以其他不正当方式影响依法办理案件的”违法行为：

（一）在承办代理、辩护业务期间，以影响案件办理结果为目的，在非工作时间、非工作场所会见法官、检察官、仲裁员或者其他有关工作人员的；

（二）利用与法官、检察官、仲裁员或者其他有关工作人员的特殊关系，影响依法办理案件的；

（三）以对案件进行歪曲、不实、有误导性的宣传或者诋毁有关办案机关和工作人员以及对方当事人声誉等方式，影响依法办理案件的。

第十五条 有下列情形之一的，属于《律师法》第四十九条第二项规定的律师“向法官、检察官、仲裁员以及其他有关工作人员行贿，介绍贿赂或者指使、诱导当事人行贿的”违法行为：

（一）利用承办案件的法官、检察官、仲裁员以及其他工作人员或者其近亲属举办婚丧喜庆事宜等时机，以向其馈赠礼品、金钱、有价证券等方式行贿的；

（二）以装修住宅、报销个人费用、资助旅游娱乐等方式向法官、检察官、仲裁员以及其他工作人员行贿的；

（三）以提供交通工具、通讯工具、住房或者其他物品等方式向法官、检察官、仲裁员以及其他工作人员行贿的；

（四）以影响案件办理结果为目的，直接向法官、检察官、仲裁员以及其他工作人员行贿、介绍贿赂或者指使、诱导当事人行贿的。

第十六条 有下列情形之一的，属于《律师法》第四十九条第三项规定的律师“向司法行政部门提供虚假材料或者有其他弄虚作假行为的”违法行为：

（一）在司法行政机关实施检查、监督工作中，向其隐瞒真实情况，拒不提供或者提供不实、虚假材料，或者隐匿、毁灭、伪造证据材料的；

（二）在参加律师执业年度考核、执业评价、评先创优活动中，提供不实、虚假、伪造的材料或者有其他弄虚作假行为的；

（三）在申请变更执业机构、办理执业终止、注销等手续时，提供不实、虚假、伪造的材料的。

第十七条 有下列情形之一的，属于《律师法》第四十九条第四项规定的律师“故意提供虚假证据或者威胁、利诱他人提供虚假证据，妨碍对方当事人合法取得证据的”违法行为：

（一）故意向司法机关、行政机关或者仲裁机构提交虚假证据，或者指使、威胁、利诱他人提供虚假证据的；

（二）指示或者帮助委托人或者他人伪造、隐匿、毁灭证据，指使或者帮助犯罪嫌疑人、被告人串供，威胁、利诱证人不作证或者作伪证的；

（三）妨碍对方当事人及其代理人、辩护人合法取证的，或者阻止他人向案件承办机关或者对方当事人提供证据的。

第十八条 有下列情形之一的，属于《律师法》第四十九条第五项规定的律师“接受对方当事人财物或者其他利益，与对方当事人或者第三人恶意串通，侵害委托人权益的”违法行为：

（一）向对方当事人或者第三人提供不利于委托人的信息或者证据材料的；

（二）与对方当事人或者第三人恶意串通、暗中配合，妨碍委托人合法行使权利的；

（三）接受对方当事人财物或者其他利益，故意延误、懈怠或者不依法履行代理、辩护职责，给委托人及委托事项的办理造成不利影响和损失的。

第十九条 有下列情形之一的，属于《律师法》第四十九条第六项规定的律师“扰乱法庭、仲裁庭秩序，干扰诉讼、仲裁活动的正常进行的”违法行为：

（一）在法庭、仲裁庭上发表或者指使、诱导委托人发表扰乱诉讼、仲裁活动正常进行的言论的；

（二）阻止委托人或者其他诉讼参与人出庭，致使诉讼、仲裁活动不能正常进行的；

（三）煽动、教唆他人扰乱法庭、仲裁庭秩序的；

（四）无正当理由，当庭拒绝辩护、代理，拒绝签收司法文书或者拒绝在有关诉讼文书上签署意见的。

第二十条 有下列情形之一的，属于《律师法》第四十九条第七项规定的律师“煽动、教唆当事人采取扰乱公共秩序、危害公共安全等非法手段解决争议的”违法行为：

（一）煽动、教唆当事人采取非法集会、游行示威，聚众扰乱公共场所秩序、交通秩序，围堵、冲击国家机关等非法手段表达诉求，妨害国家机关及其工作人员依法履行职责，抗拒执法活动或者判决执行的；

（二）利用媒体或者其他方式，煽动、教唆当事人以扰乱公共秩序、危害公共安全等手段干扰诉讼、仲裁及行政执法活动正常进行的。

第二十一条 有下列情形之一的，属于《律师法》第四十九条第八项规定的律师“发表危害国家安全、恶意诽谤他人、严重扰乱法庭秩序的言论的”违法行为：

（一）在承办代理、辩护业务期间，发表、散布危害国家安全，恶意诽谤法官、检察官、仲裁员及对方当事人、第三人，严重扰乱法庭秩序的言论的；

（二）在执业期间，发表、制作、传播危害国家安全的言论、信息、音像制品或者支持、参与、实施以危害国家安全为目的活动的。

第二十二条 律师违反保密义务规定，故意或者过失泄露在执业中知悉的国家秘密的，属于《律师法》第四十九条第九项规定的“泄露国家秘密的”违法行为。

第三章 律师事务所应予处罚的违法行为

第二十三条 有下列情形之一的，属于《律师法》第五十条第一项规定的律师事务所“违反规定接受委托、收取费用的”违法行为：

（一）违反规定不以律师事务所名义统一接受委托、统一收取律师服务费和律师异地办案差旅费，不向委托人出具有效收费凭证的；

（二）向委托人索要或者接受规定、合同约定之外的费用、财物或者其他利益的；

（三）纵容或者放任本所律师有本办法第十条规定的违法行为的。

第二十四条 有下列情形之一的，属于《律师法》第五十条第二项规定的律师事务所“违反法定程序办理变更名称、负责人、章程、合伙协议、住所、合伙人等重大事项的”违法行为：

（一）不按规定程序办理律师事务所名称、负责人、章程、合伙协议、住所、合伙人、组织形式等事项变更报批或者备案的；

（二）不按规定的条件和程序发展合伙人，办理合伙人退伙、除名或者推选律师事务所负责人的；

（三）不按规定程序办理律师事务所分立、合并，设立分所，或者终止、清算、注销事宜的。

第二十五条 有下列情形之一的，属于《律师法》第五十条第三项规定的律师事务所“从事法律服务以外的经营活动的”违法行为：

（一）以独资、与他人合资或者委托持股方式兴办企业，并委派律师担任企业法定代表人或者总经理职务的；

（二）从事与法律服务无关的中介服务或者其他经营性活动的。

第二十六条 律师事务所从事或者纵容、放任本所律师从事本办法第六条规定的违法行为的，属于《律师法》第五十条第四项规定的律师事务所“以诋毁其他律师事务所、律师或者支付介绍费等不正当手段承揽业务的”违法行为。

第二十七条 有下列情形之一的，属于《律师法》第五十条第五项规定的律师事务所“违反规定接受有利益冲突的案件的”违法行为：

（一）指派本所律师担任同一诉讼案件的原告、被告代理人，或者同一刑事案件被告人辩护人、被害人代理人的；

（二）未按规定对委托事项进行利益冲突审查，指派律师同时或者先后为有利益冲突的非诉讼法律事务各方当事人担任代理人或者提供相关法律服务的；

（三）明知本所律师及其近亲属同委托事项有利益冲突，仍指派该律师担任代理人、辩护人或者提供相关法律服务的；

（四）纵容或者放任本所律师有本办法第七条规定的违法行为的。

第二十八条 有下列情形之一的，属于《律师法》第五十条第六项规定的律师事务所“拒绝履行法律援助义务的”违法行为：

（一）无正当理由拒绝接受法律援助机构指派的法律援助案件的；

（二）接受指派后，不按规定及时安排本所律师承办法律援助案件或者拒绝为法律援助案件的办理提供条件和便利的；

（三）纵容或者放任本所律师有本办法第九条规定的违法行为的。

第二十九条 有下列情形之一的，属于《律师法》第五十条第七项规定的律师事务所“向司法行政部门提供虚假材料或者有其他弄虚作假行为的”违法行为：

（一）在司法行政机关实施检查、监督工作时，故意隐瞒真实情况，拒不提供有关材料或者提供不实、虚假的材料，或者隐匿、毁灭、伪造证据材料的；

（二）在参加律师事务所年度检查考核、执业评价、评先创优活动中，提供不实、虚假、伪造的材料或者有其他弄虚作假行为的；

（三）在办理律师事务所重大事项变更、设立分所、分立、合并或者终止、清算、注销的过程中，提供不实、虚假、伪造的证明材料或者有其他弄虚作假行为的。

第三十条 有下列情形之一，造成严重后果和恶劣影响，属于《律师法》第五十条第八项规定的律师事务所“对本所律师疏于管理，造成严重后果的”违法行为：

（一）不按规定建立健全内部管理制度，日常管理松懈、混乱，造成律师事务所无法正常运转的；

（二）不按规定对律师执业活动实行有效监督，或者纵容、袒护、包庇本所律师从事违法违纪活动，造成严重后果的；

（三）纵容或者放任律师在本所被处以停业整顿期间或者律师被处以停止执业期间继续执业的；

（四）不按规定接受年度检查考核，或者经年度检查考核被评定为“不合格”的；

（五）不按规定建立劳动合同制度，不依法为聘用律师和辅助人员办理失业、养老、医疗等社会保险的；

（六）有其他违法违规行为，造成严重后果的。

第四章　行政处罚的实施

第三十一条 司法行政机关对律师的违法行为给予警告、罚款、没收违法所得、停止执业处罚的，由律师执业机构所在地的设区的市级或者直辖市区（县）司法行政机关实施；给予吊销执业证书处罚的，由许可该律师执业的省、自治区、直辖市司法行政机关实施。

司法行政机关对律师事务所的违法行为给予警告、罚款、没收违法所得、停业整顿处罚的，由律师事务所所在地的设区的市级或者直辖市区（县）司法行政机关实施；给予吊销执业许可证书处罚的，由许可该律师事务所设立的省、自治区、直辖市司法行政机关实施。

第三十二条 律师有《律师法》第四十七条以及本办法第五条至第九条规定的违法行为的，由司法行政机关给予警告，可以处五千元以下的罚款；有违法所得的，没收违法所得；情节严重的，给予停止执业三个月以下的处罚。

律师有《律师法》第四十八条以及本办法第十条至第十三条规定的违法行为的，由司法行政机关给予警告，可以处一万元以下的罚款；有违法所得的，没收违法所得；情节严重的，给予停止执业三个月以上六个月以下的处罚。

律师有《律师法》第四十九条以及本办法第十四条至第二十二条规定的违法行为的，由司法行政机关给予停止执业六个月以上一年以下的处罚，可以处五万元以下的罚款；有违法所得的，没收违法所得；情节严重的，吊销其律师执业证书；构成犯罪的，依法追究刑事责任。

第三十三条 律师事务所有《律师法》第五十条以及本办法第二十三条至第三十条规定的违法行为的，由司法行政机关视其情节给予警告、停业整顿一个月以上六个月以下的处罚，可以处十万元以下的罚款；有违法所得的，没收违法所得；情节特别严重的，吊销律师事务所执业许可证书。

第三十四条 司法行政机关对律师、律师事务所的违法行为实施行政处罚，应当根据《行政处罚法》、《律师法》和司法部关于行政处罚程序的规定以及本办法的规定进行。

第三十五条 律师、律师事务所对司法行政机关给予的行政处罚，享有陈述权、申辩权、要求听证权；对行政处罚决定不服的，有权依法申请行政复议或者提起行政诉讼；因司法行政机关违法给予行政处罚受到损害的，有权依法提出赔偿要求。

第三十六条 司法行政机关实施行政处罚，应当对律师、律师事务所违法行为的事实、证据进行全面、客观、公正地调查、核实，必要时可以依法进行检查。

调查违法行为，可以要求被调查的律师、律师事务所说明情况、提交有关材料；可以调阅律师事务所有关业务案卷和档案材料；可以向有关单位、个人调查核实情况、收集证据；对可能灭失或者以后难以取得的证据，可以先行登记保存。

司法行政机关可以委托下一级司法行政机关或者违法行为发生地的司法行政机关进行调查，也可以委托律师协会协助进行调查。

第三十七条 行政处罚的具体适用，由司法行政机关依照《律师法》和本办法的有关规定，根据律师、律师事务所违法行为的事实、性质、情节以及危害程度，在法定的处罚种类及幅度的范围内进行裁量，作出具体处罚决定。

对律师给予警告、停止执业、吊销律师执业证书的处罚，对律师事务所给予警告、停业整顿、吊销律师事务所执业许可证书的处罚，可以酌情并处罚款；有违法所得的，没收违法所得。

第三十八条 律师、律师事务所有下列情形之一的，可以从轻或者减轻行政处罚：

（一）主动消除或者减轻违法行为危害后果的；

（二）主动报告，积极配合司法行政机关查处违法行为的；

（三）受他人胁迫实施违法行为的；

（四）其他依法应当从轻或者减轻处罚的。

违法行为轻微并及时纠正，没有造成危害后果的，不予行政处罚。

第三十九条 律师、律师事务所的违法行为有下列情形之一的，属于《律师法》规定的违法情节严重或者情节特别严重，应当在法定的行政处罚种类及幅度的范围内从重处罚：

（一）违法行为给当事人、第三人或者社会公共利益造成重大损失的；

（二）违法行为性质、情节恶劣，严重损害律师行业形象，造成恶劣社会影响的；

（三）同时有两项以上违法行为或者违法涉案金额巨大的；

（四）在司法行政机关查处违法行为期间，拒不纠正或者继续实施违法行为，拒绝提交、隐匿、毁灭证据或者提供虚假、伪造的证据的；

（五）其他依法应当从重处罚的。

第四十条 律师在受到警告处罚后一年内又发生应当给予警告处罚情形的，应当给予停止执业三个月以上一年以下的处罚；在受到停止执业处罚期限未满或者期满后二年内又发生应当给予停止执业处罚情形的，应当吊销律师执业证书。

律师事务所在受到停业整顿处罚期限未满或者期满后二年内又发生应当给予停业整顿处罚情形的，应当吊销其律师事务所执业许可证书。

第四十一条 律师事务所因违法行为受到处罚的，司法行政机关应当依照《律师法》第五十条第二款的规定，对该所负责人视其管理责任以及失职行为情节轻重，给予相应的行政处罚。

律师事务所因违法行为受到处罚的，应当同时追究负有直接责任的律师的法律责任，依法给予相应的行政处罚。

第四十二条 律师、律师事务所的违法行为构成犯罪，应当依法追究刑事责任的，司法行政机关应当将案件移送司法机关处理，不得以行政处罚代替刑事处罚。

律师因违法执业构成故意犯罪或者因非执业事由构成故意犯罪受到刑事处罚的，司法行政机关应当吊销其律师执业证书；因过失犯罪受到刑事处罚的，在其服刑或者执行缓刑期间应当停止履行律师职务，刑期届满后可再申请恢复执业。

第四十三条 司法行政机关实施行政处罚，应当经机关负责人审批，并依照《行政处罚法》的要求制作行政处罚决定书。

对情节复杂或者重大违法行为给予较重的行政处罚的，司法行政机关的负责人应当集体讨论决定；集体讨论决定时，可以邀请律师协会派员列席。

第四十四条 司法行政机关实施行政处罚，可以根据需要，采用适当方式，将有关行政处罚决定在律师行业内予以通报或者向社会公告。

第四十五条 被处罚的律师、律师事务所应当自觉、按时、全面地履行行政处罚决定，并向司法行政机关如实报告履行情况。

司法行政机关应当对律师、律师事务所履行行政处罚决定的情况实施监督，发现问题及时责令纠正或者依法采取相应的措施。

第四十六条 律师、律师事务所因违法执业受到行政处罚，其违法行为对当事人或者第三人造成损害的，应当依法承担相应的民事责任。

因律师违法行为造成律师事务所承担赔偿责任的，律师事务所赔偿后可以向有故意或者重大过失行为的律师追偿。

第四十七条 律师受到停止执业处罚期限未满的，不得申请变更执业机构；受到六个月以上停止执业处罚的，执行处罚的期间以及期满未逾三年的，不得担任合伙人。

律师事务所受到停业整顿处罚期限未满的，不得自行决定解散，不得申请变更名称，不得申请分立、合并，不得申请设立分所；该所负责人、合伙人和对律师事务所受到停业整顿处罚负有直接责任的律师不得申请变更执业机构。

第五章　附　　则

第四十八条 对律师事务所分所及其律师的违法行为给予行政处罚，由分所所在地的司法行政机关依照《律师法》和本办法的规定实施。处罚决定应当抄送设立分所的律师事务所及其所在地设区的市级或者直辖市区（县）司法行政机关。

第四十九条 本办法所称的设区的市级司法行政机关，包括地区、州以及不设区的地级市司法行政机关。

第五十条 本办法自2010年6月1日起施行。司法部2004年3月19日发布的《律师和律师事务所违法行为处罚办法》（司法部令第86号）同时废止。

中共中央办公厅、国务院办公厅关于推行法律顾问制度和公职律师公司律师制度的意见

（2016年6月16日）

为贯彻落实党的十八大和十八届三中、四中、五中全会精神，积极推行法律顾问制度和公职律师、公司律师制度，充分发挥法律顾问、公职律师、公司律师作用，现提出以下意见。

一、指导思想、基本原则和目标任务

（一）指导思想。认真贯彻落实党的十八大和十八届三中、四中、五中全会精神，以邓小平理论、“三个代表”重要思想、科学发展观为指导，深入学习贯彻习近平总书记系列重要讲话精神，坚定不移走中国特色社会主义法治道路，从我国国情出发，遵循法治建设规律和法律顾问、律师工作特点，积极推行法律顾问制度和公职律师、公司律师制度，提高依法执政、依法行政、依法经营、依法管理的能力水平，促进依法办事，为协调推进“四个全面”战略布局提供法治保障。

（二）基本原则。坚持正确政治方向。坚持党的领导，选拔政治素质高、拥护党的理论和路线方针政策的法律专业人才进入法律顾问和公职律师、公司律师队伍。

坚持分类规范实施。从实际出发，在党政机关、人民团体、国有企事业单位分类推行法律顾问制度和公职律师、公司律师制度，明确政策导向和基本要求，鼓励各地区各部门各单位综合考虑机构、

人员情况和工作需要，选择符合实际的组织形式、工作模式和管理方式，积极稳妥实施。

坚持统筹衔接推进。着眼于社会主义法治工作队伍建设大局，处理好法律顾问与公职律师、公司律师之间的衔接，畅通公职律师、公司律师与社会律师、法官、检察官之间的交流渠道。实行老人老办法、新人新办法，国家统一法律职业资格制度实施后，党政机关、人民团体、国有企事业单位拟担任法律顾问的人员应当具有法律职业资格或者律师资格。

（三）目标任务。2017 年底前，中央和国家机关各部委，县级以上地方各级党政机关普遍设立法律顾问、公职律师，乡镇党委和政府根据需要设立法律顾问、公职律师，国有企业深入推进法律顾问、公司律师制度，事业单位探索建立法律顾问制度，到 2020 年全面形成与经济社会发展和法律服务需求相适应的中国特色法律顾问、公职律师、公司律师制度体系。

二、建立健全党政机关法律顾问、公职律师制度

（四）积极推行党政机关法律顾问制度，建立以党内法规工作机构、政府法制机构人员为主体，吸收法学专家和律师参加的法律顾问队伍。

党政机关内部专门从事法律事务的工作人员和机关外聘的法学专家、律师，可以担任法律顾问。党内法规工作机构、政府法制机构以集体名义发挥法律顾问作用。

（五）在党政机关已担任法律顾问但未取得法律职业资格或者律师资格的人员，可以继续履行法律顾问职责。国家统一法律职业资格制度实施后，党政机关拟担任法律顾问的人员应当具有法律职业资格或者律师资格。

（六）县级以上地方党委和政府以及法律事务较多的工作部门应当配备与工作任务相适应的专职人员担任法律顾问；法律事务较少的县级以上地方党委和政府工作部门可以配备兼职人员履行法律顾问职责。乡镇党委和政府可以根据工作需要，配备专职或者兼职人员履行法律顾问职责。

（七）党政机关法律顾问履行下列职责：

1. 为重大决策、重大行政行为提供法律意见；

2. 参与法律法规规章草案、党内法规草案和规范性文件送审稿的起草、论证；

3. 参与合作项目的洽谈，协助起草、修改重要的法律文书或者以党政机关为一方当事人的重大合同；

4. 为处置涉法涉诉案件、信访案件和重大突发事件等提供法律服务；

5. 参与处理行政复议、诉讼、仲裁等法律事务；

6. 所在党政机关规定的其他职责。

（八）外聘法律顾问应当具备下列条件：

1. 政治素质高，拥护党的理论和路线方针政策，一般应当是中国共产党党员；

2. 具有良好职业道德和社会责任感；

3. 在所从事的法学教学、法学研究、法律实践等领域具有一定影响和经验的法学专家，或者具有 5 年以上执业经验、专业能力较强的律师；

4. 严格遵纪守法，未受过刑事处罚，受聘担任法律顾问的律师还应当未受过司法行政部门的行政处罚或者律师协会的行业处分；

5. 聘任机关规定的其他条件。

（九）外聘法律顾问应当通过公开、公平、公正的方式遴选。被聘为法律顾问的，由聘任机关发放聘书。

（十）外聘法律顾问在履行法律顾问职责期间享有下列权利：

1. 依据事实和法律，提出法律意见；

2. 获得与履行职责相关的信息资料、文件和其他必需的工作条件；

3. 获得约定的工作报酬和待遇；

4. 与聘任机关约定的其他权利。

（十一）外聘法律顾问在履行法律顾问职责期间承担下列义务：

1. 遵守保密制度，不得泄漏党和国家的秘密、工作秘密、商业秘密以及其他不应公开的信息，不得擅自对外透露所承担的工作内容；

2. 不得利用在工作期间获得的非公开信息或者便利条件，为本人及所在单位或者他人牟取利益；

3. 不得以法律顾问的身份从事商业活动以及与法律顾问职责无关的活动；

4. 不得接受其他当事人委托，办理与聘任单位有利益冲突的法律事务，法律顾问与所承办的业务有利害关系、可能影响公正履行职责的，应当回避；

5. 与聘任机关约定的其他义务。

（十二）市、县、乡同级党委和政府可以联合外聘法律顾问，为党政机关提供服务；党委和政府可以分别统一外聘法律顾问，为党委和政府及其工作部门提供服务。

（十三）各级党政机关根据本意见设立公职律师。公职律师是依照本意见第二十五条、第二十六条规定取得公职律师证书的党政机关公职人员。

（十四）公职律师履行党政机关法律顾问承担的职责，可以受所在单位委托，代表所在单位从事律师法律服务。公职律师在执业活动中享有律师法等规定的会见、阅卷、调查取证和发问、质证、辩论等方面的律师执业权利，以及律师法规定的其他权利。

（十五）公职律师不得从事有偿法律服务，不得在律师事务所等法律服务机构兼职，不得以律师身份办理所在单位以外的诉讼或者非诉讼法律事务。

（十六）党政机关法律顾问、公职律师玩忽职守、徇私舞弊的，依法依纪处理；属于外聘法律顾问的，予以解聘，并记入法律顾问工作档案和个人诚信档案，通报律师协会或者所在单位，依法追究责任。

三、建立健全国有企业法律顾问、公司律师制度

（十七）工商、金融、文化等行业的国有独资或者控股企业（以下简称国有企业）内部专门从事企业法律事务的工作人员和企业外聘的律师，可以担任法律顾问。

在国有企业已担任法律顾问但未取得法律职业资格或者律师资格的人员，可以继续履行法律顾问职责。国家统一法律职业资格制度实施后，国有企业拟担任法律顾问的工作人员或者外聘的其他人员，应当具有法律职业资格或者律师资格，但外聘其他国有企业现任法律顾问的除外。少数偏远地方国有企业难以聘任到具有法律职业资格或者律师资格的法律顾问的，可以沿用现行聘任法律顾问的做法。

法律顾问的辅助人员可不具有法律职业资格或者律师资格。

国有企业外聘法律顾问参照本意见第八条、第九条、第十条、第十一条规定办理。

（十八）国有企业可以根据企业规模和业务需要设立法律事务机构或者配备、聘请一定数量的法律顾问。

国有大中型企业可以设立总法律顾问，发挥总法律顾问对经营管理活动的法律审核把关作用，推进企业依法经营、合规管理。

（十九）国有企业法律顾问履行下列职责：

1. 参与企业章程、董事会运行规则的制定；

2. 对企业重要经营决策、规章制度、合同进行法律审核；

3. 为企业改制重组、并购上市、产权转让、破产重整、和解及清算等重大事项提出法律意见；

4. 组织开展合规管理、风险管理、知识产权管理、外聘律师管理、法治宣传教育培训、法律咨询；

5. 组织处理诉讼、仲裁案件；

6. 所在企业规定的其他职责。

（二十）国有企业法律顾问对企业经营管理行为的合法合规性负有监督职责，对企业违法违规行为提出意见，督促整改。法律顾问明知企业存在违法违规行为，不警示、不制止的，承担相应责任。

（二十一）国有企业根据需要设立公司律师。公司律师是与企业依法签订劳动合同，依照本意见第二十五条、第二十六条规定取得公司律师证书的员工。

（二十二）公司律师履行国有企业法律顾问承担的职责，可以受所在单位委托，代表所在单位从事律师法律服务。公司律师在执业活动中享有律师法等规定的会见、阅卷、调查取证和发问、质证、辩论等方面的律师执业权利，以及律师法规定的其他权利。

（二十三）公司律师不得从事有偿法律服务，不得在律师事务所等法律服务机构兼职，不得以律师身份办理所在单位以外的诉讼或者非诉讼法律事务。

四、完善管理体制

（二十四）党内法规工作机构、政府法制机构和国有企业法律事务部门，分别承担本单位法律顾问办公室职责，负责本单位法律顾问、公职律师、公司律师的日常业务管理，协助组织人事部门对法律顾问、公职律师、公司律师进行遴选、聘任、培训、考核、奖惩，以及对本单位申请公职律师、公司律师证书的工作人员进行审核等。

（二十五）在党政机关专门从事法律事务工作或者担任法律顾问、在国有企业担任法律顾问，并具有法律职业资格或者律师资格的人员，经所在单位同意可以向司法行政部门申请颁发公职律师、公司律师证书。经审查，申请人具有法律职业资格或者律师资格的，司法行政部门应当向其颁发公职律师、公司律师证书。

（二十六）国家统一法律职业资格制度实施前已担任法律顾问、未取得法律职业资格或者律师资格的人员具备下列条件，经国务院司法行政部门考核合格的，由国务院司法行政部门向其颁发公职律师、公司律师证书：

1. 在党政机关、国有企业担任法律顾问满15年；

2. 具有高等学校法学类本科学历并获得学士及以上学位，或者高等学校非法学类本科及以上学历并获得法律硕士、法学硕士及以上学位或者获得其他相应学位；

3. 具有高级职称或者同等专业水平。

（二十七）公职律师、公司律师脱离原单位，可以申请转为社会律师，其担任公职律师、公司律师的经历计入社会律师执业年限。依照本意见第二十六条规定担任公职律师、公司律师，申请转为社会律师的，应当符合国家统一法律职业资格制度的相关规定。公职律师、公司律师依照有关程序遴选为法官、检察官的，确定法官、检察官等级应当考虑其从事公职律师、公司律师工作的年限、经历。

（二十八）律师协会承担公职律师、公司律师的业务交流指导、律师权益维护、行业自律等工作。

五、加强组织领导

（二十九）党政机关主要负责同志作为推进法治建设第一责任人，要认真抓好本地区本部门本单位法律顾问、公职律师、公司律师制度的实施。

（三十）党政机关要按照以下要求充分发挥法律顾问、公职律师的作用：

1. 讨论、决定重大事项之前，应当听取法律顾问、公职律师的法律意见；

2. 起草、论证有关法律法规规章草案、党内法规草案和规范性文件送审稿，应当请法律顾问、公职律师参加，或者听取其法律意见；

3. 依照有关规定应当听取法律顾问、公职律师的法律意见而未听取的事项，或者法律顾问、公职律师认为不合法不合规的事项，不得提交讨论、作出决定。

对应当听取法律顾问、公职律师的法律意见而未听取，应当请法律顾问、公职律师参加而未落实，应当采纳法律顾问、公职律师的法律意见而未采纳，造成重大损失或者严重不良影响的，依法依规追究党政机关主要负责人、负有责任的其他领导人员和相关责任人员的责任。

（三十一）国有企业要按照以下要求充分发挥法律顾问、公司律师的作用：

1. 讨论、决定企业经营管理重大事项之前，应当听取法律顾问、公司律师的法律意见；

2. 起草企业章程、董事会运行规则等，应当请法律顾问、公司律师参加，或者听取其法律意见；

3. 依照有关规定应当听取法律顾问、公司律师的法律意见而未听取的事项，或者法律顾问、公司律师认为不合法不合规的事项，不得提交讨论、作出决定。

对应当听取法律顾问、公司律师的法律意见而未听取，应当交由法律顾问、公司律师进行法律审核而未落实，应当采纳法律顾问、公司律师的法律意见而未采纳，造成重大损失或者严重不良影响的，依法依规追究国有企业主要负责人、负有责任的其他领导人员和相关责任人员的责任。

（三十二）各级党政机关要将法律顾问、公职律师、公司律师工作纳入党政机关、国有企业目标责任制考核。推动法律顾问、公职律师、公司律师力量建设，完善日常管理、业务培训、考评奖惩等工作机制和管理办法，促进有关工作科学化、规范化。

（三十三）党政机关要将法律顾问、公职律师经费列入财政预算，采取政府购买或者财政补贴的方式，根据工作量和工作绩效合理确定外聘法律顾问报酬，为法律顾问、公职律师开展工作提供必要保障。

（三十四）县级以上地方各级党委和政府以及教育、卫生等行政主管部门要加强指导、分类施策、重点推进、鼓励探索，有步骤地推进事业单位法律顾问制度建设。

（三十五）人民团体参照本意见建立法律顾问、公职律师制度。

（三十六）各地区各部门可结合实际，按照本意见制定具体办法。

中华人民共和国法律援助法

（2021 年 8 月 20 日第十三届全国人民代表大会常务委员会第三十次会议通过　2021 年 8 月 20 日中华人民共和国主席令第 93 号公布　自 2022 年 1 月 1 日起施行）

第一章　总　　则

第一条　为了规范和促进法律援助工作，保障公民和有关当事人的合法权益，保障法律正确实施，维护社会公平正义，制定本法。

第二条　本法所称法律援助，是国家建立的为经济困难公民和符合法定条件的其他当事人无偿提供法律咨询、代理、刑事辩护等法律服务的制度，是公共法律服务体系的组成部分。

第三条　法律援助工作坚持中国共产党领导，坚持以人民为中心，尊重和保障人权，遵循公开、公平、公正的原则，实行国家保障与社会参与相结合。

第四条　县级以上人民政府应当将法律援助工作纳入国民经济和社会发展规划、基本公共服务体系，保障法律援助事业与经济社会协调发展。

县级以上人民政府应当健全法律援助保障体系，将法律援助相关经费列入本级政府预算，建立动态调整机制，保障法律援助工作需要，促进法律援助均衡发展。

第五条　国务院司法行政部门指导、监督全国的法律援助工作。县级以上地方人民政府司法行政部门指导、监督本行政区域的法律援助工作。

县级以上人民政府其他有关部门依照各自职责，为法律援助工作提供支持和保障。

第六条　人民法院、人民检察院、公安机关应当在各自职责范围内保障当事人依法获得法律援助，为法律援助人员开展工作提供便利。

第七条 律师协会应当指导和支持律师事务所、律师参与法律援助工作。

第八条 国家鼓励和支持群团组织、事业单位、社会组织在司法行政部门指导下，依法提供法律援助。

第九条 国家鼓励和支持企业事业单位、社会组织和个人等社会力量，依法通过捐赠等方式为法律援助事业提供支持；对符合条件的，给予税收优惠。

第十条 司法行政部门应当开展经常性的法律援助宣传教育，普及法律援助知识。

新闻媒体应当积极开展法律援助公益宣传，并加强舆论监督。

第十一条 国家对在法律援助工作中做出突出贡献的组织和个人，按照有关规定给予表彰、奖励。

第二章 机构和人员

第十二条 县级以上人民政府司法行政部门应当设立法律援助机构。法律援助机构负责组织实施法律援助工作，受理、审查法律援助申请，指派律师、基层法律服务工作者、法律援助志愿者等法律援助人员提供法律援助，支付法律援助补贴。

第十三条 法律援助机构根据工作需要，可以安排本机构具有律师资格或者法律职业资格的工作人员提供法律援助；可以设置法律援助工作站或者联络点，就近受理法律援助申请。

第十四条 法律援助机构可以在人民法院、人民检察院和看守所等场所派驻值班律师，依法为没有辩护人的犯罪嫌疑人、被告人提供法律援助。

第十五条 司法行政部门可以通过政府采购等方式，择优选择律师事务所等法律服务机构为受援人提供法律援助。

第十六条 律师事务所、基层法律服务所、律师、基层法律服务工作者负有依法提供法律援助的义务。

律师事务所、基层法律服务所应当支持和保障本所律师、基层法律服务工作者履行法律援助义务。

第十七条 国家鼓励和规范法律援助志愿服务；支持符合条件的个人作为法律援助志愿者，依法提供法律援助。

高等院校、科研机构可以组织从事法学教育、研究工作的人员和法学专业学生作为法律援助志愿者，在司法行政部门指导下，为当事人提供法律咨询、代拟法律文书等法律援助。

法律援助志愿者具体管理办法由国务院有关部门规定。

第十八条 国家建立健全法律服务资源依法跨区域流动机制，鼓励和支持律师事务所、律师、法律援助志愿者等在法律服务资源相对短缺地区提供法律援助。

第十九条 法律援助人员应当依法履行职责，及时为受援人提供符合标准的法律援助服务，维护受援人的合法权益。

第二十条 法律援助人员应当恪守职业道德和执业纪律，不得向受援人收取任何财物。

第二十一条 法律援助机构、法律援助人员对提供法律援助过程中知悉的国家秘密、商业秘密和个人隐私应当予以保密。

第三章　形式和范围

第二十二条 法律援助机构可以组织法律援助人员依法提供下列形式的法律援助服务：

（一）法律咨询；

（二）代拟法律文书；

（三）刑事辩护与代理；

（四）民事案件、行政案件、国家赔偿案件的诉讼代理及非诉讼代理；

（五）值班律师法律帮助；

（六）劳动争议调解与仲裁代理；

（七）法律、法规、规章规定的其他形式。

第二十三条 法律援助机构应当通过服务窗口、电话、网络等多种方式提供法律咨询服务；提示当事人享有依法申请法律援助的权利，并告知申请法律援助的条件和程序。

第二十四条 刑事案件的犯罪嫌疑人、被告人因经济困难或者其他原因没有委托辩护人的，本人及其近亲属可以向法律援助机构申请法律援助。

第二十五条 刑事案件的犯罪嫌疑人、被告人属于下列人员之一，没有委托辩护人的，人民法院、人民检察院、公安机关应当通知法律援助机构指派律师担任辩护人：

（一）未成年人；

（二）视力、听力、言语残疾人；

（三）不能完全辨认自己行为的成年人；

（四）可能被判处无期徒刑、死刑的人；

（五）申请法律援助的死刑复核案件被告人；

（六）缺席审判案件的被告人；

（七）法律法规规定的其他人员。

其他适用普通程序审理的刑事案件，被告人没有委托辩护人的，人民法院可以通知法律援助机构指派律师担任辩护人。

第二十六条 对可能被判处无期徒刑、死刑的人，以及死刑复核案件的被告人，法律援助机构收到人民法院、人民检察院、公安机关通知后，应当指派具有三年以上相关执业经历的律师担任辩护人。

第二十七条 人民法院、人民检察院、公安机关通知法律援助机构指派律师担任辩护人时，不得限制或者损害犯罪嫌疑人、被告人委托辩护人的权利。

第二十八条 强制医疗案件的被申请人或者被告人没有委托诉讼代理人的，人民法院应当通知法律援助机构指派律师为其提供法律援助。

第二十九条 刑事公诉案件的被害人及其法定代理人或者近亲属，刑事自诉案件的自诉人及其法定代理人，刑事附带民事诉讼案件的原告人及其法定代理人，因经济困难没有委托诉讼代理人的，可以向法律援助机构申请法律援助。

第三十条 值班律师应当依法为没有辩护人的犯罪嫌疑人、被告人提供法律咨询、程序选择建议、申请变更强制措施、对案件处理提出意见等法律帮助。

第三十一条 下列事项的当事人，因经济困难没有委托代理人的，可以向法律援助机构申请法律援助：

（一）依法请求国家赔偿；

（二）请求给予社会保险待遇或者社会救助；

（三）请求发给抚恤金；

（四）请求给付赡养费、抚养费、扶养费；

（五）请求确认劳动关系或者支付劳动报酬；

（六）请求认定公民无民事行为能力或者限制民事行为能力；

（七）请求工伤事故、交通事故、食品药品安全事故、医疗事故人身损害赔偿；

（八）请求环境污染、生态破坏损害赔偿；

（九）法律、法规、规章规定的其他情形。

第三十二条 有下列情形之一，当事人申请法律援助的，不受经济困难条件的限制：

（一）英雄烈士近亲属为维护英雄烈士的人格权益；

（二）因见义勇为行为主张相关民事权益；

（三）再审改判无罪请求国家赔偿；

（四）遭受虐待、遗弃或者家庭暴力的受害人主张相关权益；

（五）法律、法规、规章规定的其他情形。

第三十三条 当事人不服司法机关生效裁判或者决定提出申诉或者申请再审，人民法院决定、裁定再审或者人民检察院提出抗诉，因经济困难没有委托辩护人或者诉讼代理人的，本人及其近亲属可以向法律援助机构申请法律援助。

第三十四条 经济困难的标准，由省、自治区、直辖市人民政府根据本行政区域经济发展状况和法律援助工作需要确定，并实行动态调整。

第四章　程序和实施

第三十五条　人民法院、人民检察院、公安机关和有关部门在办理案件或者相关事务中，应当及时告知有关当事人有权依法申请法律援助。

第三十六条　人民法院、人民检察院、公安机关办理刑事案件，发现有本法第二十五条第一款、第二十八条规定情形的，应当在三日内通知法律援助机构指派律师。法律援助机构收到通知后，应当在三日内指派律师并通知人民法院、人民检察院、公安机关。

第三十七条　人民法院、人民检察院、公安机关应当保障值班律师依法提供法律帮助，告知没有辩护人的犯罪嫌疑人、被告人有权约见值班律师，并依法为值班律师了解案件有关情况、阅卷、会见等提供便利。

第三十八条　对诉讼事项的法律援助，由申请人向办案机关所在地的法律援助机构提出申请；对非诉讼事项的法律援助，由申请人向争议处理机关所在地或者事由发生地的法律援助机构提出申请。

第三十九条　被羁押的犯罪嫌疑人、被告人、服刑人员，以及强制隔离戒毒人员等提出法律援助申请的，办案机关、监管场所应当在二十四小时内将申请转交法律援助机构。

犯罪嫌疑人、被告人通过值班律师提出代理、刑事辩护等法律援助申请的，值班律师应当在二十四小时内将申请转交法律援助机构。

第四十条　无民事行为能力人或者限制民事行为能力人需要法律援助的，可以由其法定代理人代为提出申请。法定代理人侵犯无民事行为能力人、限制民事行为能力人合法权益的，其他法定代理人或者近亲属可以代为提出法律援助申请。

被羁押的犯罪嫌疑人、被告人、服刑人员，以及强制隔离戒毒人员，可以由其法定代理人或者近亲属代为提出法律援助申请。

第四十一条　因经济困难申请法律援助的，申请人应当如实说明经济困难状况。

法律援助机构核查申请人的经济困难状况，可以通过信息共享查询，或者由申请人进行个人诚信承诺。

法律援助机构开展核查工作，有关部门、单位、村民委员会、居民委员会和个人应当予以配合。

第四十二条 法律援助申请人有材料证明属于下列人员之一的，免予核查经济困难状况：

（一）无固定生活来源的未成年人、老年人、残疾人等特定群体；

（二）社会救助、司法救助或者优抚对象；

（三）申请支付劳动报酬或者请求工伤事故人身损害赔偿的进城务工人员；

（四）法律、法规、规章规定的其他人员。

第四十三条 法律援助机构应当自收到法律援助申请之日起七日内进行审查，作出是否给予法律援助的决定。决定给予法律援助的，应当自作出决定之日起三日内指派法律援助人员为受援人提供法律援助；决定不给予法律援助的，应当书面告知申请人，并说明理由。

申请人提交的申请材料不齐全的，法律援助机构应当一次性告知申请人需要补充的材料或者要求申请人作出说明。申请人未按要求补充材料或者作出说明的，视为撤回申请。

第四十四条 法律援助机构收到法律援助申请后，发现有下列情形之一的，可以决定先行提供法律援助：

（一）距法定时效或者期限届满不足七日，需要及时提起诉讼或者申请仲裁、行政复议；

（二）需要立即申请财产保全、证据保全或者先予执行；

（三）法律、法规、规章规定的其他情形。

法律援助机构先行提供法律援助的，受援人应当及时补办有关手续，补充有关材料。

第四十五条 法律援助机构为老年人、残疾人提供法律援助服务的，应当根据实际情况提供无障碍设施设备和服务。

法律法规对向特定群体提供法律援助有其他特别规定的，依照其规定。

第四十六条 法律援助人员接受指派后，无正当理由不得拒绝、拖延或者终止提供法律援助服务。

法律援助人员应当按照规定向受援人通报法律援助事项办理情况，不得损害受援人合法权益。

第四十七条 受援人应当向法律援助人员如实陈述与法律援助事项有关的情况，及时提供证据材料，协助、配合办理法律援助事项。

第四十八条 有下列情形之一的，法律援助机构应当作出终止法律援助的决定：

（一）受援人以欺骗或者其他不正当手段获得法律援助；

（二）受援人故意隐瞒与案件有关的重要事实或者提供虚假证据；

（三）受援人利用法律援助从事违法活动；

（四）受援人的经济状况发生变化，不再符合法律援助条件；

（五）案件终止审理或者已经被撤销；

（六）受援人自行委托律师或者其他代理人；

（七）受援人有正当理由要求终止法律援助；

（八）法律法规规定的其他情形。

法律援助人员发现有前款规定情形的，应当及时向法律援助机构报告。

第四十九条 申请人、受援人对法律援助机构不予法律援助、终止法律援助的决定有异议的，可以向设立该法律援助机构的司法行政部门提出。

司法行政部门应当自收到异议之日起五日内进行审查，作出维持法律援助机构决定或者责令法律援助机构改正的决定。

申请人、受援人对司法行政部门维持法律援助机构决定不服的，可以依法申请行政复议或者提起行政诉讼。

第五十条 法律援助事项办理结束后，法律援助人员应当及时向法律援助机构报告，提交有关法律文书的副本或者复印件、办理情况报告等材料。

第五章 保障和监督

第五十一条 国家加强法律援助信息化建设，促进司法行政部门与司法机关及其他有关部门实现信息共享和工作协同。

第五十二条 法律援助机构应当依照有关规定及时向法律援助人员支付法律援助补贴。

法律援助补贴的标准，由省、自治区、直辖市人民政府司法行政部门会同同级财政部门，根据当地经济发展水平和法律援助的服务类型、承办成本、基本劳务费用等确定，并实行动态调整。

法律援助补贴免征增值税和个人所得税。

第五十三条 人民法院应当根据情况对受援人缓收、减收或者免收诉讼费用；对法律援助人员复制相关材料等费用予以免收或者减收。

公证机构、司法鉴定机构应当对受援人减收或者免收公证费、鉴定费。

第五十四条 县级以上人民政府司法行政部门应当有计划地对法律援助人员进行培训，提高法律援助人员的专业素质和服务能力。

第五十五条 受援人有权向法律援助机构、法律援助人员了解法律援助事项办理情况；法律援助机构、法律援助人员未依法履行职责的，受援人可以向司法行政部门投诉，并可以请求法律援助机构更换法律援助人员。

第五十六条 司法行政部门应当建立法律援助工作投诉查处制度；接到投诉后，应当依照有关规定受理和调查处理，并及时向投诉人告知处理结果。

第五十七条 司法行政部门应当加强对法律援助服务的监督，制定法律援助服务质量标准，通过第三方评估等方式定期进行质量考核。

第五十八条 司法行政部门、法律援助机构应当建立法律援助信息公开制度，定期向社会公布法律援助资金使用、案件办理、质量考核结果等情况，接受社会监督。

第五十九条 法律援助机构应当综合运用庭审旁听、案卷检查、征询司法机关意见和回访受援人等措施，督促法律援助人员提升服务质量。

第六十条 律师协会应当将律师事务所、律师履行法律援助义务的情况纳入年度考核内容，对拒不履行或者怠于履行法律援助义务的律师事务所、律师，依照有关规定进行惩戒。

第六章 法律责任

第六十一条 法律援助机构及其工作人员有下列情形之一的，由设立该法律援助机构的司法行政部门责令限期改正；有违法所得的，责令退还或者没收违法所得；对直接负责的主管人员和其他直接责任人员，依法给予处分：

（一）拒绝为符合法律援助条件的人员提供法律援助，或者故意为不符合法律援助条件的人员提供法律援助；

（二）指派不符合本法规定的人员提供法律援助；

（三）收取受援人财物；

（四）从事有偿法律服务；

（五）侵占、私分、挪用法律援助经费；

（六）泄露法律援助过程中知悉的国家秘密、商业秘密和个人隐私；

（七）法律法规规定的其他情形。

第六十二条 律师事务所、基层法律服务所有下列情形之一的，由司法行政部门依法给予处罚：

（一）无正当理由拒绝接受法律援助机构指派；

（二）接受指派后，不及时安排本所律师、基层法律服务工作者办理法律援助事项或者拒绝为本所律师、基层法律服务工作者办理法律援助事项提供支持和保障；

（三）纵容或者放任本所律师、基层法律服务工作者怠于履行法律援助义务或者擅自终止提供法律援助；

（四）法律法规规定的其他情形。

第六十三条 律师、基层法律服务工作者有下列情形之一的，由司法行政部门依法给予处罚：

（一）无正当理由拒绝履行法律援助义务或者怠于履行法律援助义务；

（二）擅自终止提供法律援助；

（三）收取受援人财物；

（四）泄露法律援助过程中知悉的国家秘密、商业秘密和个人隐私；

（五）法律法规规定的其他情形。

第六十四条 受援人以欺骗或者其他不正当手段获得法律援助的，由司法行政部门责令其支付已实施法律援助的费用，并处三千元以下罚款。

第六十五条 违反本法规定，冒用法律援助名义提供法律服务并谋取利益的，由司法行政部门责令改正，没收违法所得，并处违法所得一倍以上三倍以下罚款。

第六十六条 国家机关及其工作人员在法律援助工作中滥用职权、玩忽职守、徇私舞弊的，对直接负责的主管人员和其他直接责任人员，依法给予处分。

第六十七条 违反本法规定，构成犯罪的，依法追究刑事责任。

第七章 附 则

第六十八条 工会、共产主义青年团、妇女联合会、残疾人联合会等群团组织开展法律援助工作，参照适用本法的相关规定。

第六十九条 对外国人和无国籍人提供法律援助，我国法律有规定的，适用法律规定；我国法律没有规定的，可以根据我国缔结或者参加的国际条约，或者按照互惠原则，参照适用本法的相关规定。

第七十条 对军人军属提供法律援助的具体办法，由国务院和中央军事委员会有关部门制定。

第七十一条 本法自2022年1月1日起施行。

法律援助条例

（2003年7月16日国务院第15次常务会议通过 2003年7月21日中华人民共和国国务院令第385号公布 自2003年9月1日起施行）

第一章 总 则

第一条 为了保障经济困难的公民获得必要的法律服务，促进和规范法律援助工作，制定本条例。

第二条 符合本条例规定的公民，可以依照本条例获得法律咨询、代理、刑事辩护等无偿法律服务。

第三条 法律援助是政府的责任，县级以上人民政府应当采取积极措施推动法律援助工作，为法律援助提供财政支持，保障法律援助事业与经济、社会协调发展。

法律援助经费应当专款专用，接受财政、审计部门的监督。

第四条 国务院司法行政部门监督管理全国的法律援助工作。县级以上地方各级人民政府司法行政部门监督管理本行政区域的法律援助工作。

中华全国律师协会和地方律师协会应当按照律师协会章程对依据本条例实施的法律援助工作予以协助。

第五条 直辖市、设区的市或者县级人民政府司法行政部门根据需要确定本行政区域的法律援助机构。

法律援助机构负责受理、审查法律援助申请，指派或者安排人员为符合本条例规定的公民提供法律援助。

第六条 律师应当依照律师法和本条例的规定履行法律援助义务，为受援人提供符合标准的法律服务，依法维护受援人的合法权益，接受律师协会和司法行政部门的监督。

第七条 国家鼓励社会对法律援助活动提供捐助。

第八条 国家支持和鼓励社会团体、事业单位等社会组织利用自身资源为经济困难的公民提供法律援助。

第九条 对在法律援助工作中作出突出贡献的组织和个人，有关的人民政府、司法行政部门应当给予表彰、奖励。

第二章 法律援助范围

第十条 公民对下列需要代理的事项，因经济困难没有委托代理人的，可以向法律援助机构申请法律援助：

（一）依法请求国家赔偿的；

（二）请求给予社会保险待遇或者最低生活保障待遇的；

（三）请求发给抚恤金、救济金的；

（四）请求给付赡养费、抚养费、扶养费的；

（五）请求支付劳动报酬的；

（六）主张因见义勇为行为产生的民事权益的。

省、自治区、直辖市人民政府可以对前款规定以外的法律援助事项作出补充规定。

公民可以就本条第一款、第二款规定的事项向法律援助机构申请法律咨询。

第十一条 刑事诉讼中有下列情形之一的，公民可以向法律援助机构申请法律援助：

（一）犯罪嫌疑人在被侦查机关第一次讯问后或者采取强制措施之日起，因经济困难没有聘请律师的；

（二）公诉案件中的被害人及其法定代理人或者近亲属，自案件移送审查起诉之日起，因经济困难没有委托诉讼代理人的；

（三）自诉案件的自诉人及其法定代理人，自案件被人民法院受理之日起，因经济困难没有委托诉讼代理人的。

第十二条 公诉人出庭公诉的案件，被告人因经济困难或者其他原因没有委托辩护人，人民法院为被告人指定辩护时，法律援助机构应当提供法律援助。

被告人是盲、聋、哑人或者未成年人而没有委托辩护人的，或者被告人可能被判处死刑而没有委托辩护人的，人民法院为被告人指定辩护时，法律援助机构应当提供法律援助，无须对被告人进行经济状况的审查。

第十三条 本条例所称公民经济困难的标准，由省、自治区、直辖市人民政府根据本行政区域经济发展状况和法律援助事业的需要规定。

申请人住所地的经济困难标准与受理申请的法律援助机构所在地的经济困难标准不一致的，按照受理申请的法律援助机构所在地的经济困难标准执行。

第三章 法律援助申请和审查

第十四条 公民就本条例第十条所列事项申请法律援助，应当按照下列规定提出：

（一）请求国家赔偿的，向赔偿义务机关所在地的法律援助机构提出申请；

（二）请求给予社会保险待遇、最低生活保障待遇或者请求发给抚恤金、救济金的，向提供社会保险待遇、最低生活保障待遇或者发给抚恤金、救济金的义务机关所在地的法律援助机构提出申请；

（三）请求给付赡养费、抚养费、扶养费的，向给付赡养费、抚养费、扶养费的义务人住所地的法律援助机构提出申请；

（四）请求支付劳动报酬的，向支付劳动报酬的义务人住所地的法律援助机构提出申请；

（五）主张因见义勇为行为产生的民事权益的，向被请求人住所地的法律援助机构提出申请。

第十五条 本条例第十一条所列人员申请法律援助的，应当向审理案件的人民法院所在地的法律援助机构提出申请。被羁押的犯罪嫌疑人的申请由看守所在24小时内转交法律援助机构，申请法律援助所需提交的有关证件、证明材料由看守所通知申请人的法定代理人或者近亲属协助提供。

第十六条 申请人为无民事行为能力人或者限制民事行为能力人的，由其法定代理人代为提出申请。

无民事行为能力人或者限制民事行为能力人与其法定代理人之间发生诉讼或者因其他利益纠纷需要法律援助的，由与该争议事项无利害关系的其他法定代理人代为提出申请。

第十七条 公民申请代理、刑事辩护的法律援助应当提交下列证件、证明材料：

（一）身份证或者其他有效的身份证明，代理申请人还应当提交有代理权的证明；

（二）经济困难的证明；

（三）与所申请法律援助事项有关的案件材料。

申请应当采用书面形式，填写申请表；以书面形式提出申请确有困难的，可以口头申请，由法律援助机构工作人员或者代为转交申请的有关机构工作人员作书面记录。

第十八条 法律援助机构收到法律援助申请后，应当进行审查；认为申请人提交的证件、证明材料不齐全的，可以要求申请人作出必要的补充或者说明，申请人未按要求作出补充或者说明的，视为撤销申请；认为申请人提交的证件、证明材料需要查证的，由法律援助机构向有关机关、单位查证。

对符合法律援助条件的，法律援助机构应当及时决定提供法律援助；对不符合法律援助条件的，应当书面告知申请人理由。

第十九条 申请人对法律援助机构作出的不符合法律援助条件的通知有异议的，可以向确定该法律援助机构的司法行政部门提出，司法行政部门应当在收到异议之日起5个工作日内进行审查，经审查认为申请人符合法律援助条件的，应当以书面形式责令法律援助机构及时对该申请人提供法律援助。

第四章 法律援助实施

第二十条 由人民法院指定辩护的案件，人民法院在开庭10日前将指定辩护通知书和起诉书副本或者判决书副本送交其所在地的法律援助机构；人民法院不在其所在地审判的，可以将指定辩护通知书和起诉书副本或者判决书副本送交审判地的法律援助机构。

第二十一条 法律援助机构可以指派律师事务所安排律师或者安排本机构的工作人员办理法律援助案件；也可以根据其他社会组织的要求，安排其所属人员办理法律援助案件。对人民法院指定辩护的案件，法律援助机构应当在开庭3日前将确定的承办人员名单回复作出指定的人民法院。

第二十二条 办理法律援助案件的人员，应当遵守职业道德和执业纪律，提供法律援助不得收取任何财物。

第二十三条 办理法律援助案件的人员遇有下列情形之一的，应当向法律援助机构报告，法律援助机构经审查核实的，应当终止该项法律援助：

（一）受援人的经济收入状况发生变化，不再符合法律援助条件的；

（二）案件终止审理或者已被撤销的；

（三）受援人又自行委托律师或者其他代理人的；

（四）受援人要求终止法律援助的。

第二十四条 受指派办理法律援助案件的律师或者接受安排办理法律援助案件的社会组织人员在案件结案时，应当向法律援助机构提交有关的法律文书副本或者复印件以及结案报告等材料。

法律援助机构收到前款规定的结案材料后，应当向受指派办理法律援助案件的律师或者接受安排办理法律援助案件的社会组织人员支付法律援助办案补贴。

法律援助办案补贴的标准由省、自治区、直辖市人民政府司法行政部门会同同级财政部门，根据当地经济发展水平，参考法律援助机构办理各类法律援助案件的平均成本等因素核定，并可以根据需要调整。

第二十五条 法律援助机构对公民申请的法律咨询服务，应当即时办理；复杂疑难的，可以预约择时办理。

第五章 法律责任

第二十六条 法律援助机构及其工作人员有下列情形之一的，对直接负责的主管人员以及其他直接责任人员依法给予纪律处分：

（一）为不符合法律援助条件的人员提供法律援助，或者拒绝为符合法律援助条件的人员提供法律援助的；

（二）办理法律援助案件收取财物的；

（三）从事有偿法律服务的；

（四）侵占、私分、挪用法律援助经费的。

办理法律援助案件收取的财物，由司法行政部门责令退还；从事有偿法律服务的违法所得，由司法行政部门予以没收；侵占、私分、挪用法律援助经费的，由司法行政部门责令追回，情节严重，构成犯罪的，依法追究刑事责任。

第二十七条 律师事务所拒绝法律援助机构的指派，不安排本所律师办理法律援助案件的，由司法行政部门给予警告、责令改正；情节严重的，给予1个月以上3个月以下停业整顿的处罚。

第二十八条 律师有下列情形之一的，由司法行政部门给予警告、责令改正；情节严重的，给予1个月以上3个月以下停止执业的处罚：

（一）无正当理由拒绝接受、擅自终止法律援助案件的；

（二）办理法律援助案件收取财物的。

有前款第（二）项违法行为的，由司法行政部门责令退还违法所得的财物，可以并处所收财物价值1倍以上3倍以下的罚款。

第二十九条 律师办理法律援助案件违反职业道德和执业纪律的，按照律师法的规定予以处罚。

第三十条 司法行政部门工作人员在法律援助的监督管理工作中，有滥用职权、玩忽职守行为的，依法给予行政处分；情节严重，构成犯罪的，依法追究刑事责任。

第六章 附 则

第三十一条 本条例自2003年9月1日起施行。

中华人民共和国仲裁法

（1994年8月31日第八届全国人民代表大会常务委员会第九次会议通过 根据2009年8月27日第十一届全国人民代表大会常务委员会第十次会议《关于修改部分法律的决定》第一次修正 根据2017年9月1日第十二届全国人民代表大会常务委员会第二十九次会议《关于修改〈中华人民共和国法官法〉等八部法律的决定》第二次修正）

第一章 总 则

第一条 【立法宗旨】为保证公正、及时地仲裁经济纠纷，保护当事人的合法权益，保障社会主义市场经济健康发展，制定本法。

第二条 【适用范围】平等主体的公民、法人和其他组织之间发生的合同纠纷和其他财产权益纠纷，可以仲裁。

第三条 【适用范围的例外】下列纠纷不能仲裁：

（一）婚姻、收养、监护、扶养、继承纠纷；

（二）依法应当由行政机关处理的行政争议。

第四条 【自愿仲裁原则】当事人采用仲裁方式解决纠纷，应当双方自愿，达成仲裁协议。没有仲裁协议，一方申请仲裁的，仲裁委员会不予受理。

第五条 【或裁或审原则】当事人达成仲裁协议，一方向人民法院起诉的，人民法院不予受理，但仲裁协议无效的除外。

第六条　【仲裁机构的选定】仲裁委员会应当由当事人协议选定。

仲裁不实行级别管辖和地域管辖。

第七条　【以事实为根据、符合法律规定、公平合理解决纠纷的原则】仲裁应当根据事实，符合法律规定，公平合理地解决纠纷。

第八条　【仲裁独立原则】仲裁依法独立进行，不受行政机关、社会团体和个人的干涉。

第九条　【一裁终局制度】仲裁实行一裁终局的制度。裁决作出后，当事人就同一纠纷再申请仲裁或者向人民法院起诉的，仲裁委员会或者人民法院不予受理。

裁决被人民法院依法裁定撤销或者不予执行的，当事人就该纠纷可以根据双方重新达成的仲裁协议申请仲裁，也可以向人民法院起诉。

第二章　仲裁委员会和仲裁协会

第十条　【仲裁委员会的设立】仲裁委员会可以在直辖市和省、自治区人民政府所在地的市设立，也可以根据需要在其他设区的市设立，不按行政区划层层设立。

仲裁委员会由前款规定的市的人民政府组织有关部门和商会统一组建。

设立仲裁委员会，应当经省、自治区、直辖市的司法行政部门登记。

第十一条　【仲裁委员会的设立条件】仲裁委员会应当具备下列条件：

（一）有自己的名称、住所和章程；

（二）有必要的财产；

（三）有该委员会的组成人员；

（四）有聘任的仲裁员。

仲裁委员会的章程应当依照本法制定。

第十二条　【仲裁委员会的组成人员】仲裁委员会由主任1人、副主任2至4人和委员7至11人组成。

仲裁委员会的主任、副主任和委员由法律、经济贸易专家和有实际工作经验的人员担任。仲裁委员会的组成人员中，法律、经济贸易专家不得少于2/3。

第十三条　【仲裁员的条件】仲裁委员会应当从公道正派的人员中聘任仲裁员。

仲裁员应当符合下列条件之一：

（一）通过国家统一法律职业资格考试取得法律职业资格，从事仲裁工作满八年的；

（二）从事律师工作满八年的；

（三）曾任法官满八年的；

（四）从事法律研究、教学工作并具有高级职称的；

（五）具有法律知识、从事经济贸易等专业工作并具有高级职称或者具有同等专业水平的。

仲裁委员会按照不同专业设仲裁员名册。

第十四条　【仲裁委员会与行政机关以及仲裁委员会之间的关系】仲裁委员会独立于行政机关，与行政机关没有隶属关系。仲裁委员会之间也没有隶属关系。

第十五条　【中国仲裁协会】中国仲裁协会是社会团体法人。仲裁委员会是中国仲裁协会的会员。中国仲裁协会的章程由全国会员大会制定。

中国仲裁协会是仲裁委员会的自律性组织，根据章程对仲裁委员会及其组成人员、仲裁员的违纪行为进行监督。

中国仲裁协会依照本法和民事诉讼法的有关规定制定仲裁规则。

第三章　仲裁协议

第十六条　【仲裁协议的形式和内容】仲裁协议包括合同中订

立的仲裁条款和以其他书面方式在纠纷发生前或者纠纷发生后达成的请求仲裁的协议。

仲裁协议应当具有下列内容：

（一）请求仲裁的意思表示；

（二）仲裁事项；

（三）选定的仲裁委员会。

第十七条　【仲裁协议无效的情形】有下列情形之一的，仲裁协议无效：

（一）约定的仲裁事项超出法律规定的仲裁范围的；

（二）无民事行为能力人或者限制民事行为能力人订立的仲裁协议；

（三）一方采取胁迫手段，迫使对方订立仲裁协议的。

第十八条　【对内容不明确的仲裁协议的处理】仲裁协议对仲裁事项或者仲裁委员会没有约定或者约定不明确的，当事人可以补充协议；达不成补充协议的，仲裁协议无效。

第十九条　【合同的变更、解除、终止或者无效对仲裁协议效力的影响】仲裁协议独立存在，合同的变更、解除、终止或者无效，不影响仲裁协议的效力。

仲裁庭有权确认合同的效力。

第二十条　【对仲裁协议的异议】当事人对仲裁协议的效力有异议的，可以请求仲裁委员会作出决定或者请求人民法院作出裁定。一方请求仲裁委员会作出决定，另一方请求人民法院作出裁定的，由人民法院裁定。

当事人对仲裁协议的效力有异议，应当在仲裁庭首次开庭前提出。

第四章　仲裁程序

第一节　申请和受理

第二十一条　【申请仲裁的条件】当事人申请仲裁应当符合下

列条件：

（一）有仲裁协议；

（二）有具体的仲裁请求和事实、理由；

（三）属于仲裁委员会的受理范围。

第二十二条　【申请仲裁时应递交的文件】当事人申请仲裁，应当向仲裁委员会递交仲裁协议、仲裁申请书及副本。

第二十三条　【仲裁申请书的内容】仲裁申请书应当载明下列事项：

（一）当事人的姓名、性别、年龄、职业、工作单位和住所，法人或者其他组织的名称、住所和法定代表人或者主要负责人的姓名、职务；

（二）仲裁请求和所根据的事实、理由；

（三）证据和证据来源、证人姓名和住所。

第二十四条　【仲裁申请的受理与不受理】仲裁委员会收到仲裁申请书之日起 5 日内，认为符合受理条件的，应当受理，并通知当事人；认为不符合受理条件的，应当书面通知当事人不予受理，并说明理由。

第二十五条　【受理后的准备工作】仲裁委员会受理仲裁申请后，应当在仲裁规则规定的期限内将仲裁规则和仲裁员名册送达申请人，并将仲裁申请书副本和仲裁规则、仲裁员名册送达被申请人。

被申请人收到仲裁申请书副本后，应当在仲裁规则规定的期限内向仲裁委员会提交答辩书。仲裁委员会收到答辩书后，应当在仲裁规则规定的期限内将答辩书副本送达申请人。被申请人未提交答辩书的，不影响仲裁程序的进行。

第二十六条　【仲裁协议的当事人一方向人民法院起诉的处理】当事人达成仲裁协议，一方向人民法院起诉未声明有仲裁协议，人民法院受理后，另一方在首次开庭前提交仲裁协议的，人民法院应当驳回起诉，但仲裁协议无效的除外；另一方在首次开庭前未对人民法院受理该案提出异议的，视为放弃仲裁协议，人民法院应当继续审理。

第二十七条　【仲裁请求的放弃、变更、承认、反驳以及反请求】申请人可以放弃或者变更仲裁请求。被申请人可以承认或者反驳仲裁请求，有权提出反请求。

第二十八条　【财产保全】一方当事人因另一方当事人的行为或者其他原因，可能使裁决不能执行或者难以执行的，可以申请财产保全。

当事人申请财产保全的，仲裁委员会应当将当事人的申请依照民事诉讼法的有关规定提交人民法院。

申请有错误的，申请人应当赔偿被申请人因财产保全所遭受的损失。

第二十九条　【仲裁代理】当事人、法定代理人可以委托律师和其他代理人进行仲裁活动。委托律师和其他代理人进行仲裁活动的，应当向仲裁委员会提交授权委托书。

第二节　仲裁庭的组成

第三十条　【仲裁庭的组成】仲裁庭可以由 3 名仲裁员或者 1 名仲裁员组成。由 3 名仲裁员组成的，设首席仲裁员。

第三十一条　【仲裁员的选任】当事人约定由 3 名仲裁员组成仲裁庭的，应当各自选定或者各自委托仲裁委员会主任指定 1 名仲裁员，第三名仲裁员由当事人共同选定或者共同委托仲裁委员会主任指定。第三名仲裁员是首席仲裁员。

当事人约定由 1 名仲裁员成立仲裁庭的，应当由当事人共同选定或者共同委托仲裁委员会主任指定仲裁员。

第三十二条　【仲裁员的指定】当事人没有在仲裁规则规定的期限内约定仲裁庭的组成方式或者选定仲裁员的，由仲裁委员会主任指定。

第三十三条　【仲裁庭组成情况的书面通知】仲裁庭组成后，仲裁委员会应当将仲裁庭的组成情况书面通知当事人。

第三十四条　【仲裁员回避的方式与理由】仲裁员有下列情形之一的，必须回避，当事人也有权提出回避申请：

（一）是本案当事人或者当事人、代理人的近亲属；

（二）与本案有利害关系；

（三）与本案当事人、代理人有其他关系，可能影响公正仲裁的；

（四）私自会见当事人、代理人，或者接受当事人、代理人的请客送礼的。

第三十五条　【回避申请的提出】当事人提出回避申请，应当说明理由，在首次开庭前提出。回避事由在首次开庭后知道的，可以在最后一次开庭终结前提出。

第三十六条　【回避的决定】仲裁员是否回避，由仲裁委员会主任决定；仲裁委员会主任担任仲裁员时，由仲裁委员会集体决定。

第三十七条　【仲裁员的重新确定】仲裁员因回避或者其他原因不能履行职责的，应当依照本法规定重新选定或者指定仲裁员。

因回避而重新选定或者指定仲裁员后，当事人可以请求已进行的仲裁程序重新进行，是否准许，由仲裁庭决定；仲裁庭也可以自行决定已进行的仲裁程序是否重新进行。

第三十八条　【仲裁员的除名】仲裁员有本法第三十四条第四项规定的情形，情节严重的，或者有本法第五十八条第六项规定的情形的，应当依法承担法律责任，仲裁委员会应当将其除名。

第三节　开庭和裁决

第三十九条　【仲裁审理的方式】仲裁应当开庭进行。当事人协议不开庭的，仲裁庭可以根据仲裁申请书、答辩书以及其他材料作出裁决。

第四十条　【开庭审理的方式】仲裁不公开进行。当事人协议公开的，可以公开进行，但涉及国家秘密的除外。

第四十一条　【开庭日期的通知与延期开庭】仲裁委员会应当在仲裁规则规定的期限内将开庭日期通知双方当事人。当事人有正当理由的，可以在仲裁规则规定的期限内请求延期开庭。是否延期，由仲裁庭决定。

第四十二条　【当事人缺席的处理】申请人经书面通知，无正当理由不到庭或者未经仲裁庭许可中途退庭的，可以视为撤回仲裁申请。

被申请人经书面通知，无正当理由不到庭或者未经仲裁庭许可中途退庭的，可以缺席裁决。

第四十三条　【证据提供与收集】当事人应当对自己的主张提供证据。

仲裁庭认为有必要收集的证据，可以自行收集。

第四十四条　【专门性问题的鉴定】仲裁庭对专门性问题认为需要鉴定的，可以交由当事人约定的鉴定部门鉴定，也可以由仲裁庭指定的鉴定部门鉴定。

根据当事人的请求或者仲裁庭的要求，鉴定部门应当派鉴定人参加开庭。当事人经仲裁庭许可，可以向鉴定人提问。

第四十五条　【证据的出示与质证】证据应当在开庭时出示，当事人可以质证。

第四十六条　【证据保全】在证据可能灭失或者以后难以取得的情况下，当事人可以申请证据保全。当事人申请证据保全的，仲裁委员会应当将当事人的申请提交证据所在地的基层人民法院。

第四十七条　【当事人的辩论】当事人在仲裁过程中有权进行辩论。辩论终结时，首席仲裁员或者独任仲裁员应当征询当事人的最后意见。

第四十八条　【仲裁笔录】仲裁庭应当将开庭情况记入笔录。当事人和其他仲裁参与人认为对自己陈述的记录有遗漏或者差错的，有权申请补正。如果不予补正，应当记录该申请。

笔录由仲裁员、记录人员、当事人和其他仲裁参与人签名或者盖章。

第四十九条　【仲裁和解】当事人申请仲裁后，可以自行和解。达成和解协议的，可以请求仲裁庭根据和解协议作出裁决书，也可以撤回仲裁申请。

第五十条　【达成和解协议、撤回仲裁申请后反悔的处理】当事人达成和解协议，撤回仲裁申请后反悔的，可以根据仲裁协议申请仲裁。

第五十一条　【仲裁调解】 仲裁庭在作出裁决前，可以先行调解。当事人自愿调解的，仲裁庭应当调解。调解不成的，应当及时作出裁决。

调解达成协议的，仲裁庭应当制作调解书或者根据协议的结果制作裁决书。调解书与裁决书具有同等法律效力。

第五十二条　【仲裁调解书】 调解书应当写明仲裁请求和当事人协议的结果。调解书由仲裁员签名，加盖仲裁委员会印章，送达双方当事人。

调解书经双方当事人签收后，即发生法律效力。

在调解书签收前当事人反悔的，仲裁庭应当及时作出裁决。

第五十三条　【仲裁裁决的作出】 裁决应当按照多数仲裁员的意见作出，少数仲裁员的不同意见可以记入笔录。仲裁庭不能形成多数意见时，裁决应当按照首席仲裁员的意见作出。

第五十四条　【裁决书的内容】 裁决书应当写明仲裁请求、争议事实、裁决理由、裁决结果、仲裁费用的负担和裁决日期。当事人协议不愿写明争议事实和裁决理由的，可以不写。裁决书由仲裁员签名，加盖仲裁委员会印章。对裁决持不同意见的仲裁员，可以签名，也可以不签名。

第五十五条　【先行裁决】 仲裁庭仲裁纠纷时，其中一部分事实已经清楚，可以就该部分先行裁决。

第五十六条　【裁决书的补正】 对裁决书中的文字、计算错误或者仲裁庭已经裁决但在裁决书中遗漏的事项，仲裁庭应当补正；当事人自收到裁决书之日起30日内，可以请求仲裁庭补正。

第五十七条　【裁决书生效】 裁决书自作出之日起发生法律效力。

第五章　申请撤销裁决

第五十八条　【申请撤销仲裁裁决的法定情形】 当事人提出证

据证明裁决有下列情形之一的，可以向仲裁委员会所在地的中级人民法院申请撤销裁决：

（一）没有仲裁协议的；

（二）裁决的事项不属于仲裁协议的范围或者仲裁委员会无权仲裁的；

（三）仲裁庭的组成或者仲裁的程序违反法定程序的；

（四）裁决所根据的证据是伪造的；

（五）对方当事人隐瞒了足以影响公正裁决的证据的；

（六）仲裁员在仲裁该案时有索贿受贿，徇私舞弊，枉法裁决行为的。

人民法院经组成合议庭审查核实裁决有前款规定情形之一的，应当裁定撤销。

人民法院认定该裁决违背社会公共利益的，应当裁定撤销。

第五十九条　【申请撤销仲裁裁决的期限】当事人申请撤销裁决的，应当自收到裁决书之日起6个月内提出。

第六十条　【人民法院对撤销申请的审查与处理】人民法院应当在受理撤销裁决申请之日起两个月内作出撤销裁决或者驳回申请的裁定。

第六十一条　【申请撤销仲裁裁决的后果】人民法院受理撤销裁决的申请后，认为可以由仲裁庭重新仲裁的，通知仲裁庭在一定期限内重新仲裁，并裁定中止撤销程序。仲裁庭拒绝重新仲裁的，人民法院应当裁定恢复撤销程序。

第六章　执　　行

第六十二条　【仲裁裁决的执行】当事人应当履行裁决。一方当事人不履行的，另一方当事人可以依照民事诉讼法的有关规定向人民法院申请执行。受申请的人民法院应当执行。

第六十三条　【仲裁裁决的不予执行】被申请人提出证据证明裁决有民事诉讼法第二百一十三条第二款规定的情形之一的，经人民法院组成合议庭审查核实，裁定不予执行。

第六十四条　【仲裁裁决的执行中止、终结与恢复】一方当事人申请执行裁决，另一方当事人申请撤销裁决的，人民法院应当裁定中止执行。

人民法院裁定撤销裁决的，应当裁定终结执行。撤销裁决的申请被裁定驳回的，人民法院应当裁定恢复执行。

第七章　涉外仲裁的特别规定

第六十五条　【涉外仲裁的法律适用】涉外经济贸易、运输和海事中发生的纠纷的仲裁，适用本章规定。本章没有规定的，适用本法其他有关规定。

第六十六条　【涉外仲裁委员会的设立】涉外仲裁委员会可以由中国国际商会组织设立。

涉外仲裁委员会由主任1人、副主任若干人和委员若干人组成。

涉外仲裁委员会的主任、副主任和委员可以由中国国际商会聘任。

第六十七条　【涉外仲裁委员会仲裁员的聘任】涉外仲裁委员会可以从具有法律、经济贸易、科学技术等专门知识的外籍人士中聘任仲裁员。

第六十八条　【涉外仲裁的证据保全】涉外仲裁的当事人申请证据保全的，涉外仲裁委员会应当将当事人的申请提交证据所在地的中级人民法院。

第六十九条　【涉外仲裁的开庭笔录与笔录要点】涉外仲裁的仲裁庭可以将开庭情况记入笔录，或者作出笔录要点，笔录要点可以由当事人和其他仲裁参与人签字或者盖章。

第七十条　【涉外仲裁裁决的撤销】当事人提出证据证明涉外仲裁裁决有民事诉讼法第二百五十八条第一款规定的情形之一的，经人民法院组成合议庭审查核实，裁定撤销。

第七十一条　【涉外仲裁裁决的不予执行】被申请人提出证据

证明涉外仲裁裁决有民事诉讼法第二百五十八条第一款规定的情形之一的，经人民法院组成合议庭审查核实，裁定不予执行。

第七十二条　【涉外仲裁裁决的执行】涉外仲裁委员会作出的发生法律效力的仲裁裁决，当事人请求执行的，如果被执行人或者其财产不在中华人民共和国领域内，应当由当事人直接向有管辖权的外国法院申请承认和执行。

第七十三条　【涉外仲裁规则】涉外仲裁规则可以由中国国际商会依照本法和民事诉讼法的有关规定制定。

第八章　附　　则

第七十四条　【仲裁时效】法律对仲裁时效有规定的，适用该规定。法律对仲裁时效没有规定的，适用诉讼时效的规定。

第七十五条　【仲裁暂行规则的判定】中国仲裁协会制定仲裁规则前，仲裁委员会依照本法和民事诉讼法的有关规定可以制定仲裁暂行规则。

第七十六条　【仲裁费用】当事人应当按照规定交纳仲裁费用。

收取仲裁费用的办法，应当报物价管理部门核准。

第七十七条　【本法适用的例外】劳动争议和农业集体经济组织内部的农业承包合同纠纷的仲裁，另行规定。

第七十八条　【本法施行前制定的有关仲裁的规定的效力】本法施行前制定的有关仲裁的规定与本法的规定相抵触的，以本法为准。

第七十九条　【本法施行前后仲裁机构的衔接与过渡】本法施行前在直辖市、省、自治区人民政府所在地的市和其他设区的市设立的仲裁机构，应当依照本法的有关规定重新组建；未重新组建的，自本法施行之日起届满 1 年时终止。

本法施行前设立的不符合本法规定的其他仲裁机构，自本法施行之日起终止。

第八十条　【施行日期】本法自 1995 年 9 月 1 日起施行。

中华人民共和国公证法

（2005 年 8 月 28 日第十届全国人民代表大会常务委员会第十七次会议通过　根据2015 年 4 月 24 日第十二届全国人民代表大会常务委员会第十四次会议《关于修改〈中华人民共和国义务教育法〉等五部法律的决定》第一次修正　根据 2017 年 9 月 1 日第十二届全国人民代表大会常务委员会第二十九次会议《关于修改〈中华人民共和国法官法〉等八部法律的决定》第二次修正）

第一章　总　　则

第一条　为规范公证活动，保障公证机构和公证员依法履行职责，预防纠纷，保障自然人、法人或者其他组织的合法权益，制定本法。

第二条　公证是公证机构根据自然人、法人或者其他组织的申请，依照法定程序对民事法律行为、有法律意义的事实和文书的真实性、合法性予以证明的活动。

第三条　公证机构办理公证，应当遵守法律，坚持客观、公正的原则。

第四条　全国设立中国公证协会，省、自治区、直辖市设立地方公证协会。中国公证协会和地方公证协会是社会团体法人。中国公证协会章程由会员代表大会制定，报国务院司法行政部门备案。

公证协会是公证业的自律性组织，依据章程开展活动，对公证机构、公证员的执业活动进行监督。

第五条　司法行政部门依照本法规定对公证机构、公证员和公证协会进行监督、指导。

第二章　公 证 机 构

第六条　公证机构是依法设立，不以营利为目的，依法独立行使公证职能、承担民事责任的证明机构。

第七条 公证机构按照统筹规划、合理布局的原则，可以在县、不设区的市、设区的市、直辖市或者市辖区设立；在设区的市、直辖市可以设立一个或者若干个公证机构。公证机构不按行政区划层层设立。

第八条 设立公证机构，应当具备下列条件：

（一）有自己的名称；

（二）有固定的场所；

（三）有二名以上公证员；

（四）有开展公证业务所必需的资金。

第九条 设立公证机构，由所在地的司法行政部门报省、自治区、直辖市人民政府司法行政部门按照规定程序批准后，颁发公证机构执业证书。

第十条 公证机构的负责人应当在有三年以上执业经历的公证员中推选产生，由所在地的司法行政部门核准，报省、自治区、直辖市人民政府司法行政部门备案。

第十一条 根据自然人、法人或者其他组织的申请，公证机构办理下列公证事项：

（一）合同；

（二）继承；

（三）委托、声明、赠与、遗嘱；

（四）财产分割；

（五）招标投标、拍卖；

（六）婚姻状况、亲属关系、收养关系；

（七）出生、生存、死亡、身份、经历、学历、学位、职务、职称、有无违法犯罪记录；

（八）公司章程；

（九）保全证据；

（十）文书上的签名、印鉴、日期，文书的副本、影印本与原本相符；

（十一）自然人、法人或者其他组织自愿申请办理的其他公证事项。

法律、行政法规规定应当公证的事项，有关自然人、法人或者其他组织应当向公证机构申请办理公证。

第十二条 根据自然人、法人或者其他组织的申请，公证机构可以办理下列事务：

（一）法律、行政法规规定由公证机构登记的事务；

（二）提存；

（三）保管遗嘱、遗产或者其他与公证事项有关的财产、物品、文书；

（四）代写与公证事项有关的法律事务文书；

（五）提供公证法律咨询。

第十三条 公证机构不得有下列行为：

（一）为不真实、不合法的事项出具公证书；

（二）毁损、篡改公证文书或者公证档案；

（三）以诋毁其他公证机构、公证员或者支付回扣、佣金等不正当手段争揽公证业务；

（四）泄露在执业活动中知悉的国家秘密、商业秘密或者个人隐私；

（五）违反规定的收费标准收取公证费；

（六）法律、法规、国务院司法行政部门规定禁止的其他行为。

第十四条 公证机构应当建立业务、财务、资产等管理制度，对公证员的执业行为进行监督，建立执业过错责任追究制度。

第十五条 公证机构应当参加公证执业责任保险。

第三章 公 证 员

第十六条 公证员是符合本法规定的条件，在公证机构从事公证业务的执业人员。

第十七条 公证员的数量根据公证业务需要确定。省、自治区、直辖市人民政府司法行政部门应当根据公证机构的设置情况和公证业务的需要核定公证员配备方案，报国务院司法行政部门备案。

第十八条 担任公证员，应当具备下列条件：

（一）具有中华人民共和国国籍；

（二）年龄二十五周岁以上六十五周岁以下；

（三）公道正派，遵纪守法，品行良好；

（四）通过国家统一法律职业资格考试取得法律职业资格；

（五）在公证机构实习二年以上或者具有三年以上其他法律职业经历并在公证机构实习一年以上，经考核合格。

第十九条 从事法学教学、研究工作，具有高级职称的人员，或者具有本科以上学历，从事审判、检察、法制工作、法律服务满十年的公务员、律师，已经离开原工作岗位，经考核合格的，可以担任公证员。

第二十条 有下列情形之一的，不得担任公证员：

（一）无民事行为能力或者限制民事行为能力的；

（二）因故意犯罪或者职务过失犯罪受过刑事处罚的；

（三）被开除公职的；

（四）被吊销公证员、律师执业证书的。

第二十一条 担任公证员，应当由符合公证员条件的人员提出申请，经公证机构推荐，由所在地的司法行政部门报省、自治区、直辖市人民政府司法行政部门审核同意后，报请国务院司法行政部门任命，并由省、自治区、直辖市人民政府司法行政部门颁发公证员执业证书。

第二十二条 公证员应当遵纪守法，恪守职业道德，依法履行公证职责，保守执业秘密。

公证员有权获得劳动报酬，享受保险和福利待遇；有权提出辞职、申诉或者控告；非因法定事由和非经法定程序，不被免职或者处罚。

第二十三条 公证员不得有下列行为：

（一）同时在二个以上公证机构执业；

（二）从事有报酬的其他职业；

（三）为本人及近亲属办理公证或者办理与本人及近亲属有利害关系的公证；

（四）私自出具公证书；

（五）为不真实、不合法的事项出具公证书；

（六）侵占、挪用公证费或者侵占、盗窃公证专用物品；

（七）毁损、篡改公证文书或者公证档案；

（八）泄露在执业活动中知悉的国家秘密、商业秘密或者个人隐私；

（九）法律、法规、国务院司法行政部门规定禁止的其他行为。

第二十四条 公证员有下列情形之一的，由所在地的司法行政部门报省、自治区、直辖市人民政府司法行政部门提请国务院司法行政部门予以免职：

（一）丧失中华人民共和国国籍的；

（二）年满六十五周岁或者因健康原因不能继续履行职务的；

（三）自愿辞去公证员职务的；

（四）被吊销公证员执业证书的。

第四章　公 证 程 序

第二十五条 自然人、法人或者其他组织申请办理公证，可以向住所地、经常居住地、行为地或者事实发生地的公证机构提出。

申请办理涉及不动产的公证，应当向不动产所在地的公证机构提出；申请办理涉及不动产的委托、声明、赠与、遗嘱的公证，可以适用前款规定。

第二十六条 自然人、法人或者其他组织可以委托他人办理公证，但遗嘱、生存、收养关系等应当由本人办理公证的除外。

第二十七条 申请办理公证的当事人应当向公证机构如实说明申请公证事项的有关情况，提供真实、合法、充分的证明材料；提供的证明材料不充分的，公证机构可以要求补充。

公证机构受理公证申请后，应当告知当事人申请公证事项的法律意义和可能产生的法律后果，并将告知内容记录存档。

第二十八条 公证机构办理公证，应当根据不同公证事项的办证规则，分别审查下列事项：

（一）当事人的身份、申请办理该项公证的资格以及相应的权利；

（二）提供的文书内容是否完备，含义是否清晰，签名、印鉴是否齐全；

（三）提供的证明材料是否真实、合法、充分；

（四）申请公证的事项是否真实、合法。

第二十九条 公证机构对申请公证的事项以及当事人提供的证明材料，按照有关办证规则需要核实或者对其有疑义的，应当进行核实，或者委托异地公证机构代为核实，有关单位或者个人应当依法予以协助。

第三十条 公证机构经审查，认为申请提供的证明材料真实、合法、充分，申请公证的事项真实、合法的，应当自受理公证申请之日起十五个工作日内向当事人出具公证书。但是，因不可抗力、补充证明材料或者需要核实有关情况的，所需时间不计算在期限内。

第三十一条 有下列情形之一的，公证机构不予办理公证：

（一）无民事行为能力人或者限制民事行为能力人没有监护人代理申请办理公证的；

（二）当事人与申请公证的事项没有利害关系的；

（三）申请公证的事项属专业技术鉴定、评估事项的；

（四）当事人之间对申请公证的事项有争议的；

（五）当事人虚构、隐瞒事实，或者提供虚假证明材料的；

（六）当事人提供的证明材料不充分或者拒绝补充证明材料的；

（七）申请公证的事项不真实、不合法的；

（八）申请公证的事项违背社会公德的；

（九）当事人拒绝按照规定支付公证费的。

第三十二条 公证书应当按照国务院司法行政部门规定的格式制作，由公证员签名或者加盖签名章并加盖公证机构印章。公证书自出具之日起生效。

公证书应当使用全国通用的文字；在民族自治地方，根据当事人的要求，可以制作当地通用的民族文字文本。

第三十三条 公证书需要在国外使用，使用国要求先认证的，应当经中华人民共和国外交部或者外交部授权的机构和有关国家驻中华人民共和国使（领）馆认证。

第三十四条 当事人应当按照规定支付公证费。

对符合法律援助条件的当事人，公证机构应当按照规定减免公证费。

第三十五条 公证机构应当将公证文书分类立卷，归档保存。法律、行政法规规定应当公证的事项等重要的公证档案在公证机构保存期满，应当按照规定移交地方档案馆保管。

第五章 公证效力

第三十六条 经公证的民事法律行为、有法律意义的事实和文书，应当作为认定事实的根据，但有相反证据足以推翻该项公证的除外。

第三十七条 对经公证的以给付为内容并载明债务人愿意接受强制执行承诺的债权文书，债务人不履行或者履行不适当的，债权人可以依法向有管辖权的人民法院申请执行。

前款规定的债权文书确有错误的，人民法院裁定不予执行，并将裁定书送达双方当事人和公证机构。

第三十八条 法律、行政法规规定未经公证的事项不具有法律效力的，依照其规定。

第三十九条 当事人、公证事项的利害关系人认为公证书有错误的，可以向出具该公证书的公证机构提出复查。公证书的内容违法或者与事实不符的，公证机构应当撤销该公证书并予以公告，该公证书自始无效；公证书有其他错误的，公证机构应当予以更正。

第四十条 当事人、公证事项的利害关系人对公证书的内容有争议的，可以就该争议向人民法院提起民事诉讼。

第六章 法律责任

第四十一条 公证机构及其公证员有下列行为之一的，由省、自治区、直辖市或者设区的市人民政府司法行政部门给予警告；情节严重的，对公证机构处一万元以上五万元以下罚款，对公证员处一千元以上五千元以下罚款，并可以给予三个月以上六个月以下停止执业的处罚；有违法所得的，没收违法所得：

（一）以诋毁其他公证机构、公证员或者支付回扣、佣金等不正当手段争揽公证业务的；

（二）违反规定的收费标准收取公证费的；

（三）同时在二个以上公证机构执业的；

（四）从事有报酬的其他职业的；

（五）为本人及近亲属办理公证或者办理与本人及近亲属有利害关系的公证的；

（六）依照法律、行政法规的规定，应当给予处罚的其他行为。

第四十二条 公证机构及其公证员有下列行为之一的，由省、自治区、直辖市或者设区的市人民政府司法行政部门对公证机构给予警告，并处二万元以上十万元以下罚款，并可以给予一个月以上三个月以下停业整顿的处罚；对公证员给予警告，并处二千元以上一万元以下罚款，并可以给予三个月以上十二个月以下停止执业的处罚；有违法所得的，没收违法所得；情节严重的，由省、自治区、直辖市人民政府司法行政部门吊销公证员执业证书；构成犯罪的，依法追究刑事责任：

（一）私自出具公证书的；

（二）为不真实、不合法的事项出具公证书的；

（三）侵占、挪用公证费或者侵占、盗窃公证专用物品的；

（四）毁损、篡改公证文书或者公证档案的；

（五）泄露在执业活动中知悉的国家秘密、商业秘密或者个人隐私的；

（六）依照法律、行政法规的规定，应当给予处罚的其他行为。

因故意犯罪或者职务过失犯罪受刑事处罚的，应当吊销公证员执业证书。

被吊销公证员执业证书的，不得担任辩护人、诉讼代理人，但系刑事诉讼、民事诉讼、行政诉讼当事人的监护人、近亲属的除外。

第四十三条 公证机构及其公证员因过错给当事人、公证事项的利害关系人造成损失的，由公证机构承担相应的赔偿责任；公证机构赔偿后，可以向有故意或者重大过失的公证员追偿。

当事人、公证事项的利害关系人与公证机构因赔偿发生争议的，可以向人民法院提起民事诉讼。

第四十四条 当事人以及其他个人或者组织有下列行为之一，给他人造成损失的，依法承担民事责任；违反治安管理的，依法给予治安管理处罚；构成犯罪的，依法追究刑事责任：

（一）提供虚假证明材料，骗取公证书的；

（二）利用虚假公证书从事欺诈活动的；

（三）伪造、变造或者买卖伪造、变造的公证书、公证机构印章的。

第七章 附 则

第四十五条 中华人民共和国驻外使（领）馆可以依照本法的规定或者中华人民共和国缔结或者参加的国际条约的规定，办理公证。

第四十六条 公证费的收费标准由省、自治区、直辖市人民政府价格主管部门会同同级司法行政部门制定。

第四十七条 本法自 2006 年 3 月 1 日起施行。

公证员职业道德基本准则

（2011 年 1 月 6 日　公协字〔2011〕第 003 号）

为加强公证员职业道德建设，保证公证员依法履行公证职责，维护和增强公证公信力，根据《中华人民共和国公证法》，制定本准则。

一、忠于法律　尽职履责

第一条　公证员应当忠于宪法和法律，自觉践行社会主义法治理念。

第二条　公证员应当政治坚定、业务精通、维护公正、恪守诚信，坚定不移地做中国特色社会主义事业的建设者、捍卫者。

第三条　公证员应当依法办理公证事项，恪守客观、公正的原则，做到以事实为依据、法律为准绳。

第四条　公证员应当自觉遵守法定回避制度，不得为本人及近亲属办理公证或者办理与本人及近亲属有利害关系的公证。

第五条　公证员应当自觉履行执业保密义务，不得泄露在执业中知悉的国家秘密、商业秘密或个人隐私，更不能利用知悉的秘密为自己或他人谋取利益。

第六条　公证员在履行职责时，对发现的违法、违规或违反社会公德的行为，应当按照法律规定的权限，积极采取措施予以纠正、制止。

二、爱岗敬业　规范服务

第七条　公证员应当珍惜职业荣誉，强化服务意识，勤勉敬业、恪尽职守，为当事人提供优质高效的公证法律服务。

第八条 公证员在履行职责时，应当告知当事人、代理人和参与人的权利与义务，并就权利和义务的真实意思和可能产生的法律后果做出明确解释，避免形式上的简单告知。

第九条 公证员在执行职务时，应当平等、热情地对待当事人、代理人和参与人，要注重其民族、种族、国籍、宗教信仰、性别、年龄、健康状况、职业的差别，避免言行不慎使对方产生歧义。

第十条 公证员应当严格按照规定的程序和期限办理公证事项，注重提高办证质量和效率，杜绝疏忽大意、敷衍塞责和延误办证的行为。

第十一条 公证员应当注重礼仪，做到着装规范、举止文明，维护职业形象。

现场宣读公证词时，应当语言规范、吐字清晰，避免使用可能引起他人反感的语言表达方式。

第十二条 公证员如果发现已生效的公证文书存在问题或其他公证员有违法、违规行为，应当及时向有关部门反映。

第十三条 公证员不得利用媒体或采用其他方式，对正在办理或已办结的公证事项发表不当评论，更不得发表有损公证严肃性和权威性的言论。

三、加强修养 提高素质

第十四条 公证员应当牢固树立社会主义荣辱观，遵守社会公德，倡导良好社会风尚。

第十五条 公证员应当道德高尚、诚实信用、谦虚谨慎，具有良好的个人修养和品行。

第十六条 公证员应当忠于职守、不徇私情、弘扬正义，自觉维护社会公平和公众利益。

第十七条 公证员应当热爱集体，团结协作，相互支持、相互配合、相互监督，共同营造健康、有序、和谐的工作环境。

第十八条 公证员应当不断提高自身的业务能力和职业素养，

保证自己的执业品质和专业技能满足正确履行职责的需要。

第十九条 公证员应当树立终身学习理念，勤勉进取，努力钻研，不断提高职业素质和执业水平。

四、廉洁自律 尊重同行

第二十条 公证员应当树立廉洁自律意识，遵守职业道德和执业纪律，不得从事有报酬的其他职业和与公证员职务、身份不相符的活动。

第二十一条 公证员应当妥善处理个人事务，不得利用公证员的身份和职务为自己、亲属或他人谋取利益。

第二十二条 公证员不得索取或接受当事人及其代理人、利害关系人的答谢款待、馈赠财物或其他利益。

第二十三条 公证员应当相互尊重，与同行保持良好的合作关系，公平竞争，同业互助，共谋发展。

第二十四条 公证员不得以不正当方式或途径对其他公证员正在办理的公证事项进行干预或施加影响。

第二十五条 公证员不得从事以下不正当竞争行为：

（一）利用媒体或其他手段炫耀自己，贬损他人，排斥同行，为自己招揽业务；

（二）以支付介绍费、给予回扣、许诺提供利益等方式承揽业务；

（三）利用与行政机关、社会团体的特殊关系进行业务垄断；

（四）其他不正当竞争行为。

五、附 则

第二十六条 中国公证协会和地方公证协会监督公证员遵守本准则。

第二十七条 公证员助理和公证机构其他工作人员，参照执行本准则的有关规定。

第二十八条 本准则由中国公证协会负责解释。

第二十九条 本准则自发布之日起施行。

公证员执业管理办法（节录）

（2006年3月14日司法部令第102号公布　自公布之日起施行）

第一章　总　则

第一条　为了加强对公证员的任职管理和执业监督，规范公证员的执业行为，根据《中华人民共和国公证法》（以下简称《公证法》）和有关法律、法规的规定，制定本办法。

第二条　公证员是符合《公证法》规定的条件，经法定任职程序，取得公证员执业证书，在公证机构从事公证业务的执业人员。

公证员的配备数量，根据公证机构的设置情况和公证业务的需要确定。公证员配备方案，由省、自治区、直辖市司法行政机关编制和核定，报司法部备案。

第三条　公证员依法执业，受法律保护，任何单位和个人不得非法干预。

公证员有权获得劳动报酬，享受保险和福利待遇；有权提出辞职、申诉或者控告；非因法定事由和非经法定程序，不被免职或者处罚。

第四条　公证员应当遵纪守法，恪守职业道德和执业纪律，依法履行公证职责，保守执业秘密。

公证员应当加入地方和全国的公证协会。

第五条　司法行政机关依照《公证法》和有关法律、法规、规章，对公证员进行监督、指导。

第六条　公证协会是公证业的自律性组织。公证协会依照《公证法》和章程，对公证员的执业活动进行监督。

……

第五章　公证员执业监督检查

第二十一条　司法行政机关应当依法建立健全行政监督管理制度，公证协会应当依据章程建立健全行业自律制度，加强对公证员执业活动的监督，依法维护公证员的执业权利。

第二十二条　公证机构应当按照规定建立、完善各项内部管理制度，对公证员的执业行为进行监督，建立公证员执业过错责任追究制度，建立公证员执业年度考核制度。

公证机构应当为公证员依法执业提供便利和条件，保障其在任职期间依法享有的合法权益。

第二十三条　公证员应当依法履行公证职责，不得有下列行为：

（一）同时在两个以上公证机构执业；

（二）从事有报酬的其他职业；

（三）为本人及近亲属办理公证或者办理与本人及近亲属有利害关系的公证；

（四）私自出具公证书；

（五）为不真实、不合法的事项出具公证书；

（六）侵占、挪用公证费或者侵占、盗窃公证专用物品；

（七）毁损、篡改公证文书或者公证档案；

（八）泄露在执业活动中知悉的国家秘密、商业秘密或者个人隐私；

（九）法律、法规和司法部规定禁止的其他行为。

第二十四条　公证机构应当在每年的第一个月份对所属公证员上一年度办理公证业务的情况和遵守职业道德、执业纪律的情况进行年度考核。考核结果，应当书面告知公证员，并报所在地司法行政机关备案。

公证机构的负责人履行管理职责的情况，由所在地司法行政机关进行考核。考核结果，应当书面告知公证机构的负责人，并报上一级司法行政机关备案。

经年度考核，对公证员在执业中存在的突出问题，公证机构应当责令其改正；对公证机构的负责人在管理中存在的突出问题，所在地司法行政机关应当责令其改正。

第二十五条 公证员和公证机构的负责人被投诉和举报、执业中有不良记录或者经年度考核发现有突出问题的，所在地司法行政机关应当对其进行重点监督、指导。

对年度考核发现有突出问题的公证员和公证机构的负责人，由所在地或者设区的市司法行政机关组织专门的学习培训。

第二十六条 司法行政机关实施监督检查，可以对公证员办理公证业务的情况进行检查，要求公证员及其所在公证机构说明有关情况，调阅相关材料和公证档案，向相关单位和人员调查、核实有关情况。

公证员及其所在公证机构不得拒绝司法行政机关依法实施的监督检查，不得谎报、隐匿、伪造、销毁相关证据材料。

第二十七条 公证员应当接受司法行政机关和公证协会组织开展的职业培训。公证员每年参加职业培训的时间不得少于四十学时。

司法行政机关制定开展公证员职业培训的规划和方案，公证协会按年度制定具体实施计划，负责组织实施。

公证机构应当为公证员参加职业培训提供必要的条件和保障。

第二十八条 公证员执业所在地司法行政机关应当建立公证员执业档案，将公证员任职审核任命情况、年度考核结果、监督检查掌握的情况以及受奖惩的情况记入执业档案。

公证员跨地区或者跨省、自治区、直辖市变更执业机构的，原执业所在地司法行政机关应当向变更后的执业所在地司法行政机关移交该公证员的执业档案。

……

中华人民共和国公务员法

（2005 年 4 月 27 日第十届全国人民代表大会常务委员会第十五次会议通过　根据 2017 年 9 月 1 日第十二届全国人民代表大会常务委员会第二十九次会议《关于修改〈中华人民共和国法官法〉等八部法律的决定》修正　2018 年 12 月 29 日第十三届全国人民代表大会常务委员会第七次会议修订　2018 年 12 月 29 日中华人民共和国主席令第 20 号公布　自 2019 年 6 月 1 日起施行）

第一章　总　　则

第一条　【立法目的】为了规范公务员的管理，保障公务员的合法权益，加强对公务员的监督，促进公务员正确履职尽责，建设信念坚定、为民服务、勤政务实、敢于担当、清正廉洁的高素质专业化公务员队伍，根据宪法，制定本法。

第二条　【公务员定义】本法所称公务员，是指依法履行公职、纳入国家行政编制、由国家财政负担工资福利的工作人员。

公务员是干部队伍的重要组成部分，是社会主义事业的中坚力量，是人民的公仆。

第三条　【适用范围】公务员的义务、权利和管理，适用本法。

法律对公务员中领导成员的产生、任免、监督以及监察官、法官、检察官等的义务、权利和管理另有规定的，从其规定。

第四条　【指导思想和政治原则】公务员制度坚持中国共产党领导，坚持以马克思列宁主义、毛泽东思想、邓小平理论、“三个代表”重要思想、科学发展观、习近平新时代中国特色社会主义思想为指导，贯彻社会主义初级阶段的基本路线，贯彻新时代中国共产党的组织路线，坚持党管干部原则。

第五条　【公开、平等、竞争、择优管理原则】公务员的管理，坚持公开、平等、竞争、择优的原则，依照法定的权限、条件、标准和程序进行。

第六条　【监督约束与激励保障并重原则】公务员的管理，坚持监督约束与激励保障并重的原则。

第七条　【公务员的任用原则】公务员的任用，坚持德才兼备、以德为先，坚持五湖四海、任人唯贤，坚持事业为上、公道正派，突出政治标准，注重工作实绩。

第八条　【分类管理、效能原则】国家对公务员实行分类管理，提高管理效能和科学化水平。

第九条　【宪法宣誓】公务员就职时应当依照法律规定公开进行宪法宣誓。

第十条　【法律保护原则】公务员依法履行职责的行为，受法律保护。

第十一条　【工资福利保险等待遇的经费保障】公务员工资、福利、保险以及录用、奖励、培训、辞退等所需经费，列入财政预算，予以保障。

第十二条　【管理机关】中央公务员主管部门负责全国公务员的综合管理工作。县级以上地方各级公务员主管部门负责本辖区内公务员的综合管理工作。上级公务员主管部门指导下级公务员主管部门的公务员管理工作。各级公务员主管部门指导同级各机关的公务员管理工作。

第二章　公务员的条件、义务与权利

第十三条　【公务员的条件】公务员应当具备下列条件：

（一）具有中华人民共和国国籍；

（二）年满十八周岁；

（三）拥护中华人民共和国宪法，拥护中国共产党领导和社会主义制度；

（四）具有良好的政治素质和道德品行；

（五）具有正常履行职责的身体条件和心理素质；

（六）具有符合职位要求的文化程度和工作能力；

（七）法律规定的其他条件。

第十四条　【公务员的义务】公务员应当履行下列义务：

（一）忠于宪法，模范遵守、自觉维护宪法和法律，自觉接受中国共产党领导；

（二）忠于国家，维护国家的安全、荣誉和利益；

（三）忠于人民，全心全意为人民服务，接受人民监督；

（四）忠于职守，勤勉尽责，服从和执行上级依法作出的决定和命令，按照规定的权限和程序履行职责，努力提高工作质量和效率；

（五）保守国家秘密和工作秘密；

（六）带头践行社会主义核心价值观，坚守法治，遵守纪律，恪守职业道德，模范遵守社会公德、家庭美德；

（七）清正廉洁，公道正派；

（八）法律规定的其他义务。

第十五条　【公务员的权利】公务员享有下列权利：

（一）获得履行职责应当具有的工作条件；

（二）非因法定事由、非经法定程序，不被免职、降职、辞退或者处分；

（三）获得工资报酬，享受福利、保险待遇；

（四）参加培训；

（五）对机关工作和领导人员提出批评和建议；

（六）提出申诉和控告；

（七）申请辞职；

（八）法律规定的其他权利。

第三章　职务、职级与级别

第十六条　【职位分类制度】国家实行公务员职位分类制度。

公务员职位类别按照公务员职位的性质、特点和管理需要，划分为综合管理类、专业技术类和行政执法类等类别。根据本法，对于具有职位特殊性，需要单独管理的，可以增设其他职位类别。各职位类别的适用范围由国家另行规定。

第十七条　【职务序列设置的根据】国家实行公务员职务与职级并行制度，根据公务员职位类别和职责设置公务员领导职务、职级序列。

第十八条　【领导职务层次】公务员领导职务根据宪法、有关法律和机构规格设置。

领导职务层次分为：国家级正职、国家级副职、省部级正职、省部级副职、厅局级正职、厅局级副职、县处级正职、县处级副职、乡科级正职、乡科级副职。

第十九条　【职级序列】公务员职级在厅局级以下设置。

综合管理类公务员职级序列分为：一级巡视员、二级巡视员、一级调研员、二级调研员、三级调研员、四级调研员、一级主任科员、二级主任科员、三级主任科员、四级主任科员、一级科员、二级科员。

综合管理类以外其他职位类别公务员的职级序列，根据本法由国家另行规定。

第二十条　【具体职位的设置】各机关依照确定的职能、规格、编制限额、职数以及结构比例，设置本机关公务员的具体职位，并确定各职位的工作职责和任职资格条件。

第二十一条　【公务员的级别】公务员的领导职务、职级应当对应相应的级别。公务员领导职务、职级与级别的对应关系，由国家规定。

根据工作需要和领导职务与职级的对应关系，公务员担任的领导职务和职级可以互相转任、兼任；符合规定资格条件的，可以晋升领导职务或者职级。

公务员的级别根据所任领导职务、职级及其德才表现、工作实绩和资历确定。公务员在同一领导职务、职级上，可以按照国家规定晋升级别。

公务员的领导职务、职级与级别是确定公务员工资以及其他待遇的依据。

第二十二条　【衔级制度】国家根据人民警察、消防救援人员以及海关、驻外外交机构等公务员的工作特点，设置与其领导职务、职级相对应的衔级。

第四章　录　　用

第二十三条　【一级主任科员以下公务员的录用】录用担任一级主任科员以下及其他相当职级层次的公务员，采取公开考试、严格考察、平等竞争、择优录取的办法。

民族自治地方依照前款规定录用公务员时，依照法律和有关规定对少数民族报考者予以适当照顾。

第二十四条　【公务员录用部门】中央机关及其直属机构公务员的录用，由中央公务员主管部门负责组织。地方各级机关公务员的录用，由省级公务员主管部门负责组织，必要时省级公务员主管部门可以授权设区的市级公务员主管部门组织。

第二十五条　【报考条件】报考公务员，除应当具备本法第十三条规定的条件以外，还应当具备省级以上公务员主管部门规定的拟任职位所要求的资格条件。

国家对行政机关中初次从事行政处罚决定审核、行政复议、行政裁决、法律顾问的公务员实行统一法律职业资格考试制度，由国务院司法行政部门商有关部门组织实施。

第二十六条　【不得录用的情形】下列人员不得录用为公务员：

（一）因犯罪受过刑事处罚的；

（二）被开除中国共产党党籍的；

（三）被开除公职的；

（四）被依法列为失信联合惩戒对象的；

（五）有法律规定不得录用为公务员的其他情形的。

第二十七条　【录用前提】录用公务员，应当在规定的编制限额内，并有相应的职位空缺。

第二十八条　【招考公告】录用公务员，应当发布招考公告。招考公告应当载明招考的职位、名额、报考资格条件、报考需要提交的申请材料以及其他报考须知事项。

招录机关应当采取措施，便利公民报考。

第二十九条　【对报考申请的审查】招录机关根据报考资格条件对报考申请进行审查。报考者提交的申请材料应当真实、准确。

第三十条　【考试方式和内容】公务员录用考试采取笔试和面试等方式进行，考试内容根据公务员应当具备的基本能力和不同职位类别、不同层级机关分别设置。

第三十一条　【复审、考察和体检】招录机关根据考试成绩确定考察人选，并进行报考资格复审、考察和体检。

体检的项目和标准根据职位要求确定。具体办法由中央公务员主管部门会同国务院卫生健康行政部门规定。

第三十二条　【公示】招录机关根据考试成绩、考察情况和体检结果，提出拟录用人员名单，并予以公示。公示期不少于五个工作日。

公示期满，中央一级招录机关应当将拟录用人员名单报中央公务员主管部门备案；地方各级招录机关应当将拟录用人员名单报省级或者设区的市级公务员主管部门审批。

第三十三条　【特殊职位录用】录用特殊职位的公务员，经省级以上公务员主管部门批准，可以简化程序或者采用其他测评办法。

第三十四条　【试用期】新录用的公务员试用期为一年。试用期满合格的，予以任职；不合格的，取消录用。

第五章　考　　核

第三十五条　【考核内容】公务员的考核应当按照管理权限，全面考核公务员的德、能、勤、绩、廉，重点考核政治素质和工作实绩。考核指标根据不同职位类别、不同层级机关分别设置。

第三十六条　【考核方式】公务员的考核分为平时考核、专项考核和定期考核等方式。定期考核以平时考核、专项考核为基础。

第三十七条　【定期考核的程序】非领导成员公务员的定期考核采取年度考核的方式。先由个人按照职位职责和有关要求进行总结，主管领导在听取群众意见后，提出考核等次建议，由本机关负责人或者授权的考核委员会确定考核等次。

领导成员的考核由主管机关按照有关规定办理。

第三十八条　【定期考核的结果】定期考核的结果分为优秀、称职、基本称职和不称职四个等次。

定期考核的结果应当以书面形式通知公务员本人。

第三十九条　【定期考核结果的作用】定期考核的结果作为调整公务员职位、职务、职级、级别、工资以及公务员奖励、培训、辞退的依据。

第六章　职务、职级任免

第四十条　【任职方式】公务员领导职务实行选任制、委任制和聘任制。公务员职级实行委任制和聘任制。

领导成员职务按照国家规定实行任期制。

第四十一条　【选任制公务员任免】选任制公务员在选举结果生效时即任当选职务；任期届满不再连任或者任期内辞职、被罢免、被撤职的，其所任职务即终止。

第四十二条　【委任制公务员任免】委任制公务员试用期满考核合格，职务、职级发生变化，以及其他情形需要任免职务、职级的，应当按照管理权限和规定的程序任免。

第四十三条　【任职前提】公务员任职应当在规定的编制限额和职数内进行，并有相应的职位空缺。

第四十四条　【公务员兼职】公务员因工作需要在机关外兼职，应当经有关机关批准，并不得领取兼职报酬。

第七章　职务、职级升降

第四十五条　【领导职务晋升的条件和方式】公务员晋升领导

职务，应当具备拟任职务所要求的政治素质、工作能力、文化程度和任职经历等方面的条件和资格。

公务员领导职务应当逐级晋升。特别优秀的或者工作特殊需要的，可以按照规定破格或者越级晋升。

第四十六条　【领导职务晋升的程序】公务员晋升领导职务，按照下列程序办理：

（一）动议；

（二）民主推荐；

（三）确定考察对象，组织考察；

（四）按照管理权限讨论决定；

（五）履行任职手续。

第四十七条　【职务空缺时任职人选产生方式】厅局级正职以下领导职务出现空缺且本机关没有合适人选的，可以通过适当方式面向社会选拔任职人选。

第四十八条　【领导职务任前公示和任职试用期】公务员晋升领导职务的，应当按照有关规定实行任职前公示制度和任职试用期制度。

第四十九条　【逐级晋升】公务员职级应当逐级晋升，根据个人德才表现、工作实绩和任职资历，参考民主推荐或者民主测评结果确定人选，经公示后，按照管理权限审批。

第五十条　【降职】公务员的职务、职级实行能上能下。对不适宜或者不胜任现任职务、职级的，应当进行调整。

公务员在年度考核中被确定为不称职的，按照规定程序降低一个职务或者职级层次任职。

第八章　奖　　励

第五十一条　【奖励的条件和方式】对工作表现突出，有显著成绩和贡献，或者有其他突出事迹的公务员或者公务员集体，给予奖励。奖励坚持定期奖励与及时奖励相结合，精神奖励与物质奖励相结合、以精神奖励为主的原则。

公务员集体的奖励适用于按照编制序列设置的机构或者为完成专项任务组成的工作集体。

第五十二条　【应予奖励的情形】公务员或者公务员集体有下列情形之一的，给予奖励：

（一）忠于职守，积极工作，勇于担当，工作实绩显著的；

（二）遵纪守法，廉洁奉公，作风正派，办事公道，模范作用突出的；

（三）在工作中有发明创造或者提出合理化建议，取得显著经济效益或者社会效益的；

（四）为增进民族团结，维护社会稳定做出突出贡献的；

（五）爱护公共财产，节约国家资财有突出成绩的；

（六）防止或者消除事故有功，使国家和人民群众利益免受或者减少损失的；

（七）在抢险、救灾等特定环境中做出突出贡献的；

（八）同违纪违法行为作斗争有功绩的；

（九）在对外交往中为国家争得荣誉和利益的；

（十）有其他突出功绩的。

第五十三条　【奖励的种类】奖励分为：嘉奖、记三等功、记二等功、记一等功、授予称号。

对受奖励的公务员或者公务员集体予以表彰，并对受奖励的个人给予一次性奖金或者其他待遇。

第五十四条　【奖励的程序】给予公务员或者公务员集体奖励，按照规定的权限和程序决定或者审批。

第五十五条　【重大工作的奖励】按照国家规定，可以向参与特定时期、特定领域重大工作的公务员颁发纪念证书或者纪念章。

第五十六条　【撤销奖励的情形】公务员或者公务员集体有下列情形之一的，撤销奖励：

（一）弄虚作假，骗取奖励的；

（二）申报奖励时隐瞒严重错误或者严重违反规定程序的；

（三）有严重违纪违法等行为，影响称号声誉的；

（四）有法律、法规规定应当撤销奖励的其他情形的。

第九章　监督与惩戒

第五十七条　【日常管理监督制度】机关应当对公务员的思想政治、履行职责、作风表现、遵纪守法等情况进行监督，开展勤政廉政教育，建立日常管理监督制度。

对公务员监督发现问题的，应当区分不同情况，予以谈话提醒、批评教育、责令检查、诫勉、组织调整、处分。

对公务员涉嫌职务违法和职务犯罪的，应当依法移送监察机关处理。

第五十八条　【请示报告】公务员应当自觉接受监督，按照规定请示报告工作、报告个人有关事项。

第五十九条　【违纪行为】公务员应当遵纪守法，不得有下列行为：

（一）散布有损宪法权威、中国共产党和国家声誉的言论，组织或者参加旨在反对宪法、中国共产党领导和国家的集会、游行、示威等活动；

（二）组织或者参加非法组织，组织或者参加罢工；

（三）挑拨、破坏民族关系，参加民族分裂活动或者组织、利用宗教活动破坏民族团结和社会稳定；

（四）不担当，不作为，玩忽职守，贻误工作；

（五）拒绝执行上级依法作出的决定和命令；

（六）对批评、申诉、控告、检举进行压制或者打击报复；

（七）弄虚作假，误导、欺骗领导和公众；

（八）贪污贿赂，利用职务之便为自己或者他人谋取私利；

（九）违反财经纪律，浪费国家资财；

（十）滥用职权，侵害公民、法人或者其他组织的合法权益；

（十一）泄露国家秘密或者工作秘密；

（十二）在对外交往中损害国家荣誉和利益；

（十三）参与或者支持色情、吸毒、赌博、迷信等活动；

（十四）违反职业道德、社会公德和家庭美德；

（十五）违反有关规定参与禁止的网络传播行为或者网络活动；

（十六）违反有关规定从事或者参与营利性活动，在企业或者其他营利性组织中兼任职务；

（十七）旷工或者因公外出、请假期满无正当理由逾期不归；

（十八）违纪违法的其他行为。

第六十条　【对上级决定或命令有异议时的处理】公务员执行公务时，认为上级的决定或者命令有错误的，可以向上级提出改正或者撤销该决定或者命令的意见；上级不改变该决定或者命令，或者要求立即执行的，公务员应当执行该决定或者命令，执行的后果由上级负责，公务员不承担责任；但是，公务员执行明显违法的决定或者命令的，应当依法承担相应的责任。

第六十一条　【处分的实施】公务员因违纪违法应当承担纪律责任的，依照本法给予处分或者由监察机关依法给予政务处分；违纪违法行为情节轻微，经批评教育后改正的，可以免予处分。

对同一违纪违法行为，监察机关已经作出政务处分决定的，公务员所在机关不再给予处分。

第六十二条　【处分种类】处分分为：警告、记过、记大过、降级、撤职、开除。

第六十三条　【处分程序】对公务员的处分，应当事实清楚、证据确凿、定性准确、处理恰当、程序合法、手续完备。

公务员违纪违法的，应当由处分决定机关决定对公务员违纪违法的情况进行调查，并将调查认定的事实以及拟给予处分的依据告知公务员本人。公务员有权进行陈述和申辩；处分决定机关不得因公务员申辩而加重处分。

处分决定机关认为对公务员应当给予处分的，应当在规定的期限内，按照管理权限和规定的程序作出处分决定。处分决定应当以书面形式通知公务员本人。

第六十四条　【处分的后果和期间】公务员在受处分期间不得晋升职务、职级和级别，其中受记过、记大过、降级、撤职处分的，不得晋升工资档次。

受处分的期间为：警告，六个月；记过，十二个月；记大过，十八个月；降级、撤职，二十四个月。

受撤职处分的，按照规定降低级别。

第六十五条　【处分的解除】公务员受开除以外的处分，在受处分期间有悔改表现，并且没有再发生违纪违法行为的，处分期满后自动解除。

解除处分后，晋升工资档次、级别和职务、职级不再受原处分的影响。但是，解除降级、撤职处分的，不视为恢复原级别、原职务、原职级。

第十章　培　训

第六十六条　【培训方式和机构】机关根据公务员工作职责的要求和提高公务员素质的需要，对公务员进行分类分级培训。

国家建立专门的公务员培训机构。机关根据需要也可以委托其他培训机构承担公务员培训任务。

第六十七条　【培训种类】机关对新录用人员应当在试用期内进行初任培训；对晋升领导职务的公务员应当在任职前或者任职后一年内进行任职培训；对从事专项工作的公务员应当进行专门业务培训；对全体公务员应当进行提高政治素质和工作能力、更新知识的在职培训，其中对专业技术类公务员应当进行专业技术培训。

国家有计划地加强对优秀年轻公务员的培训。

第六十八条　【培训的管理、时间和结果】公务员的培训实行登记管理。

公务员参加培训的时间由公务员主管部门按照本法第六十七条规定的培训要求予以确定。

公务员培训情况、学习成绩作为公务员考核的内容和任职、晋升的依据之一。

第十一章　交流与回避

第六十九条　【公务员交流制度】国家实行公务员交流制度。

公务员可以在公务员和参照本法管理的工作人员队伍内部交流，也可以与国有企业和不参照本法管理的事业单位中从事公务的人员交流。

交流的方式包括调任、转任。

第七十条　【调任】国有企业、高等院校和科研院所以及其他不参照本法管理的事业单位中从事公务的人员，可以调入机关担任领导职务或者四级调研员以上及其他相当层次的职级。

调任人选应当具备本法第十三条规定的条件和拟任职位所要求的资格条件，并不得有本法第二十六条规定的情形。调任机关应当根据上述规定，对调任人选进行严格考察，并按照管理权限审批，必要时可以对调任人选进行考试。

第七十一条　【转任】公务员在不同职位之间转任应当具备拟任职位所要求的资格条件，在规定的编制限额和职数内进行。

对省部级正职以下的领导成员应当有计划、有重点地实行跨地区、跨部门转任。

对担任机关内设机构领导职务和其他工作性质特殊的公务员，应当有计划地在本机关内转任。

上级机关应当注重从基层机关公开遴选公务员。

第七十二条　【挂职】根据工作需要，机关可以采取挂职方式选派公务员承担重大工程、重大项目、重点任务或者其他专项工作。

公务员在挂职期间，不改变与原机关的人事关系。

第七十三条　【服从交流决定】公务员应当服从机关的交流决定。

公务员本人申请交流的，按照管理权限审批。

第七十四条　【任职回避】公务员之间有夫妻关系、直系血亲关系、三代以内旁系血亲关系以及近姻亲关系的，不得在同一机关双方直接隶属于同一领导人员的职位或者有直接上下级领导关系的职位工作，也不得在其中一方担任领导职务的机关从事组织、人事、纪检、监察、审计和财务工作。

公务员不得在其配偶、子女及其配偶经营的企业、营利性组织的行业监管或者主管部门担任领导成员。

因地域或者工作性质特殊，需要变通执行任职回避的，由省级以上公务员主管部门规定。

第七十五条　【地域回避】公务员担任乡级机关、县级机关、设区的市级机关及其有关部门主要领导职务的，应当按照有关规定实行地域回避。

第七十六条　【公务回避】公务员执行公务时，有下列情形之一的，应当回避：

（一）涉及本人利害关系的；

（二）涉及与本人有本法第七十四条第一款所列亲属关系人员的利害关系的；

（三）其他可能影响公正执行公务的。

第七十七条　【回避的程序】公务员有应当回避情形的，本人应当申请回避；利害关系人有权申请公务员回避。其他人员可以向机关提供公务员需要回避的情况。

机关根据公务员本人或者利害关系人的申请，经审查后作出是否回避的决定，也可以不经申请直接作出回避决定。

第七十八条　【关于回避的其他法律规定】法律对公务员回避另有规定的，从其规定。

第十二章　工资、福利与保险

第七十九条　【工资制度】公务员实行国家统一规定的工资制度。

公务员工资制度贯彻按劳分配的原则，体现工作职责、工作能力、工作实绩、资历等因素，保持不同领导职务、职级、级别之间的合理工资差距。

国家建立公务员工资的正常增长机制。

第八十条　【工资构成】公务员工资包括基本工资、津贴、补贴和奖金。

公务员按照国家规定享受地区附加津贴、艰苦边远地区津贴、岗位津贴等津贴。

公务员按照国家规定享受住房、医疗等补贴、补助。

公务员在定期考核中被确定为优秀、称职的，按照国家规定享受年终奖金。

公务员工资应当按时足额发放。

第八十一条　【工资水平的确定】公务员的工资水平应当与国民经济发展相协调、与社会进步相适应。

国家实行工资调查制度，定期进行公务员和企业相当人员工资水平的调查比较，并将工资调查比较结果作为调整公务员工资水平的依据。

第八十二条　【福利待遇】公务员按照国家规定享受福利待遇。国家根据经济社会发展水平提高公务员的福利待遇。

公务员执行国家规定的工时制度，按照国家规定享受休假。公务员在法定工作日之外加班的，应当给予相应的补休，不能补休的按照国家规定给予补助。

第八十三条　【保险和抚恤优待】公务员依法参加社会保险，按照国家规定享受保险待遇。

公务员因公牺牲或者病故的，其亲属享受国家规定的抚恤和优待。

第八十四条　【工资福利保险待遇的法律保障】任何机关不得违反国家规定自行更改公务员工资、福利、保险政策，擅自提高或者降低公务员的工资、福利、保险待遇。任何机关不得扣减或者拖欠公务员的工资。

第十三章　辞职与辞退

第八十五条　【辞职程序】公务员辞去公职，应当向任免机关提出书面申请。任免机关应当自接到申请之日起三十日内予以审批，其中对领导成员辞去公职的申请，应当自接到申请之日起九十日内予以审批。

第八十六条　【不得辞职的情形】公务员有下列情形之一的，不得辞去公职：

（一）未满国家规定的最低服务年限的；

（二）在涉及国家秘密等特殊职位任职或者离开上述职位不满国家规定的脱密期限的；

（三）重要公务尚未处理完毕，且须由本人继续处理的；

（四）正在接受审计、纪律审查、监察调查，或者涉嫌犯罪，司法程序尚未终结的；

（五）法律、行政法规规定的其他不得辞去公职的情形。

第八十七条　【领导成员的辞职】担任领导职务的公务员，因工作变动依照法律规定需要辞去现任职务的，应当履行辞职手续。

担任领导职务的公务员，因个人或者其他原因，可以自愿提出辞去领导职务。

领导成员因工作严重失误、失职造成重大损失或者恶劣社会影响的，或者对重大事故负有领导责任的，应当引咎辞去领导职务。

领导成员因其他原因不再适合担任现任领导职务的，或者应当引咎辞职本人不提出辞职的，应当责令其辞去领导职务。

第八十八条　【应予辞退的情形】公务员有下列情形之一的，予以辞退：

（一）在年度考核中，连续两年被确定为不称职的；

（二）不胜任现职工作，又不接受其他安排的；

（三）因所在机关调整、撤销、合并或者缩减编制员额需要调整工作，本人拒绝合理安排的；

（四）不履行公务员义务，不遵守法律和公务员纪律，经教育仍无转变，不适合继续在机关工作，又不宜给予开除处分的；

（五）旷工或者因公外出、请假期满无正当理由逾期不归连续超过十五天，或者一年内累计超过三十天的。

第八十九条　【不得辞退的情形】 对有下列情形之一的公务员，不得辞退：

（一）因公致残，被确认丧失或者部分丧失工作能力的；

（二）患病或者负伤，在规定的医疗期内的；

（三）女性公务员在孕期、产假、哺乳期内的；

（四）法律、行政法规规定的其他不得辞退的情形。

第九十条　【辞退程序及待遇】 辞退公务员，按照管理权限决定。辞退决定应当以书面形式通知被辞退的公务员，并应当告知辞退依据和理由。

被辞退的公务员，可以领取辞退费或者根据国家有关规定享受失业保险。

第九十一条　【离职前的义务】 公务员辞职或者被辞退，离职前应当办理公务交接手续，必要时按照规定接受审计。

第十四章　退　　休

第九十二条　【退休条件】 公务员达到国家规定的退休年龄或者完全丧失工作能力的，应当退休。

第九十三条　【提前退休的条件】 公务员符合下列条件之一的，本人自愿提出申请，经任免机关批准，可以提前退休：

（一）工作年限满三十年的；

（二）距国家规定的退休年龄不足五年，且工作年限满二十年的；

（三）符合国家规定的可以提前退休的其他情形的。

第九十四条　【退休待遇】 公务员退休后，享受国家规定的养老金和其他待遇，国家为其生活和健康提供必要的服务和帮助，鼓励发挥个人专长，参与社会发展。

第十五章　申诉与控告

第九十五条　【申请复核权和申诉权】公务员对涉及本人的下列人事处理不服的，可以自知道该人事处理之日起三十日内向原处理机关申请复核；对复核结果不服的，可以自接到复核决定之日起十五日内，按照规定向同级公务员主管部门或者作出该人事处理的机关的上一级机关提出申诉；也可以不经复核，自知道该人事处理之日起三十日内直接提出申诉：

（一）处分；

（二）辞退或者取消录用；

（三）降职；

（四）定期考核定为不称职；

（五）免职；

（六）申请辞职、提前退休未予批准；

（七）不按照规定确定或者扣减工资、福利、保险待遇；

（八）法律、法规规定可以申诉的其他情形。

对省级以下机关作出的申诉处理决定不服的，可以向作出处理决定的上一级机关提出再申诉。

受理公务员申诉的机关应当组成公务员申诉公正委员会，负责受理和审理公务员的申诉案件。

公务员对监察机关作出的涉及本人的处理决定不服向监察机关申请复审、复核的，按照有关规定办理。

第九十六条　【复核申请、申诉的处理期限】原处理机关应当自接到复核申请书后的三十日内作出复核决定，并以书面形式告知申请人。受理公务员申诉的机关应当自受理之日起六十日内作出处理决定；案情复杂的，可以适当延长，但是延长时间不得超过三十日。

复核、申诉期间不停止人事处理的执行。

公务员不因申请复核、提出申诉而被加重处理。

第九十七条　【错误处理的纠正】公务员申诉的受理机关审查认定人事处理有错误的，原处理机关应当及时予以纠正。

第九十八条　【对侵权行为的控告】公务员认为机关及其领导人员侵犯其合法权益的，可以依法向上级机关或者监察机关提出控告。受理控告的机关应当按照规定及时处理。

第九十九条　【对申诉、控告的限制】公务员提出申诉、控告，应当尊重事实，不得捏造事实，诬告、陷害他人。对捏造事实，诬告、陷害他人的，依法追究法律责任。

第十六章　职 位 聘 任

第一百条　【聘任条件】机关根据工作需要，经省级以上公务员主管部门批准，可以对专业性较强的职位和辅助性职位实行聘任制。

前款所列职位涉及国家秘密的，不实行聘任制。

第一百零一条　【聘任方式】机关聘任公务员可以参照公务员考试录用的程序进行公开招聘，也可以从符合条件的人员中直接选聘。

机关聘任公务员应当在规定的编制限额和工资经费限额内进行。

第一百零二条　【聘任合同】机关聘任公务员，应当按照平等自愿、协商一致的原则，签订书面的聘任合同，确定机关与所聘公务员双方的权利、义务。聘任合同经双方协商一致可以变更或者解除。

聘任合同的签订、变更或者解除，应当报同级公务员主管部门备案。

第一百零三条　【聘任合同内容】聘任合同应当具备合同期限，职位及其职责要求，工资、福利、保险待遇，违约责任等条款。

聘任合同期限为一年至五年。聘任合同可以约定试用期，试用期为一个月至十二个月。

聘任制公务员实行协议工资制，具体办法由中央公务员主管部门规定。

第一百零四条　【聘任公务员管理依据】机关依据本法和聘任合同对所聘公务员进行管理。

第一百零五条　【人事争议仲裁】聘任制公务员与所在机关之间因履行聘任合同发生争议的，可以自争议发生之日起六十日内申请仲裁。

省级以上公务员主管部门根据需要设立人事争议仲裁委员会，受理仲裁申请。人事争议仲裁委员会由公务员主管部门的代表、聘用机关的代表、聘任制公务员的代表以及法律专家组成。

当事人对仲裁裁决不服的，可以自接到仲裁裁决书之日起十五日内向人民法院提起诉讼。仲裁裁决生效后，一方当事人不履行的，另一方当事人可以申请人民法院执行。

第十七章　法律责任

第一百零六条　【违反本法规定的行为及法律责任】对有下列违反本法规定情形的，由县级以上领导机关或者公务员主管部门按照管理权限，区别不同情况，分别予以责令纠正或者宣布无效；对负有责任的领导人员和直接责任人员，根据情节轻重，给予批评教育、责令检查、诫勉、组织调整、处分；构成犯罪的，依法追究刑事责任：

（一）不按照编制限额、职数或者任职资格条件进行公务员录用、调任、转任、聘任和晋升的；

（二）不按照规定条件进行公务员奖惩、回避和办理退休的；

（三）不按照规定程序进行公务员录用、调任、转任、聘任、晋升以及考核、奖惩的；

（四）违反国家规定，更改公务员工资、福利、保险待遇标准的；

（五）在录用、公开遴选等工作中发生泄露试题、违反考场纪律以及其他严重影响公开、公正行为的；

（六）不按照规定受理和处理公务员申诉、控告的；

（七）违反本法规定的其他情形的。

第一百零七条　【离职后的执业禁止】公务员辞去公职或者退休的，原系领导成员、县处级以上领导职务的公务员在离职三年内，其他公务员在离职两年内，不得到与原工作业务直接相关的企业或者其他营利性组织任职，不得从事与原工作业务直接相关的营利性活动。

公务员辞去公职或者退休后有违反前款规定行为的，由其原所在机关的同级公务员主管部门责令限期改正；逾期不改正的，由县级以上市场监管部门没收该人员从业期间的违法所得，责令接收单位将该人员予以清退，并根据情节轻重，对接收单位处以被处罚人员违法所得一倍以上五倍以下的罚款。

第一百零八条　【公务员主管部门工作人员违反规定的处理】公务员主管部门的工作人员，违反本法规定，滥用职权、玩忽职守、徇私舞弊，构成犯罪的，依法追究刑事责任；尚不构成犯罪的，给予处分或者由监察机关依法给予政务处分。

第一百零九条　【公务员录用、聘任工作中违反规定的处理】在公务员录用、聘任等工作中，有隐瞒真实信息、弄虚作假、考试作弊、扰乱考试秩序等行为的，由公务员主管部门根据情节作出考试成绩无效、取消资格、限制报考等处理；情节严重的，依法追究法律责任。

第一百一十条　【机关对公务员造成损害的责任承担】机关因错误的人事处理对公务员造成名誉损害的，应当赔礼道歉、恢复名誉、消除影响；造成经济损失的，应当依法给予赔偿。

第十八章　附　　则

第一百一十一条　【领导成员的定义】本法所称领导成员，是指机关的领导人员，不包括机关内设机构担任领导职务的人员。

第一百一十二条 【参照本法管理的其他人员】法律、法规授权的具有公共事务管理职能的事业单位中除工勤人员以外的工作人员，经批准参照本法进行管理。

第一百一十三条 【实施日期】本法自2019年6月1日起施行。

行政机关公务员处分条例

（2007年4月4日国务院第173次常务会议通过 2007年4月22日中华人民共和国国务院令第495号公布 自2007年6月1日起施行）

第一章 总 则

第一条 为了严肃行政机关纪律，规范行政机关公务员的行为，保证行政机关及其公务员依法履行职责，根据《中华人民共和国公务员法》和《中华人民共和国行政监察法》，制定本条例。

第二条 行政机关公务员违反法律、法规、规章以及行政机关的决定和命令，应当承担纪律责任的，依照本条例给予处分。

法律、其他行政法规、国务院决定对行政机关公务员处分有规定的，依照该法律、行政法规、国务院决定的规定执行；法律、其他行政法规、国务院决定对行政机关公务员应当受到处分的违法违纪行为做了规定，但是未对处分幅度做规定的，适用本条例第三章与其最相类似的条款有关处分幅度的规定。

地方性法规、部门规章、地方政府规章可以补充规定本条例第三章未作规定的应当给予处分的违法违纪行为以及相应的处分幅度。除国务院监察机关、国务院人事部门外，国务院其他部门制定处分规章，应当与国务院监察机关、国务院人事部门联合制定。

除法律、法规、规章以及国务院决定外，行政机关不得以其他形式设定行政机关公务员处分事项。

第三条　行政机关公务员依法履行职务的行为受法律保护，非因法定事由，非经法定程序，不受处分。

第四条　给予行政机关公务员处分，应当坚持公正、公平和教育与惩处相结合的原则。

给予行政机关公务员处分，应当与其违法违纪行为的性质、情节、危害程度相适应。

给予行政机关公务员处分，应当事实清楚、证据确凿、定性准确、处理恰当、程序合法、手续完备。

第五条　行政机关公务员违法违纪涉嫌犯罪的，应当移送司法机关依法追究刑事责任。

第二章　处分的种类和适用

第六条　行政机关公务员处分的种类为：

（一）警告；

（二）记过；

（三）记大过；

（四）降级；

（五）撤职；

（六）开除。

第七条　行政机关公务员受处分的期间为：

（一）警告，6个月；

（二）记过，12个月；

（三）记大过，18个月；

（四）降级、撤职，24个月。

第八条　行政机关公务员在受处分期间不得晋升职务和级别，其中，受记过、记大过、降级、撤职处分的，不得晋升工资档次；受撤职处分的，应当按照规定降低级别。

第九条　行政机关公务员受开除处分的，自处分决定生效之日起，解除其与单位的人事关系，不得再担任公务员职务。

行政机关公务员受开除以外的处分，在受处分期间有悔改表现，并且没有再发生违法违纪行为的，处分期满后，应当解除处分。解除处分后，晋升工资档次、级别和职务不再受原处分的影响。但是，解除降级、撤职处分的，不视为恢复原级别、原职务。

第十条 行政机关公务员同时有两种以上需要给予处分的行为的，应当分别确定其处分。应当给予的处分种类不同的，执行其中最重的处分；应当给予撤职以下多个相同种类处分的，执行该处分，并在一个处分期以上、多个处分期之和以下，决定处分期。

行政机关公务员在受处分期间受到新的处分的，其处分期为原处分期尚未执行的期限与新处分期限之和。

处分期最长不得超过 48 个月。

第十一条 行政机关公务员 2 人以上共同违法违纪，需要给予处分的，根据各自应当承担的纪律责任，分别给予处分。

第十二条 有下列情形之一的，应当从重处分：

（一）在 2 人以上的共同违法违纪行为中起主要作用的；

（二）隐匿、伪造、销毁证据的；

（三）串供或者阻止他人揭发检举、提供证据材料的；

（四）包庇同案人员的；

（五）法律、法规、规章规定的其他从重情节。

第十三条 有下列情形之一的，应当从轻处分：

（一）主动交代违法违纪行为的；

（二）主动采取措施，有效避免或者挽回损失的；

（三）检举他人重大违法违纪行为，情况属实的。

第十四条 行政机关公务员主动交代违法违纪行为，并主动采取措施有效避免或者挽回损失的，应当减轻处分。

行政机关公务员违纪行为情节轻微，经过批评教育后改正的，可以免予处分。

第十五条 行政机关公务员有本条例第十二条、第十三条规定情形之一的，应当在本条例第三章规定的处分幅度以内从重或者从轻给予处分。

行政机关公务员有本条例第十四条第一款规定情形的，应当在本条例第三章规定的处分幅度以外，减轻一个处分的档次给予处分。应当给予警告处分，又有减轻处分的情形的，免予处分。

第十六条 行政机关经人民法院、监察机关、行政复议机关或者上级行政机关依法认定有行政违法行为或者其他违法违纪行为，需要追究纪律责任的，对负有责任的领导人员和直接责任人员给予处分。

第十七条 违法违纪的行政机关公务员在行政机关对其作出处分决定前，已经依法被判处刑罚、罢免、免职或者已经辞去领导职务，依法应当给予处分的，由行政机关根据其违法违纪事实，给予处分。

行政机关公务员依法被判处刑罚的，给予开除处分。

第三章 违法违纪行为及其适用的处分

第十八条 有下列行为之一的，给予记大过处分；情节较重的，给予降级或者撤职处分；情节严重的，给予开除处分：

（一）散布有损国家声誉的言论，组织或者参加旨在反对国家的集会、游行、示威等活动的；

（二）组织或者参加非法组织，组织或者参加罢工的；

（三）违反国家的民族宗教政策，造成不良后果的；

（四）以暴力、威胁、贿赂、欺骗等手段，破坏选举的；

（五）在对外交往中损害国家荣誉和利益的；

（六）非法出境，或者违反规定滞留境外不归的；

（七）未经批准获取境外永久居留资格，或者取得外国国籍的；

（八）其他违反政治纪律的行为。

有前款第（六）项规定行为的，给予开除处分；有前款第（一）项、第（二）项或者第（三）项规定的行为，属于不明真相被裹挟参加，经批评教育后确有悔改表现的，可以减轻或者免予处分。

第十九条 有下列行为之一的，给予警告、记过或者记大过处分；情节较重的，给予降级或者撤职处分；情节严重的，给予开除处分：

（一）负有领导责任的公务员违反议事规则，个人或者少数人决定重大事项，或者改变集体作出的重大决定的；

（二）拒绝执行上级依法作出的决定、命令的；

（三）拒不执行机关的交流决定的；

（四）拒不执行人民法院对行政案件的判决、裁定或者监察机关、审计机关、行政复议机关作出的决定的；

（五）违反规定应当回避而不回避，影响公正执行公务，造成不良后果的；

（六）离任、辞职或者被辞退时，拒不办理公务交接手续或者拒不接受审计的；

（七）旷工或者因公外出、请假期满无正当理由逾期不归，造成不良影响的；

（八）其他违反组织纪律的行为。

第二十条 有下列行为之一的，给予记过、记大过处分；情节较重的，给予降级或者撤职处分；情节严重的，给予开除处分：

（一）不依法履行职责，致使可以避免的爆炸、火灾、传染病传播流行、严重环境污染、严重人员伤亡等重大事故或者群体性事件发生的；

（二）发生重大事故、灾害、事件或者重大刑事案件、治安案件，不按规定报告、处理的；

（三）对救灾、抢险、防汛、防疫、优抚、扶贫、移民、救济、社会保险、征地补偿等专项款物疏于管理，致使款物被贪污、挪用，或者毁损、灭失的；

（四）其他玩忽职守、贻误工作的行为。

第二十一条 有下列行为之一的，给予警告或者记过处分；情节较重的，给予记大过或者降级处分；情节严重的，给予撤职处分：

（一）在行政许可工作中违反法定权限、条件和程序设定或者实施行政许可的；

（二）违法设定或者实施行政强制措施的；

（三）违法设定或者实施行政处罚的；

（四）违反法律、法规规定进行行政委托的；

（五）对需要政府、政府部门决定的招标投标、征收征用、城市房屋拆迁、拍卖等事项违反规定办理的。

第二十二条 弄虚作假，误导、欺骗领导和公众，造成不良后果的，给予警告、记过或者记大过处分；情节较重的，给予降级或者撤职处分；情节严重的，给予开除处分。

第二十三条 有贪污、索贿、受贿、行贿、介绍贿赂、挪用公款、利用职务之便为自己或者他人谋取私利、巨额财产来源不明等违反廉政纪律行为的，给予记过或者记大过处分；情节较重的，给予降级或者撤职处分；情节严重的，给予开除处分。

第二十四条 违反财经纪律，挥霍浪费国家资财的，给予警告处分；情节较重的，给予记过或者记大过处分；情节严重的，给予降级或者撤职处分。

第二十五条 有下列行为之一的，给予记过或者记大过处分；情节较重的，给予降级或者撤职处分；情节严重的，给予开除处分：

（一）以殴打、体罚、非法拘禁等方式侵犯公民人身权利的；

（二）压制批评，打击报复，扣压、销毁举报信件，或者向被举报人透露举报情况的；

（三）违反规定向公民、法人或者其他组织摊派或者收取财物的；

（四）妨碍执行公务或者违反规定干预执行公务的；

（五）其他滥用职权，侵害公民、法人或者其他组织合法权益的行为。

第二十六条 泄露国家秘密、工作秘密，或者泄露因履行职责掌握的商业秘密、个人隐私，造成不良后果的，给予警告、记过或者记大过处分；情节较重的，给予降级或者撤职处分；情节严重的，给予开除处分。

第二十七条 从事或者参与营利性活动，在企业或者其他营利性组织中兼任职务的，给予记过或者记大过处分；情节较重的，给予降级或者撤职处分；情节严重的，给予开除处分。

第二十八条 严重违反公务员职业道德，工作作风懈怠、工作态度恶劣，造成不良影响的，给予警告、记过或者记大过处分。

第二十九条 有下列行为之一的，给予警告、记过或者记大过处分；情节较重的，给予降级或者撤职处分；情节严重的，给予开除处分：

（一）拒不承担赡养、抚养、扶养义务的；

（二）虐待、遗弃家庭成员的；

（三）包养情人的；

（四）严重违反社会公德的行为。

有前款第（三）项行为的，给予撤职或者开除处分。

第三十条 参与迷信活动，造成不良影响的，给予警告、记过或者记大过处分；组织迷信活动的，给予降级或者撤职处分，情节严重的，给予开除处分。

第三十一条 吸食、注射毒品或者组织、支持、参与卖淫、嫖娼、色情淫乱活动的，给予撤职或者开除处分。

第三十二条 参与赌博的，给予警告或者记过处分；情节较重的，给予记大过或者降级处分；情节严重的，给予撤职或者开除处分。

为赌博活动提供场所或者其他便利条件的，给予警告、记过或者记大过处分；情节严重的，给予撤职或者开除处分。

在工作时间赌博的，给予记过、记大过或者降级处分；屡教不改的，给予撤职或者开除处分。

挪用公款赌博的，给予撤职或者开除处分。

利用赌博索贿、受贿或者行贿的，依照本条例第二十三条的规定给予处分。

第三十三条 违反规定超计划生育的，给予降级或者撤职处分；情节严重的，给予开除处分。

第四章 处分的权限

第三十四条 对行政机关公务员给予处分，由任免机关或者监察机关（以下统称处分决定机关）按照管理权限决定。

第三十五条 对经全国人民代表大会及其常务委员会决定任命的国务院组成人员给予处分，由国务院决定。其中，拟给予撤职、开除处分的，由国务院向全国人民代表大会提出罢免建议，或者向全国人民代表大会常务委员会提出免职建议。罢免或者免职前，国务院可以决定暂停其履行职务。

第三十六条 对经地方各级人民代表大会及其常务委员会选举或者决定任命的地方各级人民政府领导人员给予处分，由上一级人民政府决定。

拟给予经县级以上地方人民代表大会及其常务委员会选举或者决定任命的县级以上地方人民政府领导人员撤职、开除处分的，应当先由本级人民政府向同级人民代表大会提出罢免建议。其中，拟给予县级以上地方人民政府副职领导人员撤职、开除处分的，也可以向同级人民代表大会常务委员会提出撤销职务的建议。拟给予乡镇人民政府领导人员撤职、开除处分的，应当先由本级人民政府向同级人民代表大会提出罢免建议。罢免或者撤销职务前，上级人民政府可以决定暂停其履行职务；遇有特殊紧急情况，省级以上人民政府认为必要时，也可以对其作出撤职或者开除的处分，同时报告同级人民代表大会常务委员会，并通报下级人民代表大会常务委员会。

第三十七条 对地方各级人民政府工作部门正职领导人员给予处分，由本级人民政府决定。其中，拟给予撤职、开除处分的，由本级人民政府向同级人民代表大会常务委员会提出免职建议。免去职务前，本级人民政府或者上级人民政府可以决定暂停其履行职务。

第三十八条 行政机关公务员违法违纪，已经被立案调查，不宜继续履行职责的，任免机关可以决定暂停其履行职务。

被调查的公务员在违法违纪案件立案调查期间，不得交流、出境、辞去公职或者办理退休手续。

第五章 处分的程序

第三十九条 任免机关对涉嫌违法违纪的行政机关公务员的调查、处理，按照下列程序办理：

（一）经任免机关负责人同意，由任免机关有关部门对需要调查处理的事项进行初步调查；

（二）任免机关有关部门经初步调查认为该公务员涉嫌违法违纪，需要进一步查证的，报任免机关负责人批准后立案；

（三）任免机关有关部门负责对该公务员违法违纪事实做进一步调查，包括收集、查证有关证据材料，听取被调查的公务员所在单位的领导成员、有关工作人员以及所在单位监察机构的意见，向其他有关单位和人员了解情况，并形成书面调查材料，向任免机关负责人报告；

（四）任免机关有关部门将调查认定的事实及拟给予处分的依据告知被调查的公务员本人，听取其陈述和申辩，并对其所提出的事实、理由和证据进行复核，记录在案。被调查的公务员提出的事实、理由和证据成立的，应予采信；

（五）经任免机关领导成员集体讨论，作出对该公务员给予处分、免予处分或者撤销案件的决定；

（六）任免机关应当将处分决定以书面形式通知受处分的公务员本人，并在一定范围内宣布；

（七）任免机关有关部门应当将处分决定归入受处分的公务员本人档案，同时汇集有关材料形成该处分案件的工作档案。

受处分的行政机关公务员处分期满解除处分的程序，参照前款第（五）项、第（六）项和第（七）项的规定办理。

任免机关应当按照管理权限，及时将处分决定或者解除处分决定报公务员主管部门备案。

第四十条 监察机关对违法违纪的行政机关公务员的调查、处理，依照《中华人民共和国行政监察法》规定的程序办理。

第四十一条 对行政机关公务员违法违纪案件进行调查，应当由 2 名以上办案人员进行；接受调查的单位和个人应当如实提供情况。

严禁以暴力、威胁、引诱、欺骗等非法方式收集证据；非法收集的证据不得作为定案的依据。

第四十二条 参与行政机关公务员违法违纪案件调查、处理的人员有下列情形之一的，应当提出回避申请；被调查的公务员以及与案件有利害关系的公民、法人或者其他组织有权要求其回避：

（一）与被调查的公务员是近亲属关系的；

（二）与被调查的案件有利害关系的；

（三）与被调查的公务员有其他关系，可能影响案件公正处理的。

第四十三条 处分决定机关负责人的回避，由处分决定机关的上一级行政机关负责人决定；其他违法违纪案件调查、处理人员的回避，由处分决定机关负责人决定。

处分决定机关或者处分决定机关的上一级行政机关，发现违法违纪案件调查、处理人员有应当回避的情形，可以直接决定该人员回避。

第四十四条 给予行政机关公务员处分，应当自批准立案之日起 6 个月内作出决定；案情复杂或者遇有其他特殊情形的，办案期限可以延长，但是最长不得超过 12 个月。

第四十五条 处分决定应当包括下列内容：

（一）被处分人员的姓名、职务、级别、工作单位等基本情况；

（二）经查证的违法违纪事实；

（三）处分的种类和依据；

（四）不服处分决定的申诉途径和期限；

（五）处分决定机关的名称、印章和作出决定的日期。

解除处分决定除包括前款第（一）项、第（二）项和第（五）项规定的内容外，还应当包括原处分的种类和解除处分的依据，以及受处分的行政机关公务员在受处分期间的表现情况。

第四十六条 处分决定、解除处分决定自作出之日起生效。

第四十七条 行政机关公务员受到开除处分后，有新工作单位的，其本人档案转由新工作单位管理；没有新工作单位的，其本人档案转由其户籍所在地人事部门所属的人才服务机构管理。

第六章 不服处分的申诉

第四十八条 受到处分的行政机关公务员对处分决定不服的，依照《中华人民共和国公务员法》和《中华人民共和国行政监察法》的有关规定，可以申请复核或者申诉。

复核、申诉期间不停止处分的执行。

行政机关公务员不因提出复核、申诉而被加重处分。

第四十九条 有下列情形之一的，受理公务员复核、申诉的机关应当撤销处分决定，重新作出决定或者责令原处分决定机关重新作出决定：

（一）处分所依据的违法违纪事实证据不足的；

（二）违反法定程序，影响案件公正处理的；

（三）作出处分决定超越职权或者滥用职权的。

第五十条 有下列情形之一的，受理公务员复核、申诉的机关应当变更处分决定，或者责令原处分决定机关变更处分决定：

（一）适用法律、法规、规章或者国务院决定错误的；

（二）对违法违纪行为的情节认定有误的；

（三）处分不当的。

第五十一条 行政机关公务员的处分决定被变更，需要调整该公务员的职务、级别或者工资档次的，应当按照规定予以调整；行政机关公务员的处分决定被撤销的，应当恢复该公务员的级别、工资档次，按照原职务安排相应的职务，并在适当范围内为其恢复名誉。

被撤销处分或者被减轻处分的行政机关公务员工资福利受到损失的，应当予以补偿。

第七章　附　　则

第五十二条　有违法违纪行为应当受到处分的行政机关公务员，在处分决定机关作出处分决定前已经退休的，不再给予处分；但是，依法应当给予降级、撤职、开除处分的，应当按照规定相应降低或者取消其享受的待遇。

第五十三条　行政机关公务员违法违纪取得的财物和用于违法违纪的财物，除依法应当由其他机关没收、追缴或者责令退赔的，由处分决定机关没收、追缴或者责令退赔。违法违纪取得的财物应当退还原所有人或者原持有人的，退还原所有人或者原持有人；属于国家财产以及不应当退还或者无法退还原所有人或者原持有人的，上缴国库。

第五十四条　对法律、法规授权的具有公共事务管理职能的事业单位中经批准参照《中华人民共和国公务员法》管理的工作人员给予处分，参照本条例的有关规定办理。

第五十五条　本条例自2007年6月1日起施行。1988年9月13日国务院发布的《国家行政机关工作人员贪污贿赂行政处分暂行规定》同时废止。

中华人民共和国刑法（节录）

（1979 年 7 月 1 日第五届全国人民代表大会第二次会议通过　1997 年 3 月 14 日第八届全国人民代表大会第五次会议修订　根据 1998 年 12 月 29 日第九届全国人民代表大会常务委员会第六次会议通过的《全国人民代表大会常务委员会关于惩治骗购外汇、逃汇和非法买卖外汇犯罪的决定》、1999 年 12 月 25 日第九届全国人民代表大会常务委员会第十三次会议通过的《中华人民共和国刑法修正案》、2001 年 8 月 31 日第九届全国人民代表大会常务委员会第二十三次会议通过的《中华人民共和国刑法修正案（二）》、2001 年 12 月 29 日第九届全国人民代表大会常务委员会第二十五次会议通过的《中华人民共和国刑法修正案（三）》、2002 年 12 月 28 日第九届全国人民代表大会常务委员会第三十一次会议通过的《中华人民共和国刑法修正案（四）》、2005 年 2 月 28 日第十届全国人民代表大会常务委员会第十四次会议通过的《中华人民共和国刑法修正案（五）》、2006 年 6 月 29 日第十届全国人民代表大会常务委员会第二十二次会议通过的《中华人民共和国刑法修正案（六）》、2009 年 2 月 28 日第十一届全国人民代表大会常务委员会第七次会议通过的《中华人民共和国刑法修正案（七）》、2009 年 8 月 27 日第十一届全国人民代表大会常务委员会第十次会议通过的《全国人民代表大会常务委员会关于修改部分法律的决定》、2011 年 2 月 25 日第十一届全国人民代表大会常务委员会第十九次会议通过的《中华人民共和国刑法修正案（八）》、2015 年 8 月 29 日第十二届全国人民代表大会常务委员会第十六次会议通过的《中华人民共和国刑法修正案（九）》、2017 年 11 月 4 日第十二届全国人民代表大会常务委员会第三十次会议通过的《中华人民共和国刑法修正案（十）》和2020年12月26日第十三届全国人民代表大会常务委员会第二十四次会议通过的《中华人民共和国刑法修正案（十一）》修正）①

……

第六章　妨害社会管理秩序罪

……

第二节　妨害司法罪

第三百零五条　【伪证罪】在刑事诉讼中，证人、鉴定人、记录人、翻译人对与案件有重要关系的情节，故意作虚假证明、鉴定、记录、翻译，意图陷害他人或者隐匿罪证的，处三年以下有期徒刑或者拘役；情节严重的，处三年以上七年以下有期徒刑。

第三百零六条　【辩护人、诉讼代理人毁灭证据、伪造证据、妨害作证罪】在刑事诉讼中，辩护人、诉讼代理人毁灭、伪造证据，帮助当事人毁灭、伪造证据，威胁、引诱证人违背事实改变证言或者作伪证的，处三年以下有期徒刑或者拘役；情节严重的，处三年以上七年以下有期徒刑。

辩护人、诉讼代理人提供、出示、引用的证人证言或者其他证据失实，不是有意伪造的，不属于伪造证据。

第三百零七条　【妨害作证罪】以暴力、威胁、贿买等方法阻止证人作证或者指使他人作伪证的，处三年以下有期徒刑或者拘役；情节严重的，处三年以上七年以下有期徒刑。

【帮助毁灭、伪造证据罪】帮助当事人毁灭、伪造证据，情节严重的，处三年以下有期徒刑或者拘役。

---

① 刑法、历次刑法修正案、涉及修改刑法的决定的施行日期，分别依据各法律所规定的施行日期确定。

另，条文主旨是根据司法解释确定罪名所加。

司法工作人员犯前两款罪的，从重处罚。

第三百零七条之一　【虚假诉讼罪】以捏造的事实提起民事诉讼，妨害司法秩序或者严重侵害他人合法权益的，处三年以下有期徒刑、拘役或者管制，并处或者单处罚金；情节严重的，处三年以上七年以下有期徒刑，并处罚金。

单位犯前款罪的，对单位判处罚金，并对其直接负责的主管人员和其他直接责任人员，依照前款的规定处罚。

有第一款行为，非法占有他人财产或者逃避合法债务，又构成其他犯罪的，依照处罚较重的规定定罪从重处罚。

司法工作人员利用职权，与他人共同实施前三款行为的，从重处罚；同时构成其他犯罪的，依照处罚较重的规定定罪从重处罚。[①]

第三百零八条　【打击报复证人罪】对证人进行打击报复的，处三年以下有期徒刑或者拘役；情节严重的，处三年以上七年以下有期徒刑。

第三百零八条之一　【泄露不应公开的案件信息罪】司法工作人员、辩护人、诉讼代理人或者其他诉讼参与人，泄露依法不公开审理的案件中不应当公开的信息，造成信息公开传播或者其他严重后果的，处三年以下有期徒刑、拘役或者管制，并处或者单处罚金。

有前款行为，泄露国家秘密的，依照本法第三百九十八条的规定定罪处罚。

【披露、报道不应公开的案件信息罪】公开披露、报道第一款规定的案件信息，情节严重的，依照第一款的规定处罚。

单位犯前款罪的，对单位判处罚金，并对其直接负责的主管人员和其他直接责任人员，依照第一款的规定处罚。[②]

第三百零九条　【扰乱法庭秩序罪】有下列扰乱法庭秩序情形之一的，处三年以下有期徒刑、拘役、管制或者罚金：

（一）聚众哄闹、冲击法庭的；

---

① 根据2015年8月29日《刑法修正案（九）》增加。

② 根据2015年8月29日《刑法修正案（九）》增加。

（二）殴打司法工作人员或者诉讼参与人的；

（三）侮辱、诽谤、威胁司法工作人员或者诉讼参与人，不听法庭制止，严重扰乱法庭秩序的；

（四）有毁坏法庭设施，抢夺、损毁诉讼文书、证据等扰乱法庭秩序行为，情节严重的。①

第三百一十条　【窝藏、包庇罪】明知是犯罪的人而为其提供隐藏处所、财物，帮助其逃匿或者作假证明包庇的，处三年以下有期徒刑、拘役或者管制；情节严重的，处三年以上十年以下有期徒刑。

犯前款罪，事前通谋的，以共同犯罪论处。

第三百一十一条　【拒绝提供间谍犯罪、恐怖主义犯罪、极端主义犯罪证据罪】明知他人有间谍犯罪或者恐怖主义、极端主义犯罪行为，在司法机关向其调查有关情况、收集有关证据时，拒绝提供，情节严重的，处三年以下有期徒刑、拘役或者管制。②

第三百一十二条　【掩饰、隐瞒犯罪所得、犯罪所得收益罪】明知是犯罪所得及其产生的收益而予以窝藏、转移、收购、代为销售或者以其他方法掩饰、隐瞒的，处三年以下有期徒刑、拘役或者管制，并处或者单处罚金；情节严重的，处三年以上七年以下有期徒刑，并处罚金。

单位犯前款罪的，对单位判处罚金，并对其直接负责的主管人员和其他直接责任人员，依照前款的规定处罚。③

---

① 根据2015年8月29日《刑法修正案（九）》修改。原条文为："聚众哄闹、冲击法庭，或者殴打司法工作人员，严重扰乱法庭秩序的，处三年以下有期徒刑、拘役、管制或者罚金。"

② 根据2015年8月29日《刑法修正案（九）》修改。原条文为："明知他人有间谍犯罪行为，在国家安全机关向其调查有关情况、收集有关证据时，拒绝提供，情节严重的，处三年以下有期徒刑、拘役或者管制。"

③ 根据2006年6月29日《刑法修正案（六）》修改。原条文为："明知是犯罪所得的赃物而予以窝藏、转移、收购或者代为销售的，处三年以下有期徒刑、拘役或者管制，并处或者单处罚金。"

根据2009年2月28日《刑法修正案（七）》增加一款，作为第二款。

第三百一十三条　【拒不执行判决、裁定罪】对人民法院的判决、裁定有能力执行而拒不执行，情节严重的，处三年以下有期徒刑、拘役或者罚金；情节特别严重的，处三年以上七年以下有期徒刑，并处罚金。

单位犯前款罪的，对单位判处罚金，并对其直接负责的主管人员和其他直接责任人员，依照前款的规定处罚。①

第三百一十四条　【非法处置查封、扣押、冻结的财产罪】隐藏、转移、变卖、故意毁损已被司法机关查封、扣押、冻结的财产，情节严重的，处三年以下有期徒刑、拘役或者罚金。

第三百一十五条　【破坏监管秩序罪】依法被关押的罪犯，有下列破坏监管秩序行为之一，情节严重的，处三年以下有期徒刑：

（一）殴打监管人员的；

（二）组织其他被监管人破坏监管秩序的；

（三）聚众闹事，扰乱正常监管秩序的；

（四）殴打、体罚或者指使他人殴打、体罚其他被监管人的。

第三百一十六条　【脱逃罪】依法被关押的罪犯、被告人、犯罪嫌疑人脱逃的，处五年以下有期徒刑或者拘役。

【劫夺被押解人员罪】劫夺押解途中的罪犯、被告人、犯罪嫌疑人的，处三年以上七年以下有期徒刑；情节严重的，处七年以上有期徒刑。

第三百一十七条　【组织越狱罪】组织越狱的首要分子和积极参加的，处五年以上有期徒刑；其他参加的，处五年以下有期徒刑或者拘役。

【暴动越狱罪】【聚众持械劫狱罪】暴动越狱或者聚众持械劫狱的首要分子和积极参加的，处十年以上有期徒刑或者无期徒刑；情节特别严重的，处死刑；其他参加的，处三年以上十年以下有期

---

① 根据2015年8月29日《刑法修正案（九）》修改。原条文为："对人民法院的判决、裁定有能力执行而拒不执行，情节严重的，处三年以下有期徒刑、拘役或者罚金。"

徒刑。

……

第八章 贪污贿赂罪

第三百八十二条 【贪污罪】国家工作人员利用职务上的便利，侵吞、窃取、骗取或者以其他手段非法占有公共财物的，是贪污罪。

受国家机关、国有公司、企业、事业单位、人民团体委托管理、经营国有财产的人员，利用职务上的便利，侵吞、窃取、骗取或者以其他手段非法占有国有财物的，以贪污论。

与前两款所列人员勾结，伙同贪污的，以共犯论处。

第三百八十三条 【对贪污罪的处罚】对犯贪污罪的，根据情节轻重，分别依照下列规定处罚：

（一）贪污数额较大或者有其他较重情节的，处三年以下有期徒刑或者拘役，并处罚金。

（二）贪污数额巨大或者有其他严重情节的，处三年以上十年以下有期徒刑，并处罚金或者没收财产。

（三）贪污数额特别巨大或者有其他特别严重情节的，处十年以上有期徒刑或者无期徒刑，并处罚金或者没收财产；数额特别巨大，并使国家和人民利益遭受特别重大损失的，处无期徒刑或者死刑，并处没收财产。

对多次贪污未经处理的，按照累计贪污数额处罚。

犯第一款罪，在提起公诉前如实供述自己罪行、真诚悔罪、积极退赃，避免、减少损害结果的发生，有第一项规定情形的，可以从轻、减轻或者免除处罚；有第二项、第三项规定情形的，可以从轻处罚。

犯第一款罪，有第三项规定情形被判处死刑缓期执行的，人民法院根据犯罪情节等情况可以同时决定在其死刑缓期执行二年期满依法减为无期徒刑后，终身监禁，不得减刑、假释。[1]

第三百八十四条　【挪用公款罪】国家工作人员利用职务上的便利，挪用公款归个人使用，进行非法活动的，或者挪用公款数额较大、进行营利活动的，或者挪用公款数额较大、超过三个月未还的，是挪用公款罪，处五年以下有期徒刑或者拘役；情节严重的，处五年以上有期徒刑。挪用公款数额巨大不退还的，处十年以上有期徒刑或者无期徒刑。

挪用用于救灾、抢险、防汛、优抚、扶贫、移民、救济款物归个人使用的，从重处罚。

第三百八十五条　【受贿罪】国家工作人员利用职务上的便利，索取他人财物的，或者非法收受他人财物，为他人谋取利益的，是受贿罪。

国家工作人员在经济往来中，违反国家规定，收受各种名义的回扣、手续费，归个人所有的，以受贿论处。

注释　受贿罪的犯罪构成。受贿罪的犯罪形式有三种：索贿、被动受贿和斡旋受贿。索贿不要求为他人谋取利益，这一点不同于第一百六十三条的公司、企业、其他单位人员受贿犯罪中的索贿；被动受贿必须要求有收受他人财物和为他人谋取利益两方面，利益

---

① 根据2015年8月29日《刑法修正案（九）》修改。原条文为："对犯贪污罪的，根据情节轻重，分别依照下列规定处罚：

"（一）个人贪污数额在十万元以上的，处十年以上有期徒刑或者无期徒刑，可以并处没收财产；情节特别严重的，处死刑，并处没收财产。

"（二）个人贪污数额在五万元以上不满十万元的，处五年以上有期徒刑，可以并处没收财产；情节特别严重的，处无期徒刑，并处没收财产。

"（三）个人贪污数额在五千元以上不满五万元的，处一年以上七年以下有期徒刑；情节严重的，处七年以上十年以下有期徒刑。个人贪污数额在五千元以上不满一万元，犯罪后有悔改表现、积极退赃的，可以减轻处罚或者免予刑事处罚，由其所在单位或者上级主管机关给予行政处分。

"（四）个人贪污数额不满五千元，情节较重的，处二年以下有期徒刑或者拘役；情节较轻的，由其所在单位或者上级主管机关酌情给予行政处分。

"对多次贪污未经处理的，按照累计贪污数额处罚。"

的性质和是否实际为他人谋取利益则在所不问。斡旋受贿要求为请托人谋取不正当利益，而不是一切利益。

关于事后受贿问题。国家工作人员利用职务上的便利为请托人谋取利益，并与请托人事先约定，在其离职后收受请托人财物，构成犯罪的，以受贿罪定罪处罚。

此外，在认定受贿罪时，还应注意：

关于“利用职务上的便利”的认定。本条第一款规定的“利用职务上的便利”，既包括利用本人职务上主管、负责、承办某项公共事务的职权，也包括利用职务上有隶属、制约关系的其他国家工作人员的职权。担任单位领导职务的国家工作人员通过不属自己主管的下级部门的国家工作人员的职务为他人谋取利益的，应当认定为“利用职务上的便利”为他人谋取利益。

“为他人谋取利益”的认定。为他人谋取利益包括承诺、实施和实现三个阶段的行为。只要具有其中一个阶段的行为，如国家工作人员收受他人财物时，根据他人提出的具体请托事项，承诺为他人谋取利益的，就具备了为他人谋取利益的要件。明知他人有具体请托事项而收受其财物的，视为承诺为他人谋取利益。

共同受贿犯罪的认定。根据《中华人民共和国刑法》关于共同犯罪的规定，非国家工作人员与国家工作人员勾结伙同受贿的，应当以受贿罪的共犯追究刑事责任。非国家工作人员是否构成受贿罪共犯，取决于双方有无共同受贿的故意和行为，国家工作人员的近亲属向国家工作人员代为转达请托事项，收受请托人财物并告知该国家工作人员，或者国家工作人员明知其近亲属收受了他人财物，仍按照近亲属的要求利用职权为他人谋取利益的，对该国家工作人员应认定为受贿罪，其近亲属以受贿罪共犯论处。近亲属以外的其他人与国家工作人员通谋，由国家工作人员利用职务上的便利为请托人谋取利益，收受请托人财物后双方共同占有的，构成受贿罪共犯。国家工作人员利用职务上的便利为他人谋取利益，并指定他人将财物送给其他人，构成犯罪的，应以受贿罪定罪处罚。

以借款为名索取或者非法收受财物行为的认定。国家工作人员利用职务上的便利以借款为名向他人索取财物，或者非法收受财物为他人谋取利益的，应当认定为受贿。具体认定时，不能仅仅看是否有书面借款手续，应当根据以下因素综合判定：（1）有无正当、合理的借款事由；（2）款项的去向；（3）双方平时关系如何、有无经济往来；（4）出借方是否要求国家工作人员利用职务上的便利为其谋取利益；（5）借款后是否有归还的意思表示及行为；（6）是否有归还的能力；（7）未归还的原因等。

案例 1. 潘某某、陈某受贿案（最高人民法院指导案例3号）

案件适用要点： 国家工作人员利用职务上的便利为请托人谋取利益，并与请托人以“合办”公司的名义获取“利润”，没有实际出资和参与经营管理的，以受贿论处。

国家工作人员明知他人有请托事项而收受其财物，视为承诺“为他人谋取利益”，是否已实际为他人谋取利益或谋取到利益，不影响受贿的认定。

国家工作人员利用职务上的便利为请托人谋取利益，以明显低于市场的价格向请托人购买房屋等物品的，以受贿论处，受贿数额按照交易时当地市场价格与实际支付价格的差额计算。

国家工作人员收受财物后，因与其受贿有关联的人、事被查处，为掩饰犯罪而退还的，不影响认定受贿罪。

2. 北京市第二检察分院诉程某受贿案（《最高人民法院公报》2004年第1期）

案件适用要点： 国家工作人员，利用职务上的便利，为他人谋取利益，收受他人银行卡并改动密码，至案发时虽未实际支取卡中存款，但主观上明显具有非法占有的故意，应视为收受钱款的行为已经实施终了，构成了受贿罪。

参见 《最高人民法院关于国家工作人员利用职务上的便利为他人谋取利益离退休后收受财物行为如何处理问题的批复》；《全国法院审理经济犯罪案件工作座谈会纪要》三

第三百八十六条　【对受贿罪的处罚】 对犯受贿罪的，根据受贿所得数额及情节，依照本法第三百八十三条的规定处罚。索贿的从重处罚。

第三百八十七条　【单位受贿罪】国家机关、国有公司、企业、事业单位、人民团体，索取、非法收受他人财物，为他人谋取利益，情节严重的，对单位判处罚金，并对其直接负责的主管人员和其他直接责任人员，处五年以下有期徒刑或者拘役。

前款所列单位，在经济往来中，在帐外暗中收受各种名义的回扣、手续费的，以受贿论，依照前款的规定处罚。

第三百八十八条　【受贿罪】国家工作人员利用本人职权或者地位形成的便利条件，通过其他国家工作人员职务上的行为，为请托人谋取不正当利益，索取请托人财物或者收受请托人财物的，以受贿论处。

注释　本条规定的"利用本人职权或者地位形成的便利条件"，是指行为人与被其利用的国家工作人员之间在职务上虽然没有隶属、制约关系，但是行为人利用了本人职权或者地位产生的影响和一定的工作联系，如单位内不同部门的国家工作人员之间、上下级单位没有职务上隶属、制约关系的国家工作人员之间、有工作联系的不同单位的国家工作人员之间等。

参见　《全国法院审理经济犯罪案件工作座谈会纪要》三（三）

第三百八十八条之一　【利用影响力受贿罪】国家工作人员的近亲属或者其他与该国家工作人员关系密切的人，通过该国家工作人员职务上的行为，或者利用该国家工作人员职权或者地位形成的便利条件，通过其他国家工作人员职务上的行为，为请托人谋取不正当利益，索取请托人财物或者收受请托人财物，数额较大或者有其他较重情节的，处三年以下有期徒刑或者拘役，并处罚金；数额巨大或者有其他严重情节的，处三年以上七年以下有期徒刑，并处罚金；数额特别巨大或者有其他特别严重情节的，处七年以上有期徒刑，并处罚金或者没收财产。

离职的国家工作人员或者其近亲属以及其他与其关系密切的人，利用该离职的国家工作人员原职权或者地位形成的便利条件实施前款行为的，依照前款的规定定罪处罚。①

第三百八十九条　【行贿罪】为谋取不正当利益，给予国家工作人员以财物的，是行贿罪。

在经济往来中，违反国家规定，给予国家工作人员以财物，数额较大的，或者违反国家规定，给予国家工作人员以各种名义的回扣、手续费的，以行贿论处。

因被勒索给予国家工作人员以财物，没有获得不正当利益的，不是行贿。

第三百九十条　【对行贿罪的处罚】对犯行贿罪的，处五年以下有期徒刑或者拘役，并处罚金；因行贿谋取不正当利益，情节严重的，或者使国家利益遭受重大损失的，处五年以上十年以下有期徒刑，并处罚金；情节特别严重的，或者使国家利益遭受特别重大损失的，处十年以上有期徒刑或者无期徒刑，并处罚金或者没收财产。

行贿人在被追诉前主动交待行贿行为的，可以从轻或者减轻处罚。其中，犯罪较轻的，对侦破重大案件起关键作用的，或者有重大立功表现的，可以减轻或者免除处罚。②

第三百九十条之一　【对有影响力的人行贿罪】为谋取不正当利益，向国家工作人员的近亲属或者其他与该国家工作人员关系密切的人，或者向离职的国家工作人员或者其近亲属以及其他与其关系密切的人行贿的，处三年以下有期徒刑或者拘役，并处罚金；情节严重的，或者使国家利益遭受重大损失的，处三年以上七年以下有期徒刑，并处罚金；情节特别严重的，或者使国家利益遭受特别重大损失的，处七年以上十年以下有期徒刑，并处罚金。

---

① 根据2009年2月28日《刑法修正案（七）》增加。

② 根据2015年8月29日《刑法修正案（九）》修改。原条文为："对犯行贿罪的，处五年以下有期徒刑或者拘役；因行贿谋取不正当利益，情节严重的，或者使国家利益遭受重大损失的，处五年以上十年以下有期徒刑；情节特别严重的，处十年以上有期徒刑或者无期徒刑，可以并处没收财产。

"行贿人在被追诉前主动交待行贿行为的，可以减轻处罚或者免除处罚。"

单位犯前款罪的，对单位判处罚金，并对其直接负责的主管人员和其他直接责任人员，处三年以下有期徒刑或者拘役，并处罚金。[①]

第三百九十一条　【对单位行贿罪】为谋取不正当利益，给予国家机关、国有公司、企业、事业单位、人民团体以财物的，或者在经济往来中，违反国家规定，给予各种名义的回扣、手续费的，处三年以下有期徒刑或者拘役，并处罚金。[②]

单位犯前款罪的，对单位判处罚金，并对其直接负责的主管人员和其他直接责任人员，依照前款的规定处罚。

第三百九十二条　【介绍贿赂罪】向国家工作人员介绍贿赂，情节严重的，处三年以下有期徒刑或者拘役，并处罚金。[③]

介绍贿赂人在被追诉前主动交待介绍贿赂行为的，可以减轻处罚或者免除处罚。

第三百九十三条　【单位行贿罪】单位为谋取不正当利益而行贿，或者违反国家规定，给予国家工作人员以回扣、手续费，情节严重的，对单位判处罚金，并对其直接负责的主管人员和其他直接责任人员，处五年以下有期徒刑或者拘役，并处罚金。因行贿取得的违法所得归个人所有的，依照本法第三百八十九条、第三百九十条的规定定罪处罚。[④]

---

① 根据2015年8月29日《刑法修正案（九）》增加。

② 根据2015年8月29日《刑法修正案（九）》修改。原第一款条文为："为谋取不正当利益，给予国家机关、国有公司、企业、事业单位、人民团体以财物的，或者在经济往来中，违反国家规定，给予各种名义的回扣、手续费的，处三年以下有期徒刑或者拘役。"

③ 根据2015年8月29日《刑法修正案（九）》修改。原第一款条文为："向国家工作人员介绍贿赂，情节严重的，处三年以下有期徒刑或者拘役。"

④ 根据2015年8月29日《刑法修正案（九）》修改。原条文为："单位为谋取不正当利益而行贿，或者违反国家规定，给予国家工作人员以回扣、手续费，情节严重的，对单位判处罚金，并对其直接负责的主管人员和其他直接责任人员，处五年以下有期徒刑或者拘役。因行贿取得的违法所得归个人所有的，依照本法第三百八十九条、第三百九十条的规定定罪处罚。"

第三百九十四条 **【贪污罪】**国家工作人员在国内公务活动或者对外交往中接受礼物，依照国家规定应当交公而不交公，数额较大的，依照本法第三百八十二条、第三百八十三条的规定定罪处罚。

第三百九十五条 **【巨额财产来源不明罪】**国家工作人员的财产、支出明显超过合法收入，差额巨大的，可以责令该国家工作人员说明来源，不能说明来源的，差额部分以非法所得论，处五年以下有期徒刑或者拘役；差额特别巨大的，处五年以上十年以下有期徒刑。财产的差额部分予以追缴。[①]

【隐瞒境外存款罪】国家工作人员在境外的存款，应当依照国家规定申报。数额较大、隐瞒不报的，处二年以下有期徒刑或者拘役；情节较轻的，由其所在单位或者上级主管机关酌情给予行政处分。

第三百九十六条 **【私分国有资产罪】**国家机关、国有公司、企业、事业单位、人民团体，违反国家规定，以单位名义将国有资产集体私分给个人，数额较大的，对其直接负责的主管人员和其他直接责任人员，处三年以下有期徒刑或者拘役，并处或者单处罚金；数额巨大的，处三年以上七年以下有期徒刑，并处罚金。

【私分罚没财物罪】司法机关、行政执法机关违反国家规定，将应当上缴国家的罚没财物，以单位名义集体私分给个人的，依照前款的规定处罚。

第九章 渎职罪

第三百九十七条 **【滥用职权罪 玩忽职守罪】**国家机关工作人员滥用职权或者玩忽职守，致使公共财产、国家和人民利益遭受

① 根据2009年2月28日《刑法修正案（七）》修改。原第一款条文为：“国家工作人员的财产或者支出明显超过合法收入，差额巨大的，可以责令说明来源。本人不能说明其来源是合法的，差额部分以非法所得论，处五年以下有期徒刑或者拘役，财产的差额部分予以追缴。”

重大损失的，处三年以下有期徒刑或者拘役；情节特别严重的，处三年以上七年以下有期徒刑。本法另有规定的，依照规定。

国家机关工作人员徇私舞弊，犯前款罪的，处五年以下有期徒刑或者拘役；情节特别严重的，处五年以上十年以下有期徒刑。本法另有规定的，依照规定。

注释 在依照法律、法规规定行使国家行政管理职权的组织中从事公务的人员，或者在受国家机关委托代表国家机关行使职权的组织中从事公务的人员，或者虽未列入国家机关人员编制但在国家机关中从事公务的人员，在代表国家机关行使职权时，有渎职行为，构成犯罪的，依照《中华人民共和国刑法》关于渎职罪的规定追究刑事责任。

此外，在适用本条规定时，还应注意：

渎职犯罪行为造成的公共财产重大损失的认定。根据《中华人民共和国刑法》规定，玩忽职守、滥用职权等渎职犯罪是以致使公共财产、国家和人民利益遭受重大损失为构成要件的。其中，公共财产的重大损失，通常是指渎职行为已经造成的重大经济损失。"经济损失"，是指渎职犯罪或者与渎职犯罪相关联的犯罪立案时已经实际造成的财产损失，包括为挽回渎职犯罪所造成损失而支付的各种开支、费用等。立案后至提起公诉前持续发生的经济损失，应一并计入渎职犯罪造成的经济损失。债务人经法定程序被宣告破产，债务人潜逃、去向不明，或者因行为人的责任超过诉讼时效等，致使债权已经无法实现的，无法实现的债权部分应当认定为渎职犯罪的经济损失。

渎职犯罪或者与渎职犯罪相关联的犯罪立案后，犯罪分子及其亲友自行挽回的经济损失，司法机关或者犯罪分子所在单位及其上级主管部门挽回的经济损失，或者因客观原因减少的经济损失，不予扣减，但可以作为酌定从轻处罚的情节。

玩忽职守罪的追诉时效。玩忽职守行为造成的重大损失当时没有发生，而是玩忽职守行为之后一定时间发生的，应从危害结果发生之日起计算玩忽职守罪的追诉期限。

滥用职权行为和玩忽职守行为是渎职犯罪中最典型的两种行为，两种行为的构成要件，除客观方面不一样以外，其他均相同，在实践中正确认定和区分这两种犯罪具有重要意义。

滥用职权罪和玩忽职守罪具有以下共同特征：1. 滥用职权罪和玩忽职守罪侵犯的客体均是国家机关的正常管理活动。虽然滥用职权和玩忽职守行为往往还同时侵犯了公民权利或者社会主义市场经济秩序，但两罪所侵犯的主要客体还是国家机关的正常管理活动。2. 两罪的犯罪主体均为国家机关工作人员。3. 滥用职权和玩忽职守的行为只有“致使公共财产、国家和人民利益遭受重大损失”的，才能构成犯罪。是否造成“重大损失”是区分罪与非罪的重要标准，未造成重大损失的，属于一般工作过失的渎职行为，可以由有关部门给予批评教育或者行政处分。“致使公共财产、国家和人民利益遭受重大损失”的具体标准，可参考《最高人民检察院关于渎职侵权犯罪案件立案标准的规定》有关滥用职权案和玩忽职守案立案标准的规定。

两罪在客观方面有明显的不同：滥用职权罪客观方面表现为违反或者超越法律规定的权限和程序而使用手中的职权，致使公共财产、国家和人民利益遭受重大损失的行为。滥用职权的行为，必须是行为人手中有“权”，并且滥用权力与危害结果有直接的因果关系，如果行为人手中并无此权力，或者虽然有权但行使权力与危害结果没有直接的因果关系，则不能构成本罪，而应当按照其他规定处理。玩忽职守罪客观方面表现为不履行、不正确履行或者放弃履行职责，致使公共财产、国家和人民利益遭受重大损失的行为。玩忽职守的行为，必须是违反国家的工作纪律和规章制度的行为，通常表现是工作马虎草率，极端不负责任；或是放弃职守，对自己应当负责的工作撒手不管等。

参见 《全国人民代表大会常务委员会关于〈中华人民共和国刑法〉第九章渎职罪主体适用问题的解释》；《最高人民检察院关于渎职侵权犯罪案件立案标准的规定》；《最高人民法院、最高人民检察院关于办理渎职刑事案件适用法律若干问题的解释（一）》；《全国法院审理经济犯罪案件工作座谈会纪要》六；《最高人民检察院关于企业事业单位的公安机构在机构改革过程中其工作人员能否构成渎职侵权犯罪主体问题的批复》;《最高人民检察院关于属工人编制的乡(镇)工商所所长能否依照刑法第397条的规定追究刑事责任问题的批复》;《最高人民检察院关于合同制民警能否成为玩忽职守罪主体问题的批复》;《最高人民检察院关于镇财政所所长是否适用国家机关工作人员的批复》

第三百九十八条 【故意泄露国家秘密罪 过失泄露国家秘密罪】国家机关工作人员违反保守国家秘密法的规定,故意或者过失泄露国家秘密,情节严重的,处三年以下有期徒刑或者拘役;情节特别严重的,处三年以上七年以下有期徒刑。

非国家机关工作人员犯前款罪的,依照前款的规定酌情处罚。

第三百九十九条 【徇私枉法罪】司法工作人员徇私枉法、徇情枉法,对明知是无罪的人而使他受追诉、对明知是有罪的人而故意包庇不使他受追诉,或者在刑事审判活动中故意违背事实和法律作枉法裁判的,处五年以下有期徒刑或者拘役;情节严重的,处五年以上十年以下有期徒刑;情节特别严重的,处十年以上有期徒刑。

【民事、行政枉法裁判罪】在民事、行政审判活动中故意违背事实和法律作枉法裁判,情节严重的,处五年以下有期徒刑或者拘役;情节特别严重的,处五年以上十年以下有期徒刑。

【执行判决、裁定失职罪】【执行判决、裁定滥用职权罪】在执行判决、裁定活动中,严重不负责任或者滥用职权,不依法采取诉讼保全措施、不履行法定执行职责,或者违法采取诉讼保全措施、强制执行措施,致使当事人或者其他人的利益遭受重大损失的,处五年以下有期徒刑或者拘役;致使当事人或者其他人的利益遭受特别重大损失的,处五年以上十年以下有期徒刑。

司法工作人员收受贿赂,有前三款行为的,同时又构成本法第三百八十五条规定之罪的，依照处罚较重的规定定罪处罚。①

第三百九十九条之一　【枉法仲裁罪】依法承担仲裁职责的人员，在仲裁活动中故意违背事实和法律作枉法裁决，情节严重的，处三年以下有期徒刑或者拘役；情节特别严重的，处三年以上七年以下有期徒刑。②

第四百条　【私放在押人员罪】司法工作人员私放在押的犯罪嫌疑人、被告人或者罪犯的，处五年以下有期徒刑或者拘役；情节严重的，处五年以上十年以下有期徒刑；情节特别严重的，处十年以上有期徒刑。

【失职致使在押人员脱逃罪】司法工作人员由于严重不负责任，致使在押的犯罪嫌疑人、被告人或者罪犯脱逃，造成严重后果的，处三年以下有期徒刑或者拘役；造成特别严重后果的，处三年以上十年以下有期徒刑。

第四百零一条　【徇私舞弊减刑、假释、暂予监外执行罪】司法工作人员徇私舞弊，对不符合减刑、假释、暂予监外执行条件的罪犯，予以减刑、假释或者暂予监外执行的，处三年以下有期徒刑或者拘役；情节严重的，处三年以上七年以下有期徒刑。

第四百零二条　【徇私舞弊不移交刑事案件罪】行政执法人员徇私舞弊，对依法应当移交司法机关追究刑事责任的不移交，情节严重的，处三年以下有期徒刑或者拘役；造成严重后果的，处三年以上七年以下有期徒刑。

---

① 根据2002年12月28日《刑法修正案（四）》修改。原条文为："司法工作人员徇私枉法、徇情枉法，对明知是无罪的人而使他受追诉、对明知是有罪的人而故意包庇不使他受追诉，或者在刑事审判活动中故意违背事实和法律作枉法裁判的，处五年以下有期徒刑或者拘役；情节严重的，处五年以上十年以下有期徒刑；情节特别严重的，处十年以上有期徒刑。

"在民事、行政审判活动中故意违背事实和法律作枉法裁判，情节严重的，处五年以下有期徒刑或者拘役；情节特别严重的，处五年以上十年以下有期徒刑。

"司法工作人员贪赃枉法，有前两款行为的，同时又构成本法第三百八十五条规定之罪的，依照处罚较重的规定定罪处罚。"

② 根据2006年6月29日《刑法修正案（六）》增加。

第四百零三条　【滥用管理公司、证券职权罪】国家有关主管部门的国家机关工作人员，徇私舞弊，滥用职权，对不符合法律规定条件的公司设立、登记申请或者股票、债券发行、上市申请，予以批准或者登记，致使公共财产、国家和人民利益遭受重大损失的，处五年以下有期徒刑或者拘役。

上级部门强令登记机关及其工作人员实施前款行为的，对其直接负责的主管人员，依照前款的规定处罚。

第四百零四条　【徇私舞弊不征、少征税款罪】税务机关的工作人员徇私舞弊，不征或者少征应征税款，致使国家税收遭受重大损失的，处五年以下有期徒刑或者拘役；造成特别重大损失的，处五年以上有期徒刑。

第四百零五条　【徇私舞弊发售发票、抵扣税款、出口退税罪】税务机关的工作人员违反法律、行政法规的规定，在办理发售发票、抵扣税款、出口退税工作中，徇私舞弊，致使国家利益遭受重大损失的，处五年以下有期徒刑或者拘役；致使国家利益遭受特别重大损失的，处五年以上有期徒刑。

【违法提供出口退税凭证罪】其他国家机关工作人员违反国家规定，在提供出口货物报关单、出口收汇核销单等出口退税凭证的工作中，徇私舞弊，致使国家利益遭受重大损失的，依照前款的规定处罚。

第四百零六条　【国家机关工作人员签订、履行合同失职被骗罪】国家机关工作人员在签订、履行合同过程中，因严重不负责任被诈骗，致使国家利益遭受重大损失的，处三年以下有期徒刑或者拘役；致使国家利益遭受特别重大损失的，处三年以上七年以下有期徒刑。

第四百零七条　【违法发放林木采伐许可证罪】林业主管部门的工作人员违反森林法的规定，超过批准的年采伐限额发放林木采伐许可证或者违反规定滥发林木采伐许可证，情节严重，致使森林遭受严重破坏的，处三年以下有期徒刑或者拘役。

第四百零八条　【环境监管失职罪】负有环境保护监督管理职

责的国家机关工作人员严重不负责任，导致发生重大环境污染事故，致使公私财产遭受重大损失或者造成人身伤亡的严重后果的，处三年以下有期徒刑或者拘役。

第四百零八条之一　【食品、药品监管渎职罪】负有食品药品安全监督管理职责的国家机关工作人员，滥用职权或者玩忽职守，有下列情形之一，造成严重后果或者有其他严重情节的，处五年以下有期徒刑或者拘役；造成特别严重后果或者有其他特别严重情节的，处五年以上十年以下有期徒刑：

（一）瞒报、谎报食品安全事故、药品安全事件的；

（二）对发现的严重食品药品安全违法行为未按规定查处的；

（三）在药品和特殊食品审批审评过程中，对不符合条件的申请准予许可的；

（四）依法应当移交司法机关追究刑事责任不移交的；

（五）有其他滥用职权或者玩忽职守行为的。[①]

徇私舞弊犯前款罪的，从重处罚。[②]

第四百零九条　【传染病防治失职罪】从事传染病防治的政府卫生行政部门的工作人员严重不负责任，导致传染病传播或者流行，情节严重的，处三年以下有期徒刑或者拘役。

第四百一十条　【非法批准征收、征用、占用土地罪　非法低价出让国有土地使用权罪】国家机关工作人员徇私舞弊，违反土地管理法规，滥用职权，非法批准征收、征用、占用土地，或者非法低价出让国有土地使用权，情节严重的，处三年以下有期徒刑或者拘役；致使国家或者集体利益遭受特别重大损失的，处三年以上七年以下有期徒刑。

第四百一十一条　【放纵走私罪】海关工作人员徇私舞弊，放

---

① 根据2020年12月26日《刑法修正案（十一）》修改。原第一款条文为："负有食品安全监督管理职责的国家机关工作人员，滥用职权或者玩忽职守，导致发生重大食品安全事故或者造成其他严重后果的，处五年以下有期徒刑或者拘役；造成特别严重后果的，处五年以上十年以下有期徒刑。"

② 根据2011年2月25日《刑法修正案（八）》增加。

纵走私，情节严重的，处五年以下有期徒刑或者拘役；情节特别严重的，处五年以上有期徒刑。

第四百一十二条　【商检徇私舞弊罪】国家商检部门、商检机构的工作人员徇私舞弊，伪造检验结果的，处五年以下有期徒刑或者拘役；造成严重后果的，处五年以上十年以下有期徒刑。

【商检失职罪】前款所列人员严重不负责任，对应当检验的物品不检验，或者延误检验出证、错误出证，致使国家利益遭受重大损失的，处三年以下有期徒刑或者拘役。

第四百一十三条　【动植物检疫徇私舞弊罪】动植物检疫机关的检疫人员徇私舞弊，伪造检疫结果的，处五年以下有期徒刑或者拘役；造成严重后果的，处五年以上十年以下有期徒刑。

【动植物检疫失职罪】前款所列人员严重不负责任，对应当检疫的检疫物不检疫，或者延误检疫出证、错误出证，致使国家利益遭受重大损失的，处三年以下有期徒刑或者拘役。

第四百一十四条　【放纵制售伪劣商品犯罪行为罪】对生产、销售伪劣商品犯罪行为负有追究责任的国家机关工作人员，徇私舞弊，不履行法律规定的追究职责，情节严重的，处五年以下有期徒刑或者拘役。

第四百一十五条　【办理偷越国（边）境人员出入境证件罪　放行偷越国（边）境人员罪】负责办理护照、签证以及其他出入境证件的国家机关工作人员，对明知是企图偷越国（边）境的人员，予以办理出入境证件的，或者边防、海关等国家机关工作人员，对明知是偷越国（边）境的人员，予以放行的，处三年以下有期徒刑或者拘役；情节严重的，处三年以上七年以下有期徒刑。

第四百一十六条　【不解救被拐卖、绑架妇女、儿童罪】对被拐卖、绑架的妇女、儿童负有解救职责的国家机关工作人员，接到被拐卖、绑架的妇女、儿童及其家属的解救要求或者接到其他人的举报，而对被拐卖、绑架的妇女、儿童不进行解救，造成严重后果的，处五年以下有期徒刑或者拘役。

【阻碍解救被拐卖、绑架妇女、儿童罪】负有解救职责的国家机关工作人员利用职务阻碍解救的，处二年以上七年以下有期徒刑；情节较轻的，处二年以下有期徒刑或者拘役。

第四百一十七条　【帮助犯罪分子逃避处罚罪】有查禁犯罪活动职责的国家机关工作人员，向犯罪分子通风报信、提供便利，帮助犯罪分子逃避处罚的，处三年以下有期徒刑或者拘役；情节严重的，处三年以上十年以下有期徒刑。

第四百一十八条　【招收公务员、学生徇私舞弊罪】国家机关工作人员在招收公务员、学生工作中徇私舞弊，情节严重的，处三年以下有期徒刑或者拘役。

第四百一十九条　【失职造成珍贵文物损毁、流失罪】国家机关工作人员严重不负责任，造成珍贵文物损毁或者流失，后果严重的，处三年以下有期徒刑或者拘役。

……

中华人民共和国
刑事诉讼法（节录）

（1979 年 7 月 1 日第五届全国人民代表大会第二次会议通过　根据 1996 年 3 月 17 日第八届全国人民代表大会第四次会议《关于修改〈中华人民共和国刑事诉讼法〉的决定》第一次修正　根据 2012 年 3 月 14 日第十一届全国人民代表大会第五次会议《关于修改〈中华人民共和国刑事诉讼法〉的决定》第二次修正　根据 2018 年 10 月 26 日第十三届全国人民代表大会常务委员会第六次会议《关于修改〈中华人民共和国刑事诉讼法〉的决定》第三次修正）

……

第三章　回　避

第二十九条　【回避的法定情形】 审判人员、检察人员、侦查人员有下列情形之一的，应当自行回避，当事人及其法定代理人也有权要求他们回避：

（一）是本案的当事人或者是当事人的近亲属的；

（二）本人或者他的近亲属和本案有利害关系的；

（三）担任过本案的证人、鉴定人、辩护人、诉讼代理人的；

（四）与本案当事人有其他关系，可能影响公正处理案件的。

注释　本条规定的"回避"是指审判人员、检察人员、侦查人员和法律规定的其他人员遇有法律规定的情形，应当不再参加审判、检察、侦查或者其他诉讼活动的制度。"审判人员、检察人员、侦查人员"，是指参加本案的审判、检察、侦查工作的人民法院的院长、副院长、审判委员会委员、庭长、副庭长、审判员、助理审判员，人民检察院的检察长、副检察长、检察委员会委员、检察员、助理检察员，公安机关的负责人、侦查人员（包括刑侦人员和预审人员等）。"自行回避"，是指审判人员、检察人员、侦查人员知道自己具有应当回避的情形的，应当自己向所在机关提出回避的申请。"当事人及其法定代理人有权要求他们回避"，是指审判人员、检察人员、侦查人员明知自己应当回避而不自行回避或者不知道、不认为自己具有应当回避的情形，因而没有自行回避的，被害人、自诉人、犯罪嫌疑人、被告人、附带民事诉讼的原告人、被告人和他们的法定代理人有权要求他们回避。

案例　郭某等妨害公务案（广东省深圳市中级人民法院刑事裁定书〔2010〕深中法刑一终字第487号）

案件适用要点： 关于侦查人员回避的问题，《中华人民共和国刑事诉讼法》第二十八条第四项规定，"与本案当事人有其他关系，可能影响公正处理案件的"，在本案中，被害人为盐田派出所的民警和巡防队员，而侦查人员与被害人虽为同事关系，但事实上并没有影响本案的公正处理，在侦查人员向上诉人作询问笔录的时候，上诉人也已知道侦查人员的身份但并没有提出质疑及回避申请，而且也在询问笔录上签字，说明上诉人对侦查人员对案件的处理是予以认可的，现在其提出回避的理由，本院不予采纳。

参见 《最高人民法院关于适用〈中华人民共和国刑事诉讼法〉的解释》（以下简称《刑诉解释》）第27－30条；《最高人民法院关于审判人员在诉讼活动中执行回避制度若干问题的规定》第1条；《公安机关办理刑事案件程序规定》第32条；《人民检察院刑事诉讼规则》第24－26条；《检察人员任职回避和公务回避暂行办法》第9条、第15条

第三十条　【办案人员违反禁止行为的回避】审判人员、检察人员、侦查人员不得接受当事人及其委托的人的请客送礼，不得违反规定会见当事人及其委托的人。

审判人员、检察人员、侦查人员违反前款规定的，应当依法追究法律责任。当事人及其法定代理人有权要求他们回避。

注释 根据《最高人民法院关于审判人员在诉讼活动中执行回避制度若干问题的规定》第二条的规定，当事人及其法定代理人发现审判人员违反规定，具有下列情形之一的，有权申请其回避：(1) 私下会见本案一方当事人及其诉讼代理人、辩护人的；(2) 为本案当事人推荐、介绍诉讼代理人、辩护人，或者为律师、其他人员介绍办理该案件的；(3) 索取、接受本案当事人及其受托人的财物、其他利益，或者要求当事人及其受托人报销费用的；(4) 接受本案当事人及其受托人的宴请，或者参加由其支付费用的各项活动的；(5) 向本案当事人及其受托人借款，借用交通工具、通讯工具或者其他物品，或者索取、接受当事人及其受托人在购买商品、装修住房以及其他方面给予的好处的；(6) 有其他不正当行为，可能影响案件公正审理的。

参见 《刑诉解释》第28条；《公安机关办理刑事案件程序规定》第32条；《人民检察院刑事诉讼规则》第27条、第36条；《检察人员任职回避和公务回避暂行办法》第10条

第三十一条　【决定回避的程序】审判人员、检察人员、侦查

人员的回避，应当分别由院长、检察长、公安机关负责人决定；院长的回避，由本院审判委员会决定；检察长和公安机关负责人的回避，由同级人民检察院检察委员会决定。

对侦查人员的回避作出决定前，侦查人员不能停止对案件的侦查。

对驳回申请回避的决定，当事人及其法定代理人可以申请复议一次。

注释 本条第一款是关于审判人员、检察人员、侦查人员的回避以及公、检、法负责人的回避应当由谁决定的规定。本款规定的对回避的决定，既包括对审判人员、检察人员、侦查人员自行提出回避的申请所作的决定，也包括对当事人及其法定代理人要求审判人员、检察人员、侦查人员回避的申请所作出的决定。其中“院长的回避，由本院审判委员会决定”，是指人民法院院长自行申请回避、当事人及其法定代理人要求法院院长回避，应经审判委员会讨论，按照多数人的意见作出决定。“检察长和公安机关负责人的回避，由同级人民检察院检察委员会决定”，其中规定对公安机关负责人的回避由同级人民检察院检察委员会决定，主要是考虑公安机关属于行政系统，实行首长负责制，公安机关负责人的回避不能由他本人决定。

第二款是关于侦查人员在作出回避决定前，不能停止侦查的规定。这样规定主要是为了保证侦查活动的及时顺利进行，防止犯罪嫌疑人逃跑和证据的灭失，这是根据侦查活动的特点和办理刑事案件的需要规定的。

第三款是关于当事人及其法定代理人对于驳回申请的决定申请复议的规定。其中“驳回申请的决定”，是指对于回避有决定权的机关认为当事人及其法定代理人要求回避的申请，不符合本法第二十九条、第三十条规定的回避条件，对要求回避的申请予以驳回的决定。对于驳回回避申请的决定，当事人及其法定代理人可以向原决定机关申请复议一次，申请复议时，申请人可以重申过去提出的理由，也可以增加新的理由。

参见 《刑诉解释》第 34 – 37 条；《公安机关办理刑事案件程序规定》第 35 – 38 条；《人民检察院刑事诉讼规则》第 24 – 33 条

第三十二条 【回避制度的准用规定】本章关于回避的规定适用于书记员、翻译人员和鉴定人。

辩护人、诉讼代理人可以依照本章的规定要求回避、申请复议。

参见 《刑诉解释》第 38 – 39 条；《人民检察院刑事诉讼规则》第 37 条；《公安机关办理刑事案件程序规定》第 40 – 41 条；《最高人民法院关于审判人员在诉讼活动中执行回避制度若干问题的规定》第 14 条

第四章 辩护与代理

第三十三条 【自行辩护与委托辩护】【辩护人的范围】犯罪嫌疑人、被告人除自己行使辩护权以外，还可以委托一至二人作为辩护人。下列的人可以被委托为辩护人：

（一）律师；

（二）人民团体或者犯罪嫌疑人、被告人所在单位推荐的人；

（三）犯罪嫌疑人、被告人的监护人、亲友。

正在被执行刑罚或者依法被剥夺、限制人身自由的人，不得担任辩护人。

被开除公职和被吊销律师、公证员执业证书的人，不得担任辩护人，但系犯罪嫌疑人、被告人的监护人、近亲属的除外。

注释 本条共规定了四层意思：1. 犯罪嫌疑人、被告人除有权自行辩护外，还有权委托法律规定的其他人为自己辩护，这种委托权是辩护权中一个不可分割的部分。

2. 限定了犯罪嫌疑人、被告人委托的辩护人的人数，即每个犯罪嫌疑人、被告人只能委托一人或二人担任辩护人。

3. 规定了犯罪嫌疑人、被告人可以聘请以下三种人担任辩护人：（1）律师，是指依法取得律师执业证书，接受委托或者指定，为当事人提供法律服务的执业人员；（2）人民团体或者犯罪嫌疑人、被告人所在单位推荐的人；（3）犯罪嫌疑人、被告人的监护人、亲友。“亲友”的含义比较广泛，是指犯罪嫌疑人、被告人的亲属和朋友，这里的亲属不仅指近亲属，也包括远亲。规定“亲友”可以作为辩护人，主要是考虑到这些人与委托人有一定关系，是犯罪嫌疑人、被告人信赖的人。

4. 规定了不得担任辩护人的情形。即正在被执行刑罚或者依法被剥夺、限制人身自由的人，不得担任辩护人；被开除公职和被吊销律师、公务员执业证书的人，不得担任辩护人，但系犯罪嫌疑人、被告人的监护人、近亲属的除外。

参见 《最高人民法院、最高人民检察院、公安部、国家安全部、司法部、全国人大常委会法制工作委员会关于实施刑事诉讼法若干问题的规定》(以下简称《刑诉实施规定》) 4；《刑诉解释》第 40 - 43 条

第三十四条 【委托辩护的时间及辩护告知】 犯罪嫌疑人自被侦查机关第一次讯问或者采取强制措施之日起，有权委托辩护人；在侦查期间，只能委托律师作为辩护人。被告人有权随时委托辩护人。

侦查机关在第一次讯问犯罪嫌疑人或者对犯罪嫌疑人采取强制措施的时候，应当告知犯罪嫌疑人有权委托辩护人。人民检察院自收到移送审查起诉的案件材料之日起三日以内，应当告知犯罪嫌疑人有权委托辩护人。人民法院自受理案件之日起三日以内，应当告知被告人有权委托辩护人。犯罪嫌疑人、被告人在押期间要求委托辩护人的，人民法院、人民检察院和公安机关应当及时转达其要求。

犯罪嫌疑人、被告人在押的，也可以由其监护人、近亲属代为委托辩护人。

辩护人接受犯罪嫌疑人、被告人委托后，应当及时告知办理案件的机关。

注释 本条第一款是关于犯罪嫌疑人、被告人何时有权委托辩护人的规定。本款共规定了两种情况：一是犯罪嫌疑人自被侦查机关第一次讯问或者采取强制措施之日起，有权委托辩护人；在侦

查期间，只能委托律师作为辩护人。根据本款的规定，犯罪嫌疑人在侦查阶段和审查起诉阶段，可以委托作为辩护人的人员范围有所不同。在侦查期间，犯罪嫌疑人只能委托律师作为辩护人。由于在侦查期间，对案件的专门调查工作正在进行当中，将委托辩护人的人员范围限于律师比较稳妥。二是被告人有权随时委托辩护人。这里所规定的“被告人”，既包括公诉案件的被告人，也包括自诉案件的被告人。“有权随时委托辩护人”，是指在人民法院受理刑事案件后，被告人在审判阶段随时有权委托辩护人。

第二款是关于侦查机关、人民检察院、人民法院应当告知犯罪嫌疑人、被告人有权委托辩护人和及时转达委托辩护人要求的规定。本款规定了两层意思：一是侦查机关在第一次讯问犯罪嫌疑人或者对犯罪嫌疑人采取强制措施的时候，应当告知犯罪嫌疑人有权委托辩护人。人民检察院自收到移送审查起诉的案件材料之日起三日以内，应当告知犯罪嫌疑人有权委托辩护人。人民法院自受理案件之日起三日以内，应当告知被告人有权委托辩护人。这一规定是侦查机关、人民检察院和人民法院的法定义务，也是保护犯罪嫌疑人、被告人辩护权的重要内容。需要注意的是，侦查机关、人民检察院和人民法院在对犯罪嫌疑人、被告人进行告知时，如果发现犯罪嫌疑人、被告人符合本法第三十五条规定的条件的，应当及时通知法律援助机构指派律师为其提供辩护。二是犯罪嫌疑人、被告人在押期间要求委托辩护人的，人民法院、人民检察院和公安机关应当及时转达其要求。犯罪嫌疑人、被告人在押期间要求委托辩护人的，不论是在人民法院、人民检察院和公安机关在告知其有权委托辩护人时提出的，还是在其他时间提出的，人民法院、人民检察院和公安机关应当及时向犯罪嫌疑人、被告人的监护人、近亲属、其想委托的人或者有关律师事务所、律师协会等转达其要求。

第三款是关于犯罪嫌疑人、被告人在押的，也可以由其监护人、近亲属代为委托辩护人的规定。这里所规定的“监护人”，是指对未成年人、精神病人的人身、财产以及其他合法权益承担监督、保护职责的人，如未成年人的父母、精神病人的配偶等。“近亲属”，依照本法第一百零八条第六项的规定，是指夫、妻、父、母、子、女、同胞兄弟姊妹。根据本款规定，监护人、近亲属代为委托辩护人的，侦查机关、人民检察院、人民法院应当允许，不得阻碍其代为委托辩护人。

第四款是关于辩护人接受犯罪嫌疑人、被告人委托后，应当及时告知办理案件的机关的规定。这里所规定的“告知”，是指辩护人在接受委托后，将接受委托的有关情况告知办案机关，提交有关委托手续。侦查机关、人民检察院和人民法院收到有关委托手续后，应当记录在案并随案移送。犯罪嫌疑人、被告人另行委托辩护人的，新接受委托的辩护人也应当依照本款规定将接受委托的情况告知办案机关。

参见 《公安机关办理刑事案件程序规定》第 43－45 条；《人民检察院刑事诉讼规则》第 41 条；《刑诉解释》第 44 条

第三十五条　【法律援助机构指派辩护】犯罪嫌疑人、被告人因经济困难或者其他原因没有委托辩护人的，本人及其近亲属可以向法律援助机构提出申请。对符合法律援助条件的，法律援助机构应当指派律师为其提供辩护。

犯罪嫌疑人、被告人是盲、聋、哑人，或者是尚未完全丧失辨认或者控制自己行为能力的精神病人，没有委托辩护人的，人民法院、人民检察院和公安机关应当通知法律援助机构指派律师为其提供辩护。

犯罪嫌疑人、被告人可能被判处无期徒刑、死刑，没有委托辩护人的，人民法院、人民检察院和公安机关应当通知法律援助机构指派律师为其提供辩护。

注释　本条第一款是关于因经济困难或者其他原因申请法律援助的规定。根据本款规定，犯罪嫌疑人、被告人及其近亲属根据本款规定向法律援助机构提出申请的，法律援助机构应当受理并进行审查，对符合法律援助条件的，应当指派律师为其提供辩护。这是法律援助机构的法定义务。

第二款是关于对犯罪嫌疑人、被告人是盲、聋、哑或者是尚未完全丧失辨认或者控制自己行为能力的精神病人，没有委托辩护人的，应当为其提供法律援助的规定。本款的规定既适用于公诉案件，也适用于自诉案件。本款规定适用于侦查、审查起诉和审判阶段，义务主体包括人民法院、人民检察院、公安机关和法律援助机构。对于犯罪嫌疑人、被告人是盲、聋、哑或者是尚未完全丧失辨认或者控制自己行为能力的精神病人，没有委托辩护人的，在侦查、审查起诉和审判阶段，公安机关、人民检察院和人民法院都应当通知法律援助机构，由法律援助机构指派律师为其提供辩护。

第三款是关于犯罪嫌疑人、被告人可能被判处无期徒刑、死刑，没有委托辩护人的，应当为其提供法律援助的规定。死刑是刑罚中最重的刑罚，判决一旦生效执行，即使发现错误也难以挽回。无期徒刑也是很重的刑罚，会在很长时间内剥夺罪犯的人身自由。所以在刑事诉讼过程中，必须保证让这些犯罪嫌疑人、被告人充分行使辩护权。这是对重刑犯的辩护权的特殊保护。这里所规定的“可能被判处死刑”，既包括可能被判处死刑立即执行，也包括可能被判处死刑缓期执行。需要指出的是，这里规定的“可能”被判处无期徒刑、死刑，是人民法院、人民检察院和公安机关根据案件的事实和证据情况得出的一种可能性的判断，而不是定论。对于在刑事诉讼过程中一旦发现，根据案情犯罪嫌疑人、被告人可能被判处无期徒刑、死刑，未委托辩护人的，就应当立即依照本款规定为犯罪嫌疑人、被告人提供法律援助。

参见　《刑诉实施规定》5；《人民检察院刑事诉讼规则》第40条、第42条；《刑诉解释》第44条、第46－52条；《关于刑事诉讼法律援助工作的规定》

第三十六条　【值班律师】法律援助机构可以在人民法院、看守所等场所派驻值班律师。犯罪嫌疑人、被告人没有委托辩护人，法律援助机构没有指派律师为其提供辩护的，由值班律师为犯罪嫌疑人、被告人提供法律咨询、程序选择建议、申请变更强制措施、对案件处理提出意见等法律帮助。

人民法院、人民检察院、看守所应当告知犯罪嫌疑人、被告人有权约见值班律师，并为犯罪嫌疑人、被告人约见值班律师提供便利。

注释 第一款是在人民法院、看守所等场所派驻值班律师以及值班律师职责的规定。本款规定可以从以下几个方面理解。(1) 值班律师的派驻，由法律援助机构负责。(2) 派驻值班律师的场所包括人民法院、看守所等场所。(3) “派驻”和“值班”的形式是多样的，可以根据具体情况确定，比如可以在人民法院、看守所等设立法律援助工作站或者值班律师办公室，每天或定期派值班律师到场工作等。(4) 值班律师为犯罪嫌疑人提供法律帮助的条件是犯罪嫌疑人、被告人没有委托辩护人，或者法律援助机构没有指派律师为其提供辩护。(5) 值班律师的职责，是为犯罪嫌疑人、被告人提供法律咨询、程序选择建议、申请变更强制措施、对案件处理提出意见等法律帮助。

第二款是关于人民法院、人民检察院、看守所应当告知犯罪嫌疑人、被告人有权约见值班律师，以及为犯罪嫌疑人、被告人约见值班律师提供便利的规定。所谓“提供便利”，包括在犯罪嫌疑人、被告人提出约见值班律师的要求时，及时为他们提供值班律师名册、联系方式；及时将犯罪嫌疑人、被告人的约见要求转告值班律师等；在人民法院、看守所等场所内为约见提供必要的场地、设施。

参见 《中华人民共和国刑事诉讼法》第173条、第174条；《最高人民法院、最高人民检察院、公安部、国家安全部、司法部关于开展法律援助值班律师工作的意见》

第三十七条 【辩护人的责任】 辩护人的责任是根据事实和法律，提出犯罪嫌疑人、被告人无罪、罪轻或者减轻、免除其刑事责任的材料和意见，维护犯罪嫌疑人、被告人的诉讼权利和其他合法权益。

注释 本条规定的辩护人的“责任”，是从辩护人的职责或者执业要求角度，主要是相对于其委托人或法律援助对象而规定的。根据本法的有关规定，公诉案件中被告人有罪的证明责任由人民检察院承担。因此，只要人民检察院或者自诉人提出的被告人有罪的证据不能达到确实、充分的程度，依法就不能认定被告人有罪。辩护人在诉讼中的工作，主要是对犯罪指控和人民检察院、自诉人的举证进行辩解和反驳，并不承担犯罪嫌疑人、被告人无罪的举证责任。

参见 《中华人民共和国律师法》第31条

第三十八条 【侦查期间的辩护】 辩护律师在侦查期间可以为犯罪嫌疑人提供法律帮助；代理申诉、控告；申请变更强制措施；向侦查机关了解犯罪嫌疑人涉嫌的罪名和案件有关情况，提出意见。

注释 本条所规定的“法律帮助”，是指为犯罪嫌疑人提供法律咨询或者其他犯罪嫌疑人需要的法律帮助。其中提供法律咨询，主要是指帮助犯罪嫌疑人了解有关法律规定，向犯罪嫌疑人解释有关法律问题。提供法律帮助不限于回答犯罪嫌疑人提出的法律问题，如介绍有关刑事政策和法律规定，让其了解有关法律责任规定，讲解有关法律程序，告知其享有的各项诉讼权利等。

根据本法第三十七条关于辩护人“维护犯罪嫌疑人、被告人的诉讼权利和其他合法权益”的责任的规定，辩护人在其他诉讼阶段也可以代理犯罪嫌疑人、被告人行使申诉、控告的权利。辩护律师可以申请变更强制措施，即犯罪嫌疑人被采取强制措施的，辩护律师可以为其向有关司法机关申请予以变更，如犯罪嫌疑人被拘留、逮捕的，辩护律师可以申请将拘留、逮捕变更为取保候审、监视居住。申请变更强制措施，辩护律师可以以自己的名义进行，不需要经犯罪嫌疑人的委托。根据本法第九十七条的规定，辩护人在其他诉讼阶段，也有权申请变更强制措施。这里所规定的“了解犯罪嫌疑人涉嫌的罪名”，是指向侦查机关了解犯罪嫌疑人有何种犯罪嫌疑，即侦查机关立案侦查的罪名，侦查机关应当告知。“了解案件有关情况”，主要是指向侦查机关了解案件的性质、案情的轻重以及对案件侦查的有关情况，包括有关证据情况等。

参见 《刑诉实施规定》6

第三十九条 【辩护人会见、通信】 辩护律师可以同在押的犯罪嫌疑人、被告人会见和通信。其他辩护人经人民法院、人民检察院许可，也可以同在押的犯罪嫌疑人、被告人会见和通信。

辩护律师持律师执业证书、律师事务所证明和委托书或者法律援助公函要求会见在押的犯罪嫌疑人、被告人的，看守所应当及时安排会见，至迟不得超过四十八小时。

危害国家安全犯罪、恐怖活动犯罪案件，在侦查期间辩护律师会见在押的犯罪嫌疑人，应当经侦查机关许可。上述案件，侦查机关应当事先通知看守所。

辩护律师会见在押的犯罪嫌疑人、被告人，可以了解案件有关情况，提供法律咨询等；自案件移送审查起诉之日起，可以向犯罪嫌疑人、被告人核实有关证据。辩护律师会见犯罪嫌疑人、被告人时不被监听。

辩护律师同被监视居住的犯罪嫌疑人、被告人会见、通信，适用第一款、第三款、第四款的规定。

注释 根据本条第一款的规定，辩护律师接受犯罪嫌疑人、被告人的委托后，除本条第三款规定的危害国家安全犯罪、恐怖活动犯罪，辩护律师在侦查期间会见在押的犯罪嫌疑人需经侦查机关许可外，对于其他犯罪案件和在审查起诉、审判阶段，辩护律师同在押的犯罪嫌疑人、被告人会见和通信均不需要经过许可，而其他辩护人同在押的犯罪嫌疑人、被告人会见和通信则需要经过人民法院、人民检察院的许可。

第二款共规定了三个方面的内容：(1) 辩护律师会见在押的犯罪嫌疑人、被告人，应当向看守所提出会见的要求。(2) 辩护律师要求会见的，应当办理相应的会见手续，出示有关证件，主要是律师执业证书、律师事务所证明和委托书或者法律援助公函。(3) 看守所应当及时安排会见，至迟不得超过四十八小时。

根据《最高人民法院、最高人民检察院、公安部、国家安全部、司法部关于依法保障律师执业权利的规定》（司发〔2015〕14号）第七条的规定，辩护律师到看守所会见在押的犯罪嫌疑人、被告人，看守所在查验律师执业证书、律师事务所证明和委托书或者法律援助公函后，应当及时安排会见。能当时安排的，应当当时安排；不能当时安排的，看守所应当向辩护律师说明情况，并保证辩护律师在四十八小时以内会见到在押的犯罪嫌疑人、被告人。看守所安排会见不得附加其他条件或者变相要求辩护律师提交法律规定以外的其他文件、材料，不得以未收到办案机关通知为由拒绝安排辩护律师会见。看守所应当设立会见预约平台，采取网上预约、电话预约等方式为辩护律师会见提供便利，但不得以未预约会见为由拒绝安排辩护律师会见。

第三款规定的辩护律师会见需经侦查许可的案件包括两类：(1) 危害国家安全犯罪；(2) 恐怖活动犯罪。根据《反恐怖主义法》的规定，恐怖活动，是指恐怖主义性质的下列行为：(1) 组织、策划、准备实施、实施造成或者意图造成人员伤亡、重大财产损失、公共设施损坏、社会秩序混乱等严重社会危害的活动的；(2) 宣扬恐怖主义，煽动实施恐怖活动，或者非法持有宣扬恐怖主义的物品，强制他人在公共场所穿戴宣扬恐怖主义的服饰、标志的；(3) 组织、领导、参加恐怖活动组织的；(4) 为恐怖活动组织、恐怖活动人员、实施恐怖活动或者恐怖活动培训提供信息、资金、物资、劳务、技术、场所等支持、协助、便利的；(5) 其他恐怖活动。恐怖活动犯罪主要是指实施上述活动，构成犯罪的行为，包括组织、领导和参加恐怖活动组织罪，帮助恐怖活动罪，准备实施恐怖活动罪等。

根据第四款的规定，辩护律师在会见在押的犯罪嫌疑人、被告人时可以行使以下职责：(1) 了解案件有关情况；(2) 提供法律咨询；(3) 提供其他适当的法律帮助；(4) 自案件移送审查起诉之日起，可以向犯罪嫌疑人、被告人核实有关证据。辩护律师从审查起诉阶段才可以向犯罪嫌疑人、被告人核实有关证据，主要是考虑这时案件已经侦查终结，案件事实已经查清，主要证据已经固定，辩护律师核实证据不致影响侦查活动的正常进行。除了辩护律师在会见时的职责以外，本款规定，辩护律师会见犯罪嫌疑人、被告人时不被监听，包括有关机关不得派员在场，不得通过任何方式监听律师会见时的谈话内容，也不得对律师会见进行秘密录音。

参见 《中华人民共和国律师法》第 33 条；《人民检察院刑事诉讼规则》第45条；《公安机关办理刑事案件程序规定》第 50－

55条；《刑诉实施规定》7；《刑诉解释》第50条

第四十条　【辩护人查阅、摘抄、复制卷宗材料】辩护律师自人民检察院对案件审查起诉之日起，可以查阅、摘抄、复制本案的案卷材料。其他辩护人经人民法院、人民检察院许可，也可以查阅、摘抄、复制上述材料。

注释　辩护律师自人民检察院对案件审查起诉之日起，可以查阅、摘抄、复制本案的案卷材料，人民检察院检察委员会的讨论记录、人民法院合议庭、审判委员会的讨论记录以及其他依法不能公开的材料除外。人民检察院、人民法院应当为辩护律师查阅、摘抄、复制案卷材料提供便利，有条件的地方可以推行电子化阅卷，允许刻录、下载材料。侦查机关应当在案件移送审查起诉后三日以内，人民检察院应当在提起公诉后三日以内，将案件移送情况告知辩护律师。案件提起公诉后，人民检察院对案卷所附证据材料有调整或者补充的，应当及时告知辩护律师。辩护律师对调整或者补充的证据材料，有权查阅、摘抄、复制。辩护律师办理申诉、抗诉案件，在人民检察院、人民法院经审查决定立案后，可以持律师执业证书、律师事务所证明和委托书或者法律援助公函到案卷档案管理部门、持有案卷档案的办案部门查阅、摘抄、复制已经审理终结案件的案卷材料。

辩护律师提出阅卷要求的，人民检察院、人民法院应当当时安排辩护律师阅卷，无法当时安排的，应当向辩护律师说明并安排其在三个工作日以内阅卷，不得限制辩护律师阅卷的次数和时间。有条件的地方可以设立阅卷预约平台。

人民检察院、人民法院应当为辩护律师阅卷提供场所和便利，配备必要的设备。因复制材料发生费用的，只收取工本费用。律师办理法律援助案件复制材料发生的费用，应当予以免收或者减收。辩护律师可以采用复印、拍照、扫描、电子数据拷贝等方式复制案卷材料，可以根据需要带律师助理协助阅卷。办案机关应当核实律师助理的身份。

辩护律师查阅、摘抄、复制的案卷材料属于国家秘密的，应当经过人民检察院、人民法院同意并遵守国家保密规定。律师不得违反规定，披露、散布案件重要信息和案卷材料，或者将其用于本案辩护、代理以外的其他用途。

参见 《人民检察院刑事诉讼规则》第47－49条；《刑诉解释》第55条；《最高人民法院、司法部关于开展刑事案件律师辩护全覆盖试点工作的办法》第13条；《最高人民检察院关于依法保障律师执业权利的规定》第6条；《最高人民法院、最高人民检察院、公安部、国家安全部、司法部关于依法保障律师执业权利的规定》第14条；《最高人民法院关于依法切实保障律师诉讼权利的规定》二

第四十一条 【辩护人向办案机关申请调取证据】 辩护人认为在侦查、审查起诉期间公安机关、人民检察院收集的证明犯罪嫌疑人、被告人无罪或者罪轻的证据材料未提交的，有权申请人民检察院、人民法院调取。

注释 辩护人申请调取无罪或者罪轻证据有两种情形：(1) 辩护人认为在侦查期间公安机关收集的证明犯罪嫌疑人、被告人无罪或者罪轻的证据材料未提交的，有权申请人民检察院向公安机关调取。这里所规定的“无罪或者罪轻的证据材料”，既包括某个单独的可能证明犯罪嫌疑人无罪或者罪轻的证据，也包括某些相矛盾的证据材料中可能证明犯罪嫌疑人无罪或者罪轻的证据。这里所规定的“未提交”，是指公安机关因为未采信或者其他原因，没有将证明犯罪嫌疑人无罪或者罪轻的证据放在案卷中并随案移送到人民检察院。(2) 辩护人认为在审查起诉期间人民检察院收集的证明被告人无罪或者罪轻的证据材料未提交的，有权申请人民法院向人民检察院调取。

根据《最高人民法院、最高人民检察院、公安部、国家安全部、司法部关于依法保障律师执业权利的规定》(司发〔2015〕14号) 第十六条的规定，在刑事诉讼审查起诉、审理期间，辩护律师书面申请调取公安机关、人民检察院在侦查、审查起诉期间收集但未提交的证明犯罪嫌疑人、被告人无罪或者罪轻的证据材料

的，人民检察院、人民法院应当依法及时审查。经审查，认为辩护律师申请调取的证据材料已收集并且与案件事实有联系的，应当及时调取。相关证据材料提交后，人民检察院、人民法院应当及时通知辩护律师查阅、摘抄、复制。经审查决定不予调取的，应当书面说明理由。

参见 《人民检察院刑事诉讼规则》第50条；《刑诉解释》第57条；《最高人民检察院关于依法保障律师执业权利的规定》第7条

第四十二条 【辩护人向办案机关告知证据】辩护人收集的有关犯罪嫌疑人不在犯罪现场、未达到刑事责任年龄、属于依法不负刑事责任的精神病人的证据，应当及时告知公安机关、人民检察院。

注释 本条所规定的“辩护人收集”，包括犯罪嫌疑人及其近亲属或者其他人向辩护人提供的有关证据材料，以及辩护人依照本法第四十三条规定向有关单位和个人收集的证据材料。从本条关于“犯罪嫌疑人”和“公安机关、人民检察院”的表述上看，本条主要适用于辩护人在侦查阶段和审查起诉阶段收集到上述三类证据的情形。对于辩护人在审判阶段收集到上述三类证据的，根据刑事诉讼法关于审判程序的规定，辩护人可以直接在法庭上出示，也可以申请人民法院通知有关证人出庭或者调取有关证据。

参见 《人民检察院刑事诉讼规则》第51条；《最高人民检察院关于依法保障律师执业权利的规定》第7条

第四十三条 【辩护律师收集材料】【辩护律师申请取证及证人出庭】辩护律师经证人或者其他有关单位和个人同意，可以向他们收集与本案有关的材料，也可以申请人民检察院、人民法院收集、调取证据，或者申请人民法院通知证人出庭作证。

辩护律师经人民检察院或者人民法院许可，并且经被害人或者其近亲属、被害人提供的证人同意，可以向他们收集与本案有关的材料。

注释 本条是关于辩护律师收集证据的规定。“辩护律师经证人或者其他有关单位和个人同意，可以向他们收集与本案有关的材料”，是指接受犯罪嫌疑人、被告人委托或者承担法律援助任务的律师，为了辩护的需要，经证人或者其他有关单位、个人同意，向他们收集证实犯罪嫌疑人、被告人是否犯罪、罪重还是罪轻的物证、书证、视听资料、电子数据等证据和证人证言。“可以申请人民检察院、人民法院收集、调取证据”，是指辩护律师在调查取证过程中，收集证据被拒绝或者无法收集某项证据时，可以申请人民检察院、人民法院依法收集、调取证据。“申请人民法院通知证人出庭作证”，是指可以申请人民法院向证人发出出庭作证通知。

参见 《刑诉实施规定》8；《人民检察院刑事诉讼规则》第52－53条；《刑诉解释》第58－60条；《最高人民检察院关于依法保障律师执业权利的规定》第7条；《最高人民法院、最高人民检察院、公安部、国家安全部、司法部关于依法保障律师执业权利的规定》第17－19条；《最高人民法院关于依法切实保障律师诉讼权利的规定》六

第四十四条 【辩护人行为禁止及法律责任】 辩护人或者其他任何人，不得帮助犯罪嫌疑人、被告人隐匿、毁灭、伪造证据或者串供，不得威胁、引诱证人作伪证以及进行其他干扰司法机关诉讼活动的行为。

违反前款规定的，应当依法追究法律责任，辩护人涉嫌犯罪的，应当由办理辩护人所承办案件的侦查机关以外的侦查机关办理。辩护人是律师的，应当及时通知其所在的律师事务所或者所属的律师协会。

注释 本条是关于辩护人或者其他人在刑事诉讼中禁止的行为和相应法律责任的规定。辩护人或者其他任何人不得妨害作证和进行其他干扰司法机关诉讼活动。“辩护人或者其他任何人”，包括辩护律师和其他辩护人，以及其他任何参与刑事诉讼或者和刑事诉讼有关系的人。“辩护人涉嫌犯罪”，是指辩护人在履行辩护职责的过程中涉嫌有本条第一款的行为构成犯罪，而不包括辩护人涉嫌其

他犯罪。如果辩护人涉嫌有本条第一款的行为可能构成《中华人民共和国刑法》第三百零六条规定的律师伪证罪的，则由异地的公安机关进行侦查；可能构成行贿或者其他犯罪的，则由异地的人民检察院或者其他侦查机关办理。具体由哪一个侦查机关进行侦查，应当由上级侦查机关依照有关规定指定。

本条第一款规定的帮助犯罪嫌疑人、被告人"隐匿证据"，是指帮助犯罪嫌疑人、被告人将司法机关尚未掌握的证据隐藏起来。帮助犯罪嫌疑人、被告人"毁灭"证据，是指将证据烧毁、涂抹、砸碎、撕碎、抛弃或者使用其他方法让其灭失或者不能再作为证据使用。帮助犯罪嫌疑人、被告人"伪造证据"，是指帮助犯罪嫌疑人、被告人制作虚假的物证、书证等，如补开假的单据、证明、涂改账目，甚至伪造是他人犯罪的物证、书证等。帮助犯罪嫌疑人、被告人"串供"，是指帮助犯罪嫌疑人、被告人与同案人或者证人建立"攻守同盟"，串通口径应对办案机关侦查。"威胁、引诱证人作伪证"，是指采取暴力或者其他方式胁迫、以利益引诱等手段指使证人提供虚假证言，包括让了解案件情况的人不按照事实真相作证，以及让不了解案件情况的人提供虚假的证言。"其他干扰司法机关诉讼活动的行为"，是指其他影响司法机关诉讼活动正常进行，影响案件公正处理的行为。如利用权力给办案人员施加压力，威胁自诉人撤回自诉等。

参见 《刑诉实施规定》9；《人民检察院刑事诉讼规则》第60条；《中华人民共和国律师法》第40条

第四十五条 【被告人拒绝辩护】 在审判过程中，被告人可以拒绝辩护人继续为他辩护，也可以另行委托辩护人辩护。

参见 《中华人民共和国律师法》第32条；《人民检察院刑事诉讼规则》第43条

第四十六条 【诉讼代理】 公诉案件的被害人及其法定代理人或者近亲属，附带民事诉讼的当事人及其法定代理人，自案件移送审查起诉之日起，有权委托诉讼代理人。自诉案件的自诉人及其法定代理人，附带民事诉讼的当事人及其法定代理人，有权随时委托诉讼代理人。

人民检察院自收到移送审查起诉的案件材料之日起三日以内，应当告知被害人及其法定代理人或者其近亲属、附带民事诉讼的当事人及其法定代理人有权委托诉讼代理人。人民法院自受理自诉案件之日起三日以内，应当告知自诉人及其法定代理人、附带民事诉讼的当事人及其法定代理人有权委托诉讼代理人。

参见 《人民检察院刑事诉讼规则》第55条；《中华人民共和国律师法》第30条；《刑诉解释》第62-66条

第四十七条 【委托诉讼代理人】 委托诉讼代理人，参照本法第三十三条的规定执行。

参见 《刑诉解释》第63-66条

第四十八条 【辩护律师执业保密及例外】 辩护律师对在执业活动中知悉的委托人的有关情况和信息，有权予以保密。但是，辩护律师在执业活动中知悉委托人或者其他人，准备或者正在实施危害国家安全、公共安全以及严重危害他人人身安全的犯罪的，应当及时告知司法机关。

参见 《人民检察院刑事诉讼规则》第59条；《中华人民共和国律师法》第38条；《刑诉解释》第67条

第四十九条 【妨碍辩护人、诉讼代理人行使诉讼权利的救济】 辩护人、诉讼代理人认为公安机关、人民检察院、人民法院及其工作人员阻碍其依法行使诉讼权利的，有权向同级或者上一级人民检察院申诉或者控告。人民检察院对申诉或者控告应当及时进行审查，情况属实的，通知有关机关予以纠正。

注释 根据《最高人民法院、最高人民检察院、公安部、国家安全部、司法部关于依法保障律师执业权利的规定》（司发〔2015〕14号）第四十二条的规定，在刑事诉讼中，律师认为办案机关及其工作人员的下列行为阻碍律师依法行使诉讼权利的，可以向同级或者上一级人民检察院申诉、控告：（1）未依法向律师履行告知、转达、通知和送达义务的；（2）办案机关认定律师不得担任辩护人、代理人的情形有误的；(3) 对律师依法提出的申请，不接收、不答复的；(4) 依法应当许可律师提出的申请未许可的；(5) 依法应当听取律师的意见未听取的；(6) 其他阻碍律师依法行使诉讼权利的行为。律师依照上述规定提出申诉、控告的，人民检察院应当在受理后十日以内进行审查，并将处理情况书面答复律师。情况属实的，通知有关机关予以纠正。情况不属实的，做好说明解释工作。人民检察院应当依法严格履行保障律师依法执业的法律监督职责，处理律师申诉控告。在办案过程中发现有阻碍律师依法行使诉讼权利行为的，应当依法、及时提出纠正意见。

参见 《刑诉实施规定》10；《人民检察院刑事诉讼规则》第57条；《最高人民检察院关于依法保障律师执业权利的规定》第11条；《最高人民法院、最高人民检察院、公安部、国家安全部、司法部关于依法保障律师执业权利的规定》第42-44条

……

中华人民共和国民事诉讼法（节录）

（1991年4月9日第七届全国人民代表大会第四次会议通过　根据2007年10月28日第十届全国人民代表大会常务委员会第三十次会议《关于修改〈中华人民共和国民事诉讼法〉的决定》第一次修正　根据2012年8月31日第十一届全国人民代表大会常务委员会第二十八次会议《关于修改〈中华人民共和国民事诉讼法〉的决定》第二次修正　根据2017年6月27日第十二届全国人民代表大会常务委员会第二十八次会议《关于修改〈中华人民共和国民事诉讼法〉和〈中华人民共和国行政诉讼法〉的决定》第三次修正　根据2021年12月24日第十三届全国人民代表大会常务委员会第三十二次会议《关于修改〈中华人民共和国民事诉讼法〉的决定》第四次修正）

第一编　总　则

第一章　任务、适用范围和基本原则

第一条　中华人民共和国民事诉讼法以宪法为根据，结合我国民事审判工作的经验和实际情况制定。

第二条　中华人民共和国民事诉讼法的任务，是保护当事人行使诉讼权利，保证人民法院查明事实，分清是非，正确适用法律，及时审理民事案件，确认民事权利义务关系，制裁民事违法行为，保护当事人的合法权益，教育公民自觉遵守法律，维护社会秩序、经济秩序，保障社会主义建设事业顺利进行。

第三条　人民法院受理公民之间、法人之间、其他组织之间以

及他们相互之间因财产关系和人身关系提起的民事诉讼，适用本法的规定。

第四条 凡在中华人民共和国领域内进行民事诉讼，必须遵守本法。

第五条 外国人、无国籍人、外国企业和组织在人民法院起诉、应诉，同中华人民共和国公民、法人和其他组织有同等的诉讼权利义务。

外国法院对中华人民共和国公民、法人和其他组织的民事诉讼权利加以限制的，中华人民共和国人民法院对该国公民、企业和组织的民事诉讼权利，实行对等原则。

第六条 民事案件的审判权由人民法院行使。

人民法院依照法律规定对民事案件独立进行审判，不受行政机关、社会团体和个人的干涉。

第七条 人民法院审理民事案件，必须以事实为根据，以法律为准绳。

第八条 民事诉讼当事人有平等的诉讼权利。人民法院审理民事案件，应当保障和便利当事人行使诉讼权利，对当事人在适用法律上一律平等。

第九条 人民法院审理民事案件，应当根据自愿和合法的原则进行调解；调解不成的，应当及时判决。

第十条 人民法院审理民事案件，依照法律规定实行合议、回避、公开审判和两审终审制度。

第十一条 各民族公民都有用本民族语言、文字进行民事诉讼的权利。

在少数民族聚居或者多民族共同居住的地区，人民法院应当用当地民族通用的语言、文字进行审理和发布法律文书。

人民法院应当对不通晓当地民族通用的语言、文字的诉讼参与人提供翻译。

第十二条 人民法院审理民事案件时，当事人有权进行辩论。

第十三条 民事诉讼应当遵循诚信原则。

当事人有权在法律规定的范围内处分自己的民事权利和诉讼权利。

第十四条 人民检察院有权对民事诉讼实行法律监督。

第十五条 机关、社会团体、企业事业单位对损害国家、集体或者个人民事权益的行为，可以支持受损害的单位或者个人向人民法院起诉。

第十六条 经当事人同意，民事诉讼活动可以通过信息网络平台在线进行。

民事诉讼活动通过信息网络平台在线进行的，与线下诉讼活动具有同等法律效力。

第十七条 民族自治地方的人民代表大会根据宪法和本法的原则，结合当地民族的具体情况，可以制定变通或者补充的规定。自治区的规定，报全国人民代表大会常务委员会批准。自治州、自治县的规定，报省或者自治区的人民代表大会常务委员会批准，并报全国人民代表大会常务委员会备案。

……

第四章 回　　避

第四十七条 审判人员有下列情形之一的，应当自行回避，当事人有权用口头或者书面方式申请他们回避：

（一）是本案当事人或者当事人、诉讼代理人近亲属的；

（二）与本案有利害关系的；

（三）与本案当事人、诉讼代理人有其他关系，可能影响对案件公正审理的。

审判人员接受当事人、诉讼代理人请客送礼，或者违反规定会见当事人、诉讼代理人的，当事人有权要求他们回避。

审判人员有前款规定的行为的，应当依法追究法律责任。

前三款规定，适用于书记员、翻译人员、鉴定人、勘验人。

第四十八条 当事人提出回避申请，应当说明理由，在案件开始审理时提出；回避事由在案件开始审理后知道的，也可以在法庭辩论终结前提出。

被申请回避的人员在人民法院作出是否回避的决定前，应当暂停参与本案的工作，但案件需要采取紧急措施的除外。

第四十九条 院长担任审判长或者独任审判员时的回避，由审判委员会决定；审判人员的回避，由院长决定；其他人员的回避，由审判长或者独任审判员决定。

第五十条 人民法院对当事人提出的回避申请，应当在申请提出的三日内，以口头或者书面形式作出决定。申请人对决定不服的，可以在接到决定时申请复议一次。复议期间，被申请回避的人员，不停止参与本案的工作。人民法院对复议申请，应当在三日内作出复议决定，并通知复议申请人。

……

中华人民共和国
行政诉讼法（节录）

（1989年4月4日第七届全国人民代表大会第二次会议通过 根据2014年11月1日第十二届全国人民代表大会常务委员会第十一次会议《关于修改〈中华人民共和国行政诉讼法〉的决定》第一次修正 根据2017年6月27日第十二届全国人民代表大会常务委员会第二十八次会议《关于修改〈中华人民共和国民事诉讼法〉和〈中华人民共和国行政诉讼法〉的决定》第二次修正）

第一章 总 则

第一条 【立法目的】为保证人民法院公正、及时审理行政案件，解决行政争议，保护公民、法人和其他组织的合法权益，监督行政机关依法行使职权，根据宪法，制定本法。

第二条　【诉权】公民、法人或者其他组织认为行政机关和行政机关工作人员的行政行为侵犯其合法权益，有权依照本法向人民法院提起诉讼。

前款所称行政行为，包括法律、法规、规章授权的组织作出的行政行为。

第三条　【行政机关负责人出庭应诉】人民法院应当保障公民、法人和其他组织的起诉权利，对应当受理的行政案件依法受理。

行政机关及其工作人员不得干预、阻碍人民法院受理行政案件。

被诉行政机关负责人应当出庭应诉。不能出庭的，应当委托行政机关相应的工作人员出庭。

第四条　【独立行使审判权】人民法院依法对行政案件独立行使审判权，不受行政机关、社会团体和个人的干涉。

人民法院设行政审判庭，审理行政案件。

第五条　【以事实为根据，以法律为准绳原则】人民法院审理行政案件，以事实为根据，以法律为准绳。

注释　[以事实为根据，以法律为准绳]

以事实为根据，是指人民法院在审判活动中，一切从具体的案件情况出发，使认定的事实完全符合案件的客观真相。在行政案件的审理中，人民法院要查清被诉的行政行为是否真实存在，该行政行为的法律依据和实施程序，以及该行政行为与原告的权益损害之间是否存在因果关系等事实问题。

以法律为准绳，是指人民法院在审理案件时，要以法律作为判案的依据。这里的法律，是指与案件相关的法律、法规。可以作为行政诉讼判案依据的包括法律、行政法规、地方性法规、自治条例和单行条例等，国务院部委规章和地方政府规章可以作为法院判案的参考。

以事实为根据，以法律为准绳，二者是不可分割的整体，事实是正确运用法律的前提，依法判决是查清事实的目的。只有把两者正确结合起来，才能保证案件得到公正的审判。

第六条　【合法性审查原则】人民法院审理行政案件，对行政行为是否合法进行审查。

第七条　【合议、回避、公开审判和两审终审原则】人民法院审理行政案件，依法实行合议、回避、公开审判和两审终审制度。

注释　［合议制度］

合议制度是指人民法院的审判组织形式，即由三名以上的审判人员组成合议庭，共同进行审判工作并对承办的案件负责的审判制度。行政诉讼法规定，人民法院审理行政案件，由审判员组成合议庭，或者由审判员、陪审员组成合议庭。合议庭的成员，应当是三人以上的单数。合议制度在行政诉讼一审程序、二审程序和审判监督程序中均需要贯彻。

［回避制度］

回避制度是指审判人员具有法定情形，必须回避，不参与案件审理的制度。所谓法定情形，是指法律规定禁止审判人员参加对案件审理的情形。根据行政诉讼法的规定，回避制度包括两种：一是当事人申请回避。当事人申请回避是当事人认为审判人员与本案有利害关系或者有其他关系可能影响公正审判，有权申请审判人员回避。二是审判人员认为自己与本案有利害关系或者有其他关系，应当申请回避。

［公开审判制度］

公开审判制度是指除不予公开和可以不公开审理的案件外，法院对行政案件的审理一律依法公开进行，允许群众旁听，允许记者公开报道；不论是否是公开审理的案件，判决结果一律公开的制度。

［两审终审制度］

两审终审制度是指一个案件经过第一审和第二审人民法院的审理，即终结诉讼的制度。实行两审终审制有利于上级人民法院对下级人民法院的审判工作进行监督，及时纠正错误的判决，维护当事人的合法权益。

参见　《中华人民共和国宪法》第125条；《中华人民共和国人民法院组织法》第7条、第9条、第11条、第15条；《中华人民

共和国民事诉讼法》第 10 条；《中华人民共和国刑事诉讼法》第 10 条、第 28 条、第 178 条、第 183 条

第八条　【法律地位平等原则】 当事人在行政诉讼中的法律地位平等。

第九条　【本民族语言文字原则】 各民族公民都有用本民族语言、文字进行行政诉讼的权利。

在少数民族聚居或者多民族共同居住的地区，人民法院应当用当地民族通用的语言、文字进行审理和发布法律文书。

人民法院应当对不通晓当地民族通用的语言、文字的诉讼参与人提供翻译。

第十条　【辩论原则】 当事人在行政诉讼中有权进行辩论。

注释　［维护当事人在行政诉讼中的辩论权］

依法维护当事人在行政诉讼中的辩论权，应当注意以下几点：

1. 辩论的内容涉及的范围比较广泛。双方当事人既可以就案件的事实等实体方面进行辩论，也可以就适用的法律及程序性的问题进行辩论。双方当事人可以就上述范围内的有争议的问题进行辩论。

2. 辩论权的行使要贯穿整个诉讼程序，不限于法庭辩论阶段。在行政诉讼的第一审程序、第二审程序和审判监督程序中都要保障当事人对辩论权的充分行使。

3. 辩论的形式既有口头形式，也有书面形式。在法庭辩论阶段，通常是采用口头形式进行辩论；在其他阶段，一般采用书面形式辩论，如原告提出起诉状后，被告提出答辩状，即属于书面的辩论形式。

4. 辩论必须在人民法院的主持下进行。人民法院应当依法在诉讼的各个阶段保障当事人辩论权的行使，并耐心听取当事人的辩论意见。同时，对当事人在辩论权行使过程中的一些不当言行，审判人员应当及时予以提醒和制止，对出现的违法行为，如侮辱、诽谤对方当事人，哄闹法庭等依法予以训诫、责令具结悔过或者处以罚款、拘留等。

参见　《中华人民共和国民事诉讼法》第 12 条

第十一条 【法律监督原则】人民检察院有权对行政诉讼实行法律监督。

……

第七章 审理和判决

第一节 一般规定

第五十四条 【公开审理原则】人民法院公开审理行政案件，但涉及国家秘密、个人隐私和法律另有规定的除外。

涉及商业秘密的案件，当事人申请不公开审理的，可以不公开审理。

注释 [法定不公开审理的例外情形]

在特殊情形下，公开审理可能会对当事人造成消极影响，不利于保护当事人的合法权益，甚至可能对国家利益、社会公共利益造成难以弥补的损失。因此，本法规定的公开审理原则也存在以下几种法定例外情形：

一是涉及国家秘密的行政案件。国家秘密是指关系国家安全和利益，依照法定程序确定，在一定时间内只限一定范围的人员知悉的事项。凡是涉及国家秘密的行政案件一律不公开审理，以免国家秘密泄露，给国家安全和利益造成损害。

二是涉及个人隐私的行政案件。所谓个人隐私，是指公民个人生活中不愿意为别人知晓和干预的秘密，主要包括私人生活安宁不受他人非法干扰，私人信息保密不受他人非法搜集、刺探和公开等。

三是法律另有规定的其他行政案件。如果是属于法律规定的不公开审理的其他行政案件，也可以依法不公开审理。

[依申请不公开审理的例外情形]

涉及商业秘密的案件，可以公开审理，当事人申请不公开审理的也可以不公开审理。商业秘密是指不为公众所知悉、能为权利人带来经济利益、具有实用性并经权利人采取保密措施的技术信息和经营信息。公开审理可能会泄露这些信息，给当事人造成难以挽回的经济利益损失。在审理行政案件过程中，应当允许当事人以案件涉及商业秘密为由申请不公开审理。但案件是否涉及商业秘密，应当由人民法院结合相关法律法规、司法解释和案件实际情况予以确定。

参见 本法第 7 条、第 86 条；《中华人民共和国民事诉讼法》第 137 条

第五十五条 【回避】 当事人认为审判人员与本案有利害关系或者有其他关系可能影响公正审判，有权申请审判人员回避。

审判人员认为自己与本案有利害关系或者有其他关系，应当申请回避。

前两款规定，适用于书记员、翻译人员、鉴定人、勘验人。

院长担任审判长时的回避，由审判委员会决定；审判人员的回避，由院长决定；其他人员的回避，由审判长决定。当事人对决定不服的，可以申请复议一次。

注释 ［回避］

回避，是指承办案件的审判人员和其他人员与本案有利害关系或者其他关系，可能影响对案件公正审理的，应经一定程序退出对本案审理的制度。既包括当事人申请回避，也包括审判人员和其他人员的自行回避。

［审判人员与本案有利害关系或者有其他关系］

“审判人员与本案有利害关系或者有其他关系”，根据《中华人民共和国民事诉讼法》第四十七条的规定，至少可以认为包括以下两种情形：(1) 审判人员是本案当事人或者当事人、诉讼代理人近亲属的；(2) 审判人员接受当事人、诉讼代理人请客送礼，或者违反规定会见当事人、诉讼代理人的。其他类似情形，如审判人员与本案当事人或其诉讼代理人是有密切关系的同学、同事、朋友等，或者曾经与当事人有过恩怨，都有可能会影响到对案件的公正审理，审判人员也应回避。

参见 《中华人民共和国民事诉讼法》第 4 章

第五十六条　【诉讼不停止执行】诉讼期间，不停止行政行为的执行。但有下列情形之一的，裁定停止执行：

（一）被告认为需要停止执行的；

（二）原告或者利害关系人申请停止执行，人民法院认为该行政行为的执行会造成难以弥补的损失，并且停止执行不损害国家利益、社会公共利益的；

（三）人民法院认为该行政行为的执行会给国家利益、社会公共利益造成重大损害的；

（四）法律、法规规定停止执行的。

当事人对停止执行或者不停止执行的裁定不服的，可以申请复议一次。

第五十七条　【先予执行】人民法院对起诉行政机关没有依法支付抚恤金、最低生活保障金和工伤、医疗社会保险金的案件，权利义务关系明确、不先予执行将严重影响原告生活的，可以根据原告的申请，裁定先予执行。

当事人对先予执行裁定不服的，可以申请复议一次。复议期间不停止裁定的执行。

第五十八条　【拒不到庭或中途退庭的法律后果】经人民法院传票传唤，原告无正当理由拒不到庭，或者未经法庭许可中途退庭的，可以按照撤诉处理；被告无正当理由拒不到庭，或者未经法庭许可中途退庭的，可以缺席判决。

第五十九条　【妨害行政诉讼强制措施】诉讼参与人或者其他人有下列行为之一的，人民法院可以根据情节轻重，予以训诫、责令具结悔过或者处一万元以下的罚款、十五日以下的拘留；构成犯罪的，依法追究刑事责任：

（一）有义务协助调查、执行的人，对人民法院的协助调查决定、协助执行通知书，无故推拖、拒绝或者妨碍调查、执行的；

（二）伪造、隐藏、毁灭证据或者提供虚假证明材料，妨碍人民法院审理案件的；

（三）指使、贿买、胁迫他人作伪证或者威胁、阻止证人作证的；

（四）隐藏、转移、变卖、毁损已被查封、扣押、冻结的财产的；

（五）以欺骗、胁迫等非法手段使原告撤诉的；

（六）以暴力、威胁或者其他方法阻碍人民法院工作人员执行职务，或者以哄闹、冲击法庭等方法扰乱人民法院工作秩序的；

（七）对人民法院审判人员或者其他工作人员、诉讼参与人、协助调查和执行的人员恐吓、侮辱、诽谤、诬陷、殴打、围攻或者打击报复的。

人民法院对有前款规定的行为之一的单位，可以对其主要负责人或者直接责任人员依照前款规定予以罚款、拘留；构成犯罪的，依法追究刑事责任。

罚款、拘留须经人民法院院长批准。当事人不服的，可以向上一级人民法院申请复议一次。复议期间不停止执行。

第六十条　【调解】人民法院审理行政案件，不适用调解。但是，行政赔偿、补偿以及行政机关行使法律、法规规定的自由裁量权的案件可以调解。

调解应当遵循自愿、合法原则，不得损害国家利益、社会公共利益和他人合法权益。

第六十一条　【民事争议和行政争议交叉】在涉及行政许可、登记、征收、征用和行政机关对民事争议所作的裁决的行政诉讼中，当事人申请一并解决相关民事争议的，人民法院可以一并审理。

在行政诉讼中，人民法院认为行政案件的审理需以民事诉讼的裁判为依据的，可以裁定中止行政诉讼。

第六十二条　【撤诉】人民法院对行政案件宣告判决或者裁定前，原告申请撤诉的，或者被告改变其所作的行政行为，原告同意并申请撤诉的，是否准许，由人民法院裁定。

第六十三条　【审理依据】人民法院审理行政案件，以法律和行政法规、地方性法规为依据。地方性法规适用于本行政区域内发生的行政案件。

人民法院审理民族自治地方的行政案件，并以该民族自治地方的自治条例和单行条例为依据。

人民法院审理行政案件，参照规章。

第六十四条　【规范性文件审查和处理】人民法院在审理行政案件中，经审查认为本法第五十三条规定的规范性文件不合法的，不作为认定行政行为合法的依据，并向制定机关提出处理建议。

第六十五条　【裁判文书公开】人民法院应当公开发生法律效力的判决书、裁定书，供公众查阅，但涉及国家秘密、商业秘密和个人隐私的内容除外。

第六十六条　【有关行政机关工作人员和被告的处理】人民法院在审理行政案件中，认为行政机关的主管人员、直接责任人员违法违纪的，应当将有关材料移送监察机关、该行政机关或者其上一级行政机关；认为有犯罪行为的，应当将有关材料移送公安、检察机关。

人民法院对被告经传票传唤无正当理由拒不到庭，或者未经法庭许可中途退庭的，可以将被告拒不到庭或者中途退庭的情况予以公告，并可以向监察机关或者被告的上一级行政机关提出依法给予其主要负责人或者直接责任人员处分的司法建议。

注释　本条规定的行政机关的主管人员是指行政机关的负责人，包括主要负责人和分管负责人；直接责任人员是指直接从事某项工作或者具体实施行政行为的工作人员。有关材料是指能够证明行政机关的主管人员、直接责任人员存在违法违纪行为或者犯罪行为的证据材料。

根据《中华人民共和国公务员法》、《行政机关公务员处分条例》的规定，人民法院在审理案件过程中，认为行政机关的主管人员、直接责任人员有下列违法违纪行为的，应当向有关单位移送材料：一是对行政相对人进行殴打、体罚、非法拘禁、非法搜查，或者非法侵入、非法搜查行政相对人住宅的；二是在工作中不履行或者不正确履行职责，给他人造成人身、财产损失的；三是以各种方式乱收费、乱摊派或者擅自向他人征收、征用财物的；四是擅自使用、调换、变卖或者损毁被查封、扣押、冻结、划拨、收缴的财物的；五是非法占用、买卖或者以其他形式非法出让、转让土地使用权；六是贪污、挪用社保基金和救灾、抢险、防汛、优抚、扶贫、移民、救济、防疫款物的；七是利用职务上的便利，索取他人财物，或者非法收受他人财物为他人谋取利益的。

第二节　第一审普通程序

第六十七条　【发送起诉状和提出答辩状】人民法院应当在立案之日起五日内，将起诉状副本发送被告。被告应当在收到起诉状副本之日起十五日内向人民法院提交作出行政行为的证据和所依据的规范性文件，并提出答辩状。人民法院应当在收到答辩状之日起五日内，将答辩状副本发送原告。

被告不提出答辩状的，不影响人民法院审理。

第六十八条　【审判组织形式】人民法院审理行政案件，由审判员组成合议庭，或者由审判员、陪审员组成合议庭。合议庭的成员，应当是三人以上的单数。

第六十九条　【驳回原告诉讼请求判决】行政行为证据确凿，适用法律、法规正确，符合法定程序的，或者原告申请被告履行法定职责或者给付义务理由不成立的，人民法院判决驳回原告的诉讼请求。

第七十条　【撤销判决和重作判决】行政行为有下列情形之一的，人民法院判决撤销或者部分撤销，并可以判决被告重新作出行政行为：

（一）主要证据不足的；

（二）适用法律、法规错误的；

（三）违反法定程序的；

（四）超越职权的；

（五）滥用职权的；

（六）明显不当的。

注释 主要证据不足，是指行政机关作出的行政行为缺乏事实根据，导致认定的事实错误或者基本事实不清楚。

超越职权，就是用权超过法定职权范围，使得超过部分没有法律依据。这里的超越职权应作广义理解，包括根本没有行政主体资格、超越事务管辖权（甲机关行使了乙机关的职权）、超越地域管辖权（甲地机关行使了乙地机关的职权）、超越级别管辖权（下级机关行使了上级机关的职权）、超越了法律规定的职权（法律规定罚款权但行使了责令停产停业权）等。行政机关必须在其职权范围内行使职权，超越职权所作的行政行为，法院应当判决予以撤销。

行政机关滥用职权，是指行政机关作出行政行为虽然在其权限范围内，但行政机关不正当行使职权，违反了法律授予这种权力的目的。

明显不当是从客观结果角度提出的，滥用职权则是从主观角度提出的。考虑到合法性审查原则的统帅地位，对明显不当不能作过宽理解，界定为被诉行政行为结果的畸轻畸重为宜。

案例 1. 北京希优照明设备有限公司不服上海市商务委员会行政决策案（《最高人民法院公报》2011 年第 7 期）

案件适用要点：电子政务有别于传统行政方式的最大特点，体现在行政方式的无纸化、信息传递的网络化等方面。当事人在接受电子政务化的行政处理方式后，又以行政机关未向其送达书面处理决定书为由主张行政程序违法的，人民法院不予支持。

2. 黄泽富、何伯琼、何熠诉四川省成都市金堂工商行政管理局行政处罚案（最高人民法院指导案例 6 号）

案件适用要点：行政机关作出没收较大数额涉案财产的行政处罚决定时，未告知当事人有要求举行听证的权利或者未依法举行听证的，人民法院应当依法认定该行政处罚违反法定程序。

第七十一条　【重作判决对被告的限制】人民法院判决被告重新作出行政行为的，被告不得以同一的事实和理由作出与原行政行为基本相同的行政行为。

第七十二条　【履行判决】人民法院经过审理，查明被告不履行法定职责的，判决被告在一定期限内履行。

第七十三条　【给付判决】人民法院经过审理，查明被告依法负有给付义务的，判决被告履行给付义务。

第七十四条　【确认违法判决】行政行为有下列情形之一的，人民法院判决确认违法，但不撤销行政行为：

（一）行政行为依法应当撤销，但撤销会给国家利益、社会公共利益造成重大损害的；

（二）行政行为程序轻微违法，但对原告权利不产生实际影响的。

行政行为有下列情形之一，不需要撤销或者判决履行的，人民法院判决确认违法：

（一）行政行为违法，但不具有可撤销内容的；

（二）被告改变原违法行政行为，原告仍要求确认原行政行为违法的；

（三）被告不履行或者拖延履行法定职责，判决履行没有意义的。

第七十五条　【确认无效判决】行政行为有实施主体不具有行政主体资格或者没有依据等重大且明显违法情形，原告申请确认行政行为无效的，人民法院判决确认无效。

第七十六条　【确认违法和无效判决的补充规定】人民法院判决确认违法或者无效的，可以同时判决责令被告采取补救措施；给原告造成损失的，依法判决被告承担赔偿责任。

第七十七条　【变更判决】行政处罚明显不当，或者其他行政行为涉及对款额的确定、认定确有错误的，人民法院可以判决变更。

人民法院判决变更，不得加重原告的义务或者减损原告的权益。但利害关系人同为原告，且诉讼请求相反的除外。

第七十八条　【行政协议履行及补偿判决】被告不依法履行、未按照约定履行或者违法变更、解除本法第十二条第一款第十一项规定的协议的，人民法院判决被告承担继续履行、采取补救措施或者赔偿损失等责任。

被告变更、解除本法第十二条第一款第十一项规定的协议合法，但未依法给予补偿的，人民法院判决给予补偿。

第七十九条　【复议决定和原行政行为一并裁判】复议机关与作出原行政行为的行政机关为共同被告的案件，人民法院应当对复议决定和原行政行为一并作出裁判。

第八十条　【公开宣判】人民法院对公开审理和不公开审理的案件，一律公开宣告判决。

当庭宣判的，应当在十日内发送判决书；定期宣判的，宣判后立即发给判决书。

宣告判决时，必须告知当事人上诉权利、上诉期限和上诉的人民法院。

第八十一条　【第一审审限】人民法院应当在立案之日起六个月内作出第一审判决。有特殊情况需要延长的，由高级人民法院批准，高级人民法院审理第一审案件需要延长的，由最高人民法院批准。

第三节　简易程序

第八十二条　【简易程序适用情形】人民法院审理下列第一审行政案件，认为事实清楚、权利义务关系明确、争议不大的，可以适用简易程序：

（一）被诉行政行为是依法当场作出的；

（二）案件涉及款额二千元以下的；

（三）属于政府信息公开案件的。

除前款规定以外的第一审行政案件，当事人各方同意适用简易程序的，可以适用简易程序。

发回重审、按照审判监督程序再审的案件不适用简易程序。

第八十三条　【简易程序的审判组织形式和审限】适用简易程序审理的行政案件，由审判员一人独任审理，并应当在立案之日起四十五日内审结。

第八十四条　【简易程序与普通程序的转换】人民法院在审理

过程中，发现案件不宜适用简易程序的，裁定转为普通程序。

第四节　第二审程序

第八十五条　【上诉】当事人不服人民法院第一审判决的，有权在判决书送达之日起十五日内向上一级人民法院提起上诉。当事人不服人民法院第一审裁定的，有权在裁定书送达之日起十日内向上一级人民法院提起上诉。逾期不提起上诉的，人民法院的第一审判决或者裁定发生法律效力。

第八十六条　【二审审理方式】人民法院对上诉案件，应当组成合议庭，开庭审理。经过阅卷、调查和询问当事人，对没有提出新的事实、证据或者理由，合议庭认为不需要开庭审理的，也可以不开庭审理。

第八十七条　【二审审查范围】人民法院审理上诉案件，应当对原审人民法院的判决、裁定和被诉行政行为进行全面审查。

第八十八条　【二审审限】人民法院审理上诉案件，应当在收到上诉状之日起三个月内作出终审判决。有特殊情况需要延长的，由高级人民法院批准，高级人民法院审理上诉案件需要延长的，由最高人民法院批准。

第八十九条　【二审裁判】人民法院审理上诉案件，按照下列情形，分别处理：

（一）原判决、裁定认定事实清楚，适用法律、法规正确的，判决或者裁定驳回上诉，维持原判决、裁定；

（二）原判决、裁定认定事实错误或者适用法律、法规错误的，依法改判、撤销或者变更；

（三）原判决认定基本事实不清、证据不足的，发回原审人民法院重审，或者查清事实后改判；

（四）原判决遗漏当事人或者违法缺席判决等严重违反法定程序的，裁定撤销原判决，发回原审人民法院重审。

原审人民法院对发回重审的案件作出判决后，当事人提起上诉的，第二审人民法院不得再次发回重审。

人民法院审理上诉案件，需要改变原审判决的，应当同时对被诉行政行为作出判决。

第五节　审判监督程序

第九十条　【当事人申请再审】当事人对已经发生法律效力的判决、裁定，认为确有错误的，可以向上一级人民法院申请再审，但判决、裁定不停止执行。

第九十一条　【再审事由】当事人的申请符合下列情形之一的，人民法院应当再审：

（一）不予立案或者驳回起诉确有错误的；

（二）有新的证据，足以推翻原判决、裁定的；

（三）原判决、裁定认定事实的主要证据不足、未经质证或者系伪造的；

（四）原判决、裁定适用法律、法规确有错误的；

（五）违反法律规定的诉讼程序，可能影响公正审判的；

（六）原判决、裁定遗漏诉讼请求的；

（七）据以作出原判决、裁定的法律文书被撤销或者变更的；

（八）审判人员在审理该案件时有贪污受贿、徇私舞弊、枉法裁判行为的。

第九十二条　【人民法院依职权再审】各级人民法院院长对本院已经发生法律效力的判决、裁定，发现有本法第九十一条规定情形之一，或者发现调解违反自愿原则或者调解书内容违法，认为需要再审的，应当提交审判委员会讨论决定。

最高人民法院对地方各级人民法院已经发生法律效力的判决、裁定，上级人民法院对下级人民法院已经发生法律效力的判决、裁定，发现有本法第九十一条规定情形之一，或者发现调解违反自愿原则或者调解书内容违法的，有权提审或者指令下级人民法院再审。

第九十三条　【抗诉和检察建议】最高人民检察院对各级人民法院已经发生法律效力的判决、裁定，上级人民检察院对下级人民法院已经发生法律效力的判决、裁定，发现有本法第九十一条规定情形之一，或者发现调解书损害国家利益、社会公共利益的，应当提出抗诉。

地方各级人民检察院对同级人民法院已经发生法律效力的判决、裁定，发现有本法第九十一条规定情形之一，或者发现调解书损害国家利益、社会公共利益的，可以向同级人民法院提出检察建议，并报上级人民检察院备案；也可以提请上级人民检察院向同级人民法院提出抗诉。

各级人民检察院对审判监督程序以外的其他审判程序中审判人员的违法行为，有权向同级人民法院提出检察建议。

注释 ［检察建议］

2014 年修改行政诉讼法，借鉴民事诉讼法第二百零八条[①]的规定，创造了地方各级人民检察院对同级人民法院已经发生法律效力的判决、裁定、调解书提出检察建议的监督方式。

检察建议有别于抗诉。抗诉必然引起再审，而检察建议不必然引起再审。《关于对民事审判活动与行政诉讼实行法律监督的若干意见（试行）》第七条第二款规定：“人民法院收到再审检察建议后，应当在三个月内进行审查并将审查结果书面回复人民检察院。人民法院认为需要再审的，应当通知当事人。人民检察院认为人民法院不予再审的决定不当的，应当提请上级人民检察院提出抗诉。”

参见 《中华人民共和国人民检察院组织法》第 18 条；《中华人民共和国民事诉讼法》第 208 条、第 209 条、第 211 条；《关于对民事审判活动与行政诉讼实行法律监督的若干意见（试行）》第 4 条、第 5 条、第 7 条、第 10 条

……

① 2021 年民事诉讼法修改后该条序号调整为第二百一十五条。

1. 民事起诉状

【民事起诉状】

原告：
被告：
诉讼请求：
事实和理由：
证据和证据来源，证人姓名和住址：

此　致

××人民法院

起诉人：
年　月　日

附：合同副本____份。
本诉状副本____份。
其他证明文件____份。

【填写说明】

①本诉状供公民提起民事、行政诉讼用，用钢笔或毛笔书写。②原告应向法院列举所有可供证明的证据。证人姓名和住所，书证、物证的来源及由谁保管，并向法院提供复印件，以便法院调查。③事实和理由中应写清纠纷产生的经过、具体内容、纠纷产生的原因、诉讼请求及有关法律、政策依据。④“原告”、“被告”栏均应写明姓名、性别、出生年月日（对民事被告的出生日期确实不知的可写明其年龄）、民族、籍贯、职业或工作单位和职务、住址等项。被告是法人、组织或行政机关的，应写明其名称和所在地址。⑤起诉状副本份数，应按被告的人数提交。

2. 民事上诉状

【民事上诉状】

上诉人：姓名，性别，年龄，民族，籍贯，文化程度，职业或职务，单位或住址。

法定代理人（或委托代理人，指定代理人）：姓名，性别，年龄，民族，籍贯，文化程度，职业或职务，单位或住址，与上诉人的关系（如果委托律师代理，不写律师的基本情况，只写“委托代理人：姓名，某某律师事务所律师”）。

被上诉人：姓名，性别，年龄，民族，籍贯，文化程度，职业或职务，单位或住址，根据需要写明他与上诉人的关系。

法定代理人（或委托代理人，指定代理人）：姓名，性别，年龄，民族，籍贯，文化程度，职业或职务，单位或住址，与被上诉人的关系。

被上诉人：……（被上诉人不止一人的，依次排列）。

第三人：姓名，性别，年龄，民族，籍贯，文化程度，职业或职务，单位或住址。

上诉人因______一案，不服______人民法院______年____月____日（年度）______字第______号一审民事判决（裁定），现提起上诉。

上诉请求：

上诉理由：

此致

__________人民法院

上诉人：__________

（签名或盖章）

______年____月____日

附：

1. 本上诉状副本______份；
2. 证物____（名称）____件；
3. 书证____（名称）____件。

3. 回避申请书

申请人：

被申请人：姓名、性别、工作单位及职务、参与本案工作的职务

请求事项及理由：

____

请人民法院审查，更换________审理本案。

此致

________人民法院（或人民检察院、公安局）

申请人：（签名）

年　月　日

4. 刑事赔偿申请书

申请人：____

申请事项：

____

事实与理由：

____

____

此致

________ 公安局（或人民检察院、人民法院、监狱）

申请人：（签名）

年　月　日

附：相关证据材料。

5. 行政复议申请书

申请人：姓名________________年龄________________

性别________________住址________________

(法人或者其他组织名称________________

________________住址________________

法定代表人或者主要负责人姓名________________)。

委托代理人：姓名________________住址________________。

联系电话________________。

被申请人：名称________________住址________________。

联系电话________________。

行政复议请求：

____

____。

事实和理由：

____

____。

此致

________________(行政复议机关)

申请人：(签名或盖章)

年　　月　　日

图书在版编目（CIP）数据

法律职业伦理 / 中国法制出版社编 . — 7 版 . —北京：中国法制出版社，2022. 3
（实用版法规专辑）
ISBN 978 - 7 - 5216 - 2488 - 5

Ⅰ. ①法…　Ⅱ. ①中…　Ⅲ. ①法伦理学　Ⅳ. ①D90 - 053

中国版本图书馆 CIP 数据核字（2022）第 019003 号

策划编辑：舒丹　　责任编辑：赵燕　　封面设计：杨泽江

法律职业伦理（实用版法规专辑）

FALÜ ZHIYE LUNLI（SHIYONCBAN FAGUI ZHUANJI）

经销/新华书店
印刷/三河市国英印务有限公司
开本/850 毫米 ×1168 毫米　32 开　　印张/ 11. 5　字数/ 265 千
版次/2022 年 3 月第 7 版　　2022 年 3 月第 1 次印刷

中国法制出版社出版
书号 ISBN 978 - 7 - 5216 - 2488 - 5　　定价：32. 00 元

北京市西城区西便门西里甲 16 号西便门办公区
邮政编码：100053　　传真：010 - 63141600
网址：http：//www. zgfzs. com　　编辑部电话：010 - 63141671
市场营销部电话：010 - 63141612　　印务部电话：010 - 63141606

（如有印装质量问题，请与本社印务部联系。）